산골 대통령 한국을 지배하다

이승만 시대, 가혹한 경찰국가

산골 대통령
한국을 지배하다

이승만 시대, 가혹한 경찰국가

임영태 지음

살아 있는 한국 현대사 1945~1959

잔혹했지만 꿋꿋이 견뎌낸 세월

1950년 초, 스물한 살 청년과 열여섯 소녀가 혼례를 치렀다. 나의 부모님 이야기다. 당시 상황으로 보면 신랑은 혼기가 늦었고, 신부는 빨랐다. 형편이 좀 나은 집에서 남자는 빨리, 여자는 늦게 결혼시키는 것이 관례였다.

갓 결혼한 나의 부모님은 곧 이별해야 했다. 그해 여름 한국전쟁이 터져서 아버지가 징집되었기 때문이다. 아버지는 동네 청년 열두 명과 함께 입대했다. 하지만 그중 살아서 돌아온 사람은 세 명에 불과했다. 한 사람은 후방으로 빠져서 살아남았다. 다른 한 사람은 전방에 배치되었으나 부상을 당해 병원으로 후송되는 바람에 살 수 있었다. 아버지는 후방에 배치되지도, 부상을 당하지도 않았지만 최전방에서 살아 돌아왔다. 그것도 손가락 하나 다치지 않고 멀쩡한 상태로.

그 시절 징집은 곧 죽음의 경계선을 넘는 것을 의미했다. 청년들은 입대를 피하기 위해 별의별 방법을 다 썼다. 많은 사람들이 징집을 피해 숨어 다녔다. 손가락이나 발가락을 한 개쯤 자르는 일도 다반사였다. 장가가서 아이까지 둔 어른이 고등학생이 된 경우도 종종 있었다. 학교에 적을 두고 있으면 징집이 연기됐다. 같은 동네 사는 아버지 친구 중에도 그렇게 징집을 피한 사람이 있었다.

한국전쟁 중 부산에서는 전시연합대학이 열렸다. 이는 종종 한국 사람들의 높은 교육열을 보여주는 증거로 제시되는데, 당시 상황을 알고 보면 약간 냉소적인 생각이 들 수 있다. 군대에 가지 않으려고 학교에 다닌 사람들도 많았을 것이기 때문이다.

그러나 대학은 아무나 갈 수 있는 곳이 아니었다. 보통 사람들이 대학에 간다는 것은 꿈도 꾸지 못했고, 일반 국민은 당장 끼니를 거르지 않는 것이 첫째 목표이던 시절이다. 그런데도 한국전쟁 중에 미국 유학이 기하급수적으로 늘었다. 미국의 지원을 받아 유학을 떠난 사람들도 있지만, 전쟁에서 도망간 사람들 많다. 그들이 나중에 한국 사회를 좌지우지하는 것은 역사의 아이러니다. 이렇게 빠지고 저렇게 빠지다 보니 결국 군에 끌려가는 사람은 아무것도 없는 일반 국민이었다.

아버지는 "군 생활에서 배고픔과 구타가 가장 힘들었다"고 회상했다. 언제 죽을지 모르는 병사들의 부식과 보급품을 위에서부터 차곡차곡 빼먹었기 때문이다. 그 바람에 병사들에게 돌아오는 보급품은 절반도 안 됐다. 그렇게 빼돌린 돈으로 서울에 집 한 채 사놓지 않은 장교가 없을 지경이었다. 부패하고 부조리한 세상이었다. 그 시절에

산 사람들은 세상을 불신했다. 내 부모님 세대는 불신의 시대를 온몸으로 겪었다.

아버지가 제대해서 집으로 돌아온 것은 6년 뒤였다. 그사이 어머니는 열여섯 소녀에서 스물둘 처녀로 성장했다. 아버지가 군에 가 있는 동안 할머니는 새벽마다 정화수를 떠놓고 아들이 무사히 돌아오기를 빌었다. 할머니는 새벽 3시면 어머니에게 깨끗한 우물물을 길어 오라고 하셨다. 아직 소녀티를 벗지 못한 어머니는 잠이 많아, 새벽에 우물물을 긷는 일과 길쌈이 가장 힘들었다.

자식의 무사 귀환을 바라는 할머니의 정성은 간절해서 비가 오나 눈이 오나 빠뜨리는 법이 없었다. 그러나 세상 물정을 이해하기에는 어린데다, 남편과 정붙일 시간도 없이 헤어진 어머니는 할머니만큼 간절하지 않았는지 가끔 그런 속내를 내비치셨다.

할머니가 기울인 정성은 대단해서 어린 어머니조차 감동하지 않을 수 없었다. 모두 그 정성 덕분에 아버지가 무사히 돌아왔다고 믿었을 정도다. 아버지도 그때를 회상하면서 종종 그렇게 말씀하셨다. 아버지는 전장에서 할머니를 생각하며 '전선야곡'을 즐겨 불렀다. '전선야곡'은 모든 병사들의 애창곡이자 최고 히트곡이었다.

아버지는 1956년에야 제대했고, 이듬해 첫아이가 태어났다. 그러나 그 아이는 돌도 지나지 않아서 죽고 말았다. 그렇게 죽는 아이들이 많던 때다. 2년 뒤, 다시 아이가 태어났다. 그 아이는 죽지 않고 잘 자랐다. 그는 지금 50대 중반이 되어 이 글을 쓰고 있다. 내 부모님의 청춘 시절은 전쟁과 더불어 그렇게 흘러갔다. 잔혹했지만 꿋꿋이 살아온 나날이다.

이 이야기는 내 가족사지만, 당시에 산 사람들의 일반적인 이야기라고 해도 무방할 것이다. 이 책은 궁핍하고 고단하게 산 나의 부모님 세대 이야기다. 이들이 청소년기와 청년기를 지낸 시대에는 이승만 대통령이 한국 사회를 통치했고, 시골에서는 산골 대통령이 일반 국민을 일상적으로 지배했다.

이 책은 통사가 아니다. 그렇다고 정치, 경제, 문화 등 특정한 분야를 다룬 부분 역사도 아니다. 우리 부모 세대가 청춘 시절을 보낸 시대에 일어난 사건 중에서 내 눈에 들어오는 것을 임의로 선정해서 다루었다. 역사는 재미없고 무겁다는 생각을 떨쳐버리기 바란다. 나는 독자들이 한국 현대사를 잔잔히 돌아보는 기분으로 읽어주었으면 하는 마음으로 이 책을 썼다. 부디 진지하지만 흥미롭게 읽어주기 바란다.

이제 감사 인사를 해야겠다. 나를 낳아 길러주고 이 책을 쓸 수 있는 동인을 제공해주신 부모님께 감사드린다. 아버님은 저승에서도 언제나 지켜보실 것이라 믿으며 마음속에 간직하고 산다. 어머님은 시골에 혼자 계시는데 건강이 좋지 않다. 자주 찾아뵙지 못하고 안부도 제때 못 드리지만, 부디 건강하고 오래 사시기를 비는 마음 간절하다. 이 책이 나오기까지 물심양면으로 도와주신 주변의 많은 분들과 책을 만드느라 고생하신 출판사 분들께도 깊이 감사드린다.

2013년 7월 어느 날
임영태

차례

현대사는 '살아 있는 역사'다

제국주의와 1차 세계대전은 현대사의 기점 •

현대사의 기점은 나라마다 조금씩 차이가 날 수 있다. 근대 이후 세계사를 주도한 서양을 중심으로 본다면 제국주의와 1차 세계대전이 현대사의 기점이라 해도 무방하다. 근대 세계의 주역이던 유럽 국가들에게 제국주의 경쟁과 그 결과로 일어난 1차 세계대전은 이전의 어떤 사건과도 비교할 수 없는 새로운 경험이자 엄청난 충격이었다. 유럽 국가들에게는 1차 세계대전이 2차 세계대전보다 큰 영향을 준 사건이었다. 이 사건을 통해 유럽 국가들은 슈펭글러Oswald Spengler가 말한 '서구의 몰락'을 경험한다.

1차 세계대전은 유럽뿐만 아니라 전 세계에 막대한 영향을 미쳤다. 시민혁명과 산업화를 통해 근대화된 유럽 국가들은 단시일에 전 세계를 식민지로 분할통치 하면서 제국주의 시대를 열었다. 그러나 제국주의 국가들의 식민지 쟁탈 경쟁이 격해지면서 1차 세계대전이라는 파멸적 상황을 맞이했다. 유럽 국가들은 1차 세계대전에서 상상할 수 없을 만큼 참혹한 파괴와 살상을 경험했고, 그 와중에 발발한 러시아혁명은 세계사에 새로운 변화를 가져왔다. 1차 세계대전과 러시아혁명, 2차 세계대전을 거치면서 유럽은 자본주의 신흥 강국인 미국과 사회주의혁명의 종주국 소련에게 패권을 넘겨줬다.

1, 2차 세계대전은 세계의 주도권을 놓고 강대국들이 격돌한 전쟁이며, 세계 질서를 근본적으로 재편하는 과정이었다. 그런 점에서 1차 세계대전은 세계사의 근대와 현대를 가르는 분기점이 되는 사건이라 할 수 있다.

현대사의 기점은 나라마다 조금씩 다르다 •

그러나 사건의 여파와 충격의 강도는 나라와 지역에 따라 다르게 나타났다. 모든 나라들이 1차 세계대전을 현대사의 분기점으로 봐야 할 만큼 커다란 사건이 되지 않는 경우도 있었다는 이야기다. 이를테면 러시아는 1차 세계대전의 영향을 많이 받았지만, 뒤이어 일어난 러시아혁명에 비교될 정도는 아니었다. 러시아에서는 1917년 일어난 러시아혁명이야말로 새로운 역사, 현대사의 출발점이 되는 사건

■ 고등학교 세계사 교과서와 대학교의 서양사 개론서 등에서는 근대와 현대를 명확하게 구분하지는 않지만, 대체로 제국주의와 1차 세계대전을 같은 장으로 취급하면서 현대의 출발점으로 삼는다. 《고등학교 세계사》(금성출판사 / 교학사 / 지학사), 《서양사 강의》(배영수 지음, 한울, 2009) 등을 참고할 수 있다. 하지만 이는 절대적인 것은 아니어서 2차 세계대전 이후를 현대 세계로 부르기도 하고, 경우에 따라 20세기부터 현대 세계로 파악하기도 한다.

이다. 물론 러시아혁명은 어느 날 갑자기 일어난 사건이 아니라 러시아의 산업화와 자본주의 발전, 제국주의 국가들의 식민지 경쟁과 1904년 발발한 러일전쟁, 1905년 1차 러시아혁명, 1914년 1차 세계대전의 연속적 과정이다.

중국은 또 다르다. 중국은 근대사의 출발점이라 할 수 있는 1840년 1차 아편전쟁 이후 끊임없이 서구 열강의 침탈에 시달리다가 1911년 쑨원孫文이 이끄는 신해혁명과 1919년 5·4운동에서 각성된 민중의 힘을 보여주었다. 5·4운동은 중국 인민대중의 거대한 혁명 역량을 처음 드러낸 사건으로 중국 혁명운동의 새로운 출발점이 되었고, 중국공산당이 탄생하기 위한 기반을 마련했다는 점에서 현대사의 기점이 되는 사건이다. 문학사에서는 1949년 중화인민공화국 건국 이후 현재까지를 '당대사'로 구분하기도 한다. 우리가 일반적으로 생각하는 중국 현대사는 현대사와 당대사를 합친 것이다.

인도는 영국 식민 통치에서 독립하는 1947년이 현대사의 기점이다. 인도는 파키스탄과 분리한 것 또한 중요한 의미가 있다. 제국주의의 식민 통치를 경험한 나라들은 독립이 곧 새로운 역사, 즉 현대사의 출발점이 되는 것이 당연한 일이다.

■ www.chinabang.co.kr/lishi/wusiyundong.htm; 《중국 현대문학사》(김영구 지음, 한국방송대학교출판부, 2002); 《중국 당대 문학사》(훙즈청 지음, 박정희 옮김, 비봉출판사, 2000) 참고. 이런 입장을 좇지 않고 현대 중국을 중화인민공화국 정부 수립 이후로 다루는 경우도 종종 볼 수 있다. 《중화인민공화국 50년사》(아마코 사토시 지음, 임상범 옮김, 일조각, 2004); 《왕단의 중국 현대사》(왕단 지음, 송인재 옮김, 동아시아, 2013); 《중국 현대사》(마리-클레르 베르제르 지음, 박상수 옮김, 심산, 2009) 참고.

현대사는 현재성 강한 '살아 있는 역사'다 •

우리나라는 일제의 식민 통치에서 해방된 1945년 8월 15일이 현대사의 기점이다. 두 차례 세계대전 같은 세계사적 사건이 우리 역사에 직간접적으로 영향을 미쳤고, 3·1운동 같은 역사적 사건이 지울 수 없는 흔적을 남겼지만, 일제의 강점에서 독립한 것보다 중요한 사건이 될 수는 없다. 우리나라 역사학계에서도 1876년 강화도조약부터 일제강점기까지를 근대사, 해방 이후를 현대사로 보는 입장이 주류를 이룬다.• 이 책 역시 이런 입장에 따라 1945년 해방부터 현대사 이야기를 시작할 것이다.

현대사는 이전 시대 역사와 달리 현재진행의 성격을 띠는 것이 주요한 특징이다. 현대사에는 아직도 진상이 제대로 밝혀지지 않은 사건이 많고, 당사자가 살아 있거나 죽었다 해도 그 가족이 살아 있어 직간접적인 영향력을 행사해서 역사의 평가에 상당한 영향을 미치는 경우가 대부분이다.

모든 역사는 '현재의 역사'라는 이야기가 있다. 역사는 단순히 과거에 발생한 사건이나 사실을 나열한 것이 아니다. 현재 시점에서 끊임없이 재해석되며, 현재 우리의 행동과 삶에 영향을 미치는 '살아

■ 이와 관련한 소수 의견이 없는 것은 아니다. 대표적으로 강만길은 한국 현대사를 일제강점기 식민 통치에서 시작한다. 다만 그가 현대사의 기점을 이렇게 잡은 것이 확고한 시대 구분에 따른 관점인지, 서술상 편의를 위한 것인지는 분명하지 않다. 하지만 한국 근대사의 서술을 조선 후기 양반 체제의 와해에서 시작한 것은 한국 자본주의의 맹아를 조선 후기 상업의 발전에서 찾는 그의 평소 지론과 관련이 있는 것으로 여겨진다. 《고쳐 쓴 한국 근대사》(강만길 지음, 창비, 2006) 참고.

있는 역사'라는 뜻이다. 그런 점에서 현대사는 더욱 중요한 의미가 있다. 모든 역사가 그렇지만 특히 현대사는 우리의 오늘과 미래의 삶에 직접적인 영향을 미친다는 점에서 현재성이 더욱 강하다.

해방과 광복의 같은 점과 다른 점은? •

우리의 첫 주제는 '해방'이다. 해방은 우리 역사의 새로운 출발점이며, 한국 현대사의 기점이다. 보통은 해방解放보다 광복光復이란 말이 익숙하고 널리 쓰인다. 광복은 '빛을 되찾다', 즉 나라의 주권을 되찾았다는 의미다. 그래서 우리는 8월 15일을 '광복절'이라고 부른다. 나라를 되찾은 것을 기념하는 날이다. 결국 광복도 일제의 지배와 억압에서 풀려났다는 해방과 같은 의미라고 할 수 있다.

그러나 해방과 광복은 어감이 약간 다르다. 광복은 빼앗긴 나라의 주권을 되찾은 것에 초점이 맞춰진 반면, 해방은 주권을 찾은 다음 어떤 나라가 되어야 할 것인가 하는 지향점이 담긴 말이라고 할 수 있다. '해방'이란 말에는 나라를 찾은 뒤에는 민중이 주인이 되어야 한다는 의식이 깔려 있고, 계급적 의미도 약간 포함된다. 한때 이념적 스펙트럼에서 우파가 광복이란 표현을, 좌파가 해방이란 표현을 선호한 것은 그 이유로 보인다.

이 책에서는 해방과 광복을 함께 쓸 것이다. 해방이나 광복을 혼용하는 것이 일반화되었고, 그것을 구별함으로써 역사적 의미가 달라지지도 않기 때문이다.

조선총독부, 여운형과 교섭하다 •

해방과 함께 우리나라에서는 과연 어떤 정치적 사건이 일어났을까? 우리나라가 해방됐다는 이야기는 일본이 망했다는 말이다. 일본이 미국과 소련 등 국제연합 세력에 항복했고, 일본의 식민지 한국도 해방을 맞이한 것이다. 어쩌면 '한국의 해방'보다 '일본의 패전'이 그 상황을 정확히 표현하는 말이 될 수도 있다.

해방 이후 한반도에서 일어난 일들을 보면 이런 점이 분명하게 드러난다. 처음에 소련군이 한반도 남단까지 점령할 것으로 판단하고 한국인에게 치안 유지권(경찰권)을 넘겨준 조선총독부는 한반도 남부는 미군이 점령할 것이란 사실을 알고 나서 태도를 바꾸었다. 일부에서는 '한국의 실질적인 해방은 고작 사흘에 불과하다'는 이야기가 나왔을 지경이다. 패전국 일본의 교섭 대상은 한국이 아니라 승전한 미국이었다. 그 때문에 일본군은 미군이 들어와 무장해제 하기까지는 여전히 한반도에서 가장 강력한 물리력으로 존재했다.

조선총독부는 한반도를 누가 점령할지 모르는 상황에서 대비책을 찾아야 했다. 일본인의 안전한 귀국을 보장할 수 있는 한국 정치인을 물색했고, 유력한 인물로 여운형을 지목했다.* 여운형은 국내에 남아 있는 독립운동가 가운데 대중의 신망이 가장 두터웠으며, 중도 좌익

■ 나중에 송진우 측은 조선총독부가 자신에게도 이런 제안을 했으나 거절했다고 주장했다. 그러나 송진우 측 주장과 총독부 관계자의 말이 다르다. 이와 관련해 서중석 교수는 총독부가 송진우에게 요청한 것은 "여운형의 경우와 다른 '하급 수준의 것'이었다"고 말한다. 보다 자세한 내용은 《한국 현대 민족운동 연구》(서중석 지음, 역사비평사, 1997) 119쪽 참고.

민족주의자로서 사회주의나 공산주의 세력과도 협조할 수 있는 인물이었다. 소련군이 한반도 전체를 장악할 가능성이 높다고 판단한 것도 총독부가 여운형을 교섭 대상으로 삼은 중요한 이유다. 총독부의 정무총감 엔도 류사쿠遠藤柳作가 여운형을 만나 이 문제를 협의했다. 이야기가 잘되어 총독부는 여운형에게 경찰권을 넘기고, 여운형은 일본인의 안전한 귀국을 보장해주기로 했다.

해방된 나라에 새로운 암초가 등장하다 •

여운형은 조선총독부와 협의한 뒤 경찰권을 넘겨받는 차원에 머무르지 않고, 이를 건국의 기초를 닦는 기회로 삼고자 했다. 그는 조선건국준비위원회(건준)를 결성했다. 말 그대로 나라를 세우기 위한 준비 조직이었다. 위원회는 개인과 조직을 망라한다는 의미로, 건국을 위한 개인과 단체의 연합 조직인 셈이다.

해방 다음 날부터 건준 활동이 시작되었다. 며칠 만에 서울에서 중앙 조직이 출범했고, 보름 남짓한 기간에 전국 거의 모든 지역에서 건준 지부가 조직되었다. 놀라운 속도였다. 이는 일제에 저항하며 나라의 독립을 위해 애쓴 독립운동가들이 전국 각지에 있었기에 가능한 일이었다. 해방과 함께 독립운동가를 중심으로 새 나라를 세우기 위한 활동에 나선 것이다.

그러나 민중의 건국 준비 작업은 곧 벽에 부딪히고 말았다. 일본 대신 새로운 통치자가 등장해서 해방이라는 말이 무색한 상황이 되었기 때문이다. 미국과 소련이 해방 후 한국인이 처음 맞닥뜨린 암초다. 미국과 소련은 일본군의 무장해제를 위해 삼팔선을 경계로 남쪽은 미군이, 북쪽은 소련군이 점령하기로 결정했다.

남북에 미군과 소련군이 들어오면서 그들이 새로운 지배자가 되었다. 일제가 지배하던 상황과는 달랐지만, 주권이 없으니 우리는 진정한 해방을 맞지 못했다. 미군과 소련군은 과거 일본처럼 노골적으로 주인 행세를 하지는 않았다. 우리말도 쓸 수 있고, 일상생활도 비교적 자유로웠다. 하지만 정치적으로는 미군과 소련군의 강력한 통제가 따랐다. 우리 입장에서는 여간 억울한 노릇이 아니지만, 국제 관계로 보면 당연한 일이다. 일본은 미국과 소련으로 대표되는 국제연합군에 항복했지 한국에 항복하지 않았다. 그래서 일본군의 무장해제도 미군과 소련군이 맡았고, 그들은 한반도에서 일시적이지만 통치권을 행사했다. 해방된 나라의 앞날에 암초가 등장한 것이다.

1

한국과 일본

언제부터 가깝고도
먼 나라가 되었을까?

분단의 뿌리는 일제의 식민지 지배 ·

우리는 해방과 더불어 분할 점령이라는 암초를 만났다. 그 암초는 결국 분단과 전쟁이라는 비극을 낳았다. 해방과 분단, 전쟁으로 이어지는 한국 현대사의 뿌리는 일제의 식민 지배에서 시작되었다. 일본의 식민 지배가 아니었다면 일본군의 무장해제를 구실로 미군과 소련군이 한반도를 분할 점령하는 일은 없었을 테고, 분단과 전쟁이라는 비극도 일어나지 않았을 것이다. 그러나 역사에서 가정은 아무 의미가 없다. 우리는 일제의 식민지가 되었고, 해방과 더불어 분단이라는 아픔을, 더 나아가 참혹한 전쟁의 고통을 겪어야 했다.

그렇다면 우리는 왜 일본의 지배 아래 놓였을까? 왜 일본은 이웃나라를 강점해 식민지로 삼았으며, 우리에게 분단이라는 고통의 씨앗을 남겼을까? 우리나라가 일제의 식민지가 된 과정을 자세히 설명하자면 상당히 긴 이야기가 필요하지만, 여기에서는 그럴 여유가 없다. 우리가 일제의 식민지로 전락한 이유는 우리 힘이 미약했기 때문이다. 일본 제국주의의 침략에 대항하여 나라를 지키고 유지할 국력이 없었다. 남의 나라를 침략하는 사람들이 나쁘지만, 자기 나라를 지킬 힘이 없는 것도 자랑할 일은 아니다.

그런 점에서 우리가 식민지로 전락한 책임을 일본에게 뒤집어씌우는 것은 옳은 일이 아니다. 이웃이 도둑 심보라면 문단속을 잘해서 도둑질을 예방하는 것도 이웃끼리 화목하게 사는 방법이다. 그러면 우리는 언제부터 힘없는 나라였을까? 자기 집 문단속도 하지 못해서 국권을 도둑맞는 나약한 나라였을까? 우리나라는 언제나 일방적으로 당하면서 살았을까? 우리나라와 일본은 항상 서로 미워하는 사이였을까?

이웃 나라끼리는 사이가 나쁘다 •

시오노 나나미塩野七生는 《로마인 이야기》 서문에서 "가까이 있는 이웃 나라끼리는 항상 사이가 좋지 않다"고 했다. 실제로 세계를 돌아보더라도 이웃한 나라끼리 사이가 좋은 경우는 별로 없다. 미국과 멕시코, 중국과 베트남, 중국과 몽골, 중국과 티베트*, 베트남과 캄보디

■ 티베트는 지금 중국의 일부가 되었지만, 오랫동안 중국과 긴장 관계를 유지하면서 독립국가로 존재했다. 중국이 티베트에 공주를 보내 결혼 동맹을 맺고 다독여야 할 정도로 강성한 적도 있었다. 그러나 현대에 들어와 티베트가 중국에 강제로 통합되면서 달라이 라마(Dalai Lama)가 인도로 망명하고, 티베트 주민과 중국 당국 사이에 유혈 충돌이 벌어지는 등 적지 않은 긴장 관계가 존재한다.

아, 이란과 이라크, 그리스와 터키, 러시아와 폴란드 등의 관계를 보면 사이가 좋지 않다는 걸 금방 알 수 있다. 지금은 달라졌지만 프랑스와 독일도 오랜 세월 앙숙처럼 지냈다. 네덜란드와 프랑스, 스웨덴과 노르웨이, 러시아와 핀란드의 관계도 유사하다.

이런 일반론에 따르면 우리와 중국도 사이가 그다지 좋지 않았으리라는 점은 쉽게 짐작 가능하다. 중국과 우리나라의 역사적 관계는 특수한 측면이 있어서 이런 일반론이 적용될 수 있는지는 의문의 여지가 많지만, 중국과 한반도 사이에도 적지 않은 긴장 관계가 존재해 온 것은 사실이다. 우리나라와 일본의 관계 또한 이와 크게 다르지 않을지 모른다. 그러나 우리나라 사람들의 의식에는 중국보다 일본과 관계가 나빴다는 생각이 크게 자리 잡고 있다. 과연 그럴까? 우리와 일본의 사이는 항상 나빴을까?

한국과 일본은 '숙명적인 관계' •

우리나라와 일본은 지리적으로 이웃해서 떼려야 뗄 수 없는 관계다. 두 나라는 아무리 사이가 나빠도 교류하며 지낼 수밖에 없는 '숙명적인 관계'다. 그런 이유로 두 나라는 오랫동안 교류하며 이웃으로 지냈다. 그 과정에서 사이가 좋을 때도, 나쁠 때도 있었다. 일본이 조선을 침략해 쑥대밭으로 만든 임진왜란(1592~1598년) 전후에는 사이가 아주 나빴다. 원나라가 고려를 앞세워 일본 정벌에 나섰을 때도 두 나라 사이가 좋지 않았다.

왜구들이 기승을 부릴 때 역시 두 나라 사이가 나빴다. 왜구는 삼국시대부터 우리나라 해안과 남부 지방 일대에 나타나 민간인을 괴롭히고 약탈했는데, 특히 고려 말부터 조선 초기에 심했다.˙ 고려가 멸망한 원인 가운데 하나가 중국에서 일어난 홍건적과 일본 열도 왜구의 침입이라면 그 피해가 얼마나 심각했는지 짐작할 수 있을 것이다. 심지어 고려 왕건의 영정을 약탈 당하는 일도 생겼다. 왜구의 침입으로 백성들은 고초를 겪었고, 고려와 조선 왕조 또한 왜구를 방비하는 데 어려움을 겪었다. 조선 세종 때는 일본 조정에 왜구를 단속해줄 것을 요구하고, 왜구의 활동 거점 가운데 하나인 쓰시마對馬섬을 직접 정벌하기도 했다.˙˙

　우리는 보통 왜구를 일본 사람으로 생각하지만, 그 집단의 성격을 규명하는 일은 간단하지 않다. 일본 학계에서는 왜구의 근거지가 일본 규슈九州 지방과 남부 섬 지역이었고, 그 구성원에 일본인뿐만 아니라 한반도 사람도 포함되었다고 인식하고 있다.˙˙˙ 왜구는 일본 역

˙ 왜구의 활동을 정치적 목적이 없는 경제적 약탈 행위로 보아 삼국시대 왜의 활동을 제외하는 견해도 있다. "백제와 왜의 관계를 고려한다면, 왜의 신라 침공 역시 정치적인 성격을 띤 것이었다는 점에 더 비중을 둘 수 있을 것이다. 따라서 삼국시대의 왜를 영토에 대한 욕심이나 정치적 목적 없이 단순한 약탈을 목적으로 한 고려 시대의 왜구와 동질적인 것으로 생각하면 역사 현상으로서 왜구의 성격을 모호하게 만들 위험이 있다." 《잊혀진 전쟁 왜구 : 그 역사의 현장을 찾아서》(이영 지음, 에피스테메, 2007) 7쪽.

˙˙ 쓰시마섬 정벌 당시 왕은 세종이라도 군권은 상왕인 태종이 쥐고 있었기 때문에 실제로 정벌한 지휘자는 태종이지만, 편의상 세종으로 지칭한다.

˙˙˙ "(왜구의) 원뜻은 왜인에 의한 약탈 행위, (중략) 구성원은 쓰시마섬과 이키(壹岐)섬, 북규슈의 일본인을 중심으로 하여 '화척' '재인'이라고 불리는 한반도의 천민 등도 포함된다. 근년에는 제주도민들도 주목 받게끔 되었다." 《岩波日本史辭典》; 이영, 위의 책, 8쪽에서 재인용. 그러나 이영 교수는 왜구 구성원에 한반도 천민 집단과 제주도민까지 포함된다는 일본 학계의 인식을 비판한다.

사의 왕조와 직접적인 관계가 없으며, 일본 남부의 섬과 해안 지역에 근거를 두고 우리나라와 중국 일대에서 노략질을 벌이던 해적 집단이라고 보는 것이다.ˇ 이들은 중앙정부와 직접 관계는 없지만, 일본 남부 규슈 지역과 쓰시마 등지에서 권력을 행사하는 봉건영주 다이묘大名들과는 관계가 있었다.

이웃끼리는 사이가 좋을 때도, 나쁠 때도 있다 •

봉건시대 일본은 우리와 정치 상황이 많이 달랐다. 우리는 대체로 고려 시대부터 왕권이 지방까지 영향력을 미쳤고, 조선 시대에는 지방에 대한 지배력이 거의 완벽한 수준에 이를 정도로 중앙집권적 통일국가를 이루었다. 하지만 일본에서 중앙의 지배력이 나라 전체에 미치기 시작한 것은 도쿠가와막부德川幕府 체제가 성립되는 17세기 이후라고 할 수 있다.

메이지유신明治維新 이전에 일본 천왕은 상징적인 존재로 권력은 쇼군將軍과 다이묘가 쥐었고, 중앙정부의 지배력 또한 한계가 있었다. 특히 쇼군과 다이묘들이 실권을 장악하기 위해 끊임없이 싸움질을 벌인 남북조시대南北朝時代와 전국시대戰國時代가 거의 250년이나

■ "왜구를 자의(字意)대로 해석하면 '약탈 행위를 하는 일본인의 무리' 정도가 될 것이다. (중략) 왜구는 '영토에 대한 욕심이 없으며, 정치·외교적인 의도가 아니라 단순히 경제적인 재원을 목적으로 약탈이나 사람의 납치를 일삼는 일본인으로 구성된 무장 집단 내지는 그 행위'라고 정의해야 할 것이다." 이영, 앞의 책, 6~7쪽.

24

계속되는 동안 중앙의 지배력은 지방에 미치지 못했다. 이런 혼란과 분열을 평정하고 전국적인 통일의 기초를 닦은 것이 오다 노부나가織田信長이며, 도요토미 히데요시豊臣秀吉가 그 뒤를 이어 일본을 실제로 통일했다.

도요토미는 우리가 잘 알다시피 임진왜란을 일으킨 장본인이다. 전쟁으로 통일한 힘을 밖으로 뻗치지 않고는 일본의 안정을 이룰 수 없어 시작한 것이 임진왜란이다. 임진왜란이 실패하고 도요토미가 죽은 뒤 권력투쟁에서 승리한 도쿠가와 이에야스德川家康는 막번幕藩 체제를 통해 안정적인 봉건 체제를 구축했다.

왜구가 기승을 부리던 때는 일본이 분열과 전쟁에 빠지기 시작한 남북조시대와 상당히 겹친다. 그러니까 일본에서 봉건영주들 사이에 패권을 둘러싼 전쟁이 전개되면서 '전투 개시 전에 군량미를 확보하기 위해, 전투에서 패배한 뒤 일시적으로 도피하기 위해' 고려와 조선을 침공한 일본의 무력 집단이 왜구다. 왜구 문제를 해결하는 방법은 남북조시대의 종결뿐이었다.˙ 왜구가 기승을 부리는 상황에서 우리나라와 일본의 사이가 좋을 수 있겠는가. 일본의 통일된 힘을 바탕으로 조선을 침략한 임진왜란은 더 거론할 필요도 없다.

■ "그중에는 지리적으로 가까운 쓰시마섬과 이키섬이나 규슈 본토뿐만 아니라, 멀리 효고(兵庫)현 서남부에 근거를 둔 무사들도 왜구로 침구했음이 확인되었다. 당시 일본 사회 내부에는 '왜구의 침구'로 표출된 무사의 약탈이 단순히 전쟁 물자를 확보하기 위한 것이 아니라는 데 문제의 심각성이 있었다. 즉 '전쟁의 발생-무사들의 약탈-무사들의 사치-국가재정의 빈곤-백성들의 기근-전염병의 발생-도적의 발생-전쟁의 발생-무사들의 약탈'이라는 사회현상이 악순환의 고리를 형성했다. 따라서 전쟁(남북조 내란)을 종식시키는 것이 무사(왜구)들의 약탈(침구)을 막는 가장 근본적인 해결책이었다." 이영, 앞의 책, 54쪽.

하지만 이처럼 양국의 갈등이 심각했던 시기를 제외하면 오랜 세월 우리나라와 일본의 사이가 아주 나쁘지는 않았다고 봐야 한다. 두 나라는 적어도 역사시대歷史時代 수천 년 동안 서로 싸우며 지낸 시기보다 평화롭게 지낸 시기가 많았다. 그 과정에서 두 나라는 앞선 것은 전해주고, 배울 것은 배웠다. 두 나라 사이는 '친척보다 가까운 이웃사촌'처럼 정겨운 사이는 아니지만, 그렇다고 '하늘 아래 함께할 수 없는' 앙숙도 아니었다.

조선은 변화에 둔감했고 일본은 민감했다 •

역사적으로 보면 고대에는 우리가 문명이나 문화에서 앞선 편이라, 그것을 전해주는 경우가 많았다. 유라시아 대륙(초기에는 북방 유목민, 나중에는 주로 중국)이라는 거대한 문명과 문화의 저수지에서 흘러나온 물을 우리가 먼저 섭취하고 일본으로 보내주는 것과 비슷한 과정이었다.

하지만 중세부터 두 나라의 발전 정도가 비슷해졌고, 중세 말기 혹은 근대로 들어설 무렵부터는 일본이 앞서기 시작했다. 일본이 서양의 근대 문물을 빨리 받아들이고 자기 것으로 소화한 반면, 우리는 중국만 바라보느라 변하는 세계에 적응하지 못했기 때문이다.

오늘날 우리가 누리는 문명과 문화의 출발점이 된 근대는 서양이 주도했다. 전기, 철도, 기계문명, 공장제공업 등은 대체로 근대 서양의 발명품이다. 과학 문명과 기술, 근대적인 산업이 유럽과 미국에서 시작되었다는 것은 모두 잘 아는 사실이다.

근대 서양은 물질문명만 만들어낸 것이 아니다. 오늘날 세계에서 보편화된 민주적인 정치제도와 자본주의 경제체제 또한 서양이 만들었다. 의회 제도, 선거제도, 자유주의, 민주주의, 시장경제, 시민사회, 사회주의 등이 모두 서양의 근대와 함께 시작되었다. 이들을 가능하게 만든 것이 시민혁명과 산업혁명이라는 사실은 기초적인 상식이다.

일본은 서양에서 시작된 근대 문물과 제도를 우리보다 먼저 받아들였다. 우리는 그때까지도 대륙(중국)을 통해 앞선 문명과 문화를 받아들이는 데 익숙했다. 서양 사람을 오랑캐라 멸시하고, 그들의 발전된 문물을 받아들이는 데 소홀했다. 하지만 일본은 중세부터 대륙뿐만 아니라 해양(유럽) 쪽에서도 새로운 문물과 문화를 받아들일 통로가 있었다. 임진왜란 때 조선을 침략하면서 맹위를 떨친 조총도 일본에 표류한 포르투갈 선원을 통해 들어온 서양식 총포를 개조·발전시킨 것이다.

힘이 세진 일본이 조선을 침략하다 •

중세에서 근대로 넘어오는 시기, 세계는 급변하고 있었지만 중국과 우리나라는 둔감했다. 오랫동안 세계의 중심으로 자부해온 중국과 그 옆에서 작은 중심이라 자처해온 조선은 그런 변화를 읽지 못하고 미몽迷夢에 빠져 있었다. 중국을 섬기는 일에 열중하다 보니 자기 울타리를 벗어나지 못했기 때문이다.*

　반면 일본은 세계의 변화에 대처하기 위해 노력했고, 적응하는 데
성공했다. 일본도 한때 위기가 있었다. 미국에 의해 강제로 문을 열
어야 했기에 주권이 위협당할 수도 있었다. 개항 과정에서 일본은 천
왕파와 막부파, 개항파와 수구파가 대립하면서 위기를 겪었다. 하지
만 그 과정을 잘 넘겼고, 메이지유신을 통해 나름대로 근대화의 길을
찾았다. 그 결과 19세기 중 · 후반부터는 일본이 조선보다 여러 면에
서 앞섰다.

　일본이 우리보다 앞서기 시작했다고 해서 문화적으로도 우월했다
는 이야기는 아니다. 문화는 어느 것이 더 우월하다고 말할 수 없고,
상대적인 관점에서 보아야 하는 문제다. 그러나 일본은 메이지유신
을 거치면서 근대화를 수용할 수 있는 여건을 마련했다. 일본은 서구
의 근대적인 문물과 제도를 받아들이고, 부국강병책을 추구함으로써
산업 문명이 발전하고 (봉건세력과 타협하기는 했지만) 근대적인 정치제
도가 자리 잡았다. 일본은 빠르게 자본주의 강국으로 발전했다. '일
본의 힘'이 강해졌다.

　여기에서 문제가 발생한다. 힘이 좀 세지니까 그 힘을 이웃나라에
써먹고 싶어진 것이다. 임진왜란 때 우리나라를 치고 중국을 정벌하
겠다던 잘못된 호기豪氣가 다시 발동했다. 이는 서구 열강이 모두 추

---

* 중국은 자신이 세계의 중심이라는 '중화사상'에, 조선은 명나라가 망하고 청나라가 들어선
뒤 조선이 세계의 중심이라는 '소중화' 사고에 젖어 세계의 변화를 읽지 못했다. 특히 조선은
건국하면서 중국에 '사대'를, 일본이나 주변국에 '교린'을 외교의 기본으로 채택했는데, 중국
을 섬기는 일에 매몰된 나머지 자기 발전을 추구하는 데 한계가 있었다.

구하는 방향인데, 뒤늦게 열강 대열에 합류한 일본의 식민지 침략 정책이 서구의 선진 제국주의보다 가혹했다는 점이 문제다. 제국주의로 나아가기 시작한 일본은 청일전쟁과 러일전쟁에서 승리한 것을 발판으로 우리나라의 주권을 강탈했다. '한일병합韓日倂合'이다.* 이로써 우리나라는 독립국가의 지위를 잃어버리고 식민지가 되고 말았다. 나라가 없어진 것이다. 1910년의 일이다.

나라 잃은 백성은 상갓집 개 신세 ·

일제강점기 우리나라 사람들은 어떻게 살았을까? 대부분 이 땅에 남아 구박을 받으며 살았지만, 일본 등쌀에 못 이겨 간도(지금의 중국 동북 옌벤延邊 조선인 자치주와 그 주변 지역)나 남만주, 연해주(지금의 러시아 블라디보스토크Vladivostok주변 지역) 혹은 하와이Hawaii 미국, 멕시코 등지로 떠난 사람들도 많다. 돈을 벌기 위해 일본으로 간 사람들도 많다. 지금 이 지역에 사는 우리 교포들의 뿌리가 대부분 일본의 식민 지배에서 시작되었다.** 이들의 삶은 그야말로 고난의 연속이었다.

그렇다면 국내에 남은 사람들은 어땠을까? 이건 상식적으로 생각

■ 이는 조약(條約 : 국가 간 합의에 따라 맺은 규약)의 이름을 빌린 늑약(勒約 : 강제로 맺은 조약)이다. 보다 정확히는 군사력을 동원한 '일제의 강점(强占)'이다.
■ ■ 그 바람에 우리는 중국, 이스라엘, 이탈리아에 이어 네 번째로 해외 교포가 많은 민족이 되었다. 1999년 1월 1일 현재 한국의 해외 동포 수는 564만 4558명으로, 본국 인구 대비 12퍼센트로 세계 1위를 차지했다. 《국제 통계연감》(통계청, 2006) 92쪽 참고.

할 일이다. 자기 부모 밑에서 사는 자식과 남의 부모 밑에서 사는 자식 중 어느 쪽이 나을까? 간혹 부모 같지 않은 부모, 차라리 없는 게 나을 것 같은 부모도 있다. 하지만 웬만하면 자기 부모가 좋지 않겠는가. 능력 없고 가진 것이 적어도 자식에게는 부모의 사랑이 필요하다. 못났어도 자기 부모가 남보다 훨씬 낫지 않겠는가. 세상에서 가장 힘든 게 '눈칫밥 먹기'라고 한다. 나라 잃은 백성도 눈칫밥 먹는 신세는 마찬가지다.

한국 사람들은 하루아침에 대일본제국의 '2등 국민'이 되고 말았다. 일제는 나중에 중국을 침략하면서 중국인을 3등 국민으로 서열화하기도 했지만, 이는 분할 지배 전략일 뿐 실질적인 의미는 없다. 오히려 한국인은 중국에서도 찬밥 신세였다. 일제의 간첩으로 오인받아 이중고에 시달렸다. 일제강점기 2등, 3등 국민이 된 한국인의 삶은 비참했다. '나라 잃은 백성은 상갓집 개보다 못하다'는 말도 있다. 이 사람 저 사람 발길에 차이며 먹을 것을 찾아 주변을 맴도는 '상갓집 개 신세'가 식민지 백성이라는 뜻이다.

식민지 지배가 한국인의 삶을 나아지게 했다? •

일본의 식민지 지배로 한국인의 삶이 나아졌다고 이야기하는 사람들이 있다. 과거에 이런 말을 했다면 정신 나간 사람 취급을 받았겠지만, 지금은 멀쩡한 사람들이 이런 주장을 한다. 그중에는 한국 최고라는 서울대학교 교수들도 여러 명 있다. 이들은 논리적이고 체계적

으로 이런 주장을 편다. 통계 수치까지 제시하면서 자신들의 주장이 과학적이라고 말한다.▪

이들은 일제강점기에 일본인이 만든 통계자료를 가지고 해마다 경제가 몇 퍼센트씩 성장했다면서 한국 사람들의 생활이 나아졌다는 식으로 이야기한다. 식민지에서도 경제가 성장했다는 주장은 일견 당연하다. 하지만 누구를 위한 성장이냐가 중요하지 않겠는가. 과연 식민지 백성, 한국인을 위한 성장이겠는가? 당연히 식민지 본국과 일본인을 위한 성장이라고 봐야 할 것이다.

식민지 본국인을 위한 성장 과정에서 지배를 받는 백성에게 떡고물이 떨어졌을 수도 있다. 물론 떡고물을 얻어먹은 사람은 친일파였을 것이다. 친일파는 일본에 영혼을 팔아 배부른 노예가 된 이들이다. 친일파를 뺀 나머지 한국인은 대부분 고통 속에 살아야 했다.

그럼에도 일본은 우리나라를 식민 지배한 사실에 진심으로 사과하지 않고 있다. 한때 일본의 유력한 정치인들은 "일본의 식민지 지배가 한국의 발전에 도움이 되었다"는 망언을 서슴지 않았다. 일본은 한일 국교 정상화 회담 과정에서도 식민지 지배에 대한 청구권을 사실상 인정하지 않았으며, 국가 차원의 사죄도 없었다.

▪ '막가파' 식으로 일제의 식민지 지배를 옹호하는 자들은 이제 설 땅이 없다. 그 대신 '식민지 근대화론'이란 이름을 내걸고 논리적으로 덤비는 사람들의 주장은 상당히 치밀하고 포장 또한 정교해서 언뜻 보면 그럴듯하다. 그러나 본질에서는 막가파 식 주장과 크게 다르지 않다. 보다 자세한 내용은 《뉴라이트 비판》(김기협 지음, 돌베개, 2008); 《뉴라이트의 실체 그리고 한나라당》(주종환 지음, 일빛, 2008); 《뉴라이트 위험한 교과서, 바로 읽기》(역사교육연대회의 지음, 서해문집, 2009); 《일제의 식민지 정책과 식민지 근대화론 비판》(신용하 지음, 문학과지성사, 2006) 등을 참고할 수 있다.

종전 50년을 맞은 1995년 8월 15일 일본에서 무라야마 담화'를 발표했지만, 일본의 우익 정치인들과 극우 세력은 수시로 이를 부정하는 발언을 일삼고 있다. 최근 아베安倍晋三 정권이 들어선 뒤 과거 일본의 침략 행위를 부정할 뿐만 아니라, 군국주의 부활을 위한 평화헌법 개정과 군대 보유, 해외 파병의 합법화 등을 추진하여 이웃 나라인 한국과 중국의 심각한 반발과 마찰을 빚고 있다. 같은 전범 국가지만 진정한 사죄와 나치 시대 역사 청산으로 이웃 나라의 신뢰를 얻는 독일과는 대조적이다. 과거의 잘못을 되돌릴 수는 없어도, 철저한 반성을 통해 새로운 미래를 열어갈 수는 있다. 그러나 일본은 이를 거부함으로써 동아시아에 또다시 먹구름이 드리우고 있다.

일제의 잔재를 청소하고 새로운 세상을 열어라 •

우리나라가 일본의 식민 지배를 받은 기간은 40여 년이다." 긴 역사의 과정에서 보면 40년은 찰나에 불과하다. 우리나라의 역사적 과정을 생각하면 식민지를 겪었다고 해서 상심하거나 너무 자존심 상해

■ 무라야마 도미이치(村山富市) 수상이 종전 50주년을 맞아 일본이 태평양전쟁과 전쟁 이전에 행한 침략이나 식민지 지배에 공식적으로 사죄하는 뜻을 표명한 담화를 말한다. 이것은 자민당의 장기 집권 체제가 붕괴되면서 사회당과 연립정부가 수립된 상황이고, 사회당 위원장 출신 무라야마가 내각 수상으로 있었기에 가능했다. 무라야마 담화는 이후의 정권에도 계승되어 일본 정부의 공식적인 견해로 가끔 이용되지만, 우익 세력은 기회만 되면 이를 부정하기 위해 안간힘을 쓴다.
■ ■ 국권을 상실한 기간은 1910년 8월 22일부터 1945년 8월 15일까지 만 35년이지만, 1905년 을사조약으로 외교권을 상실한 기간까지 생각하면 40여 년이다.

할 필요도 없다. 그런 침략을 한번쯤 당해보지 않은 나라나 민족은 거의 없다. 세계적인 강대국이라고 큰소리치는 나라들도 한때는 외적의 침입으로 풍전등화의 위기에 처했다. 숱한 민족과 나라가 그보다 훨씬 비참한 조건에서도 생명력을 지켜왔다. 우리도 고려 때 원나라의 지배를 받았다. 간접 지배지만 그 기간이 100년에 가깝다. 거기에 비하면 일제강점기 40년은 긴 기간이 아니다.

하지만 식민지 지배를 경험한 사람들에게는 굉장히 긴 기간이다. 60세를 살기 힘들던 당시 상황을 생각하면 인생 전체에 맞먹는 세월이다. 그러니 해방됐다고 해도 식민 지배의 영향에서 자유로울 수 없었다. 식민지 유산, 일제의 잔재가 강하게 남아 있을 수밖에 없다는 얘기다. 사람들의 사고, 정치와 경제 제도, 사회와 문화, 풍습과 역사, 교육……. 이런 잔재는 당시는 물론이고 아직도 완전히 해소되지 않고 있다.

그렇지만 해방되었으니 이제 한국인이 주인이 되어 살아야 하지 않겠는가. 식민 지배의 유산, 일제의 잔재는 과감히 청소하고 새로운 세상을 만들어가야 했다. 과연 그렇게 되었을까?

2

미군정과 통역정치

영어 열풍의 원조는 따로 있다

외국어 열풍이 지금의 일만은 아니다 •

이명박 정부가 영어 몰입 교육 운운하면서 영어 열풍이 심해졌지만, 이는 한국 사람들의 교육열과도 관련이 있다. 한국 사람들의 교육열은 세계적으로 유명하다. 우리나라에서 한동안 유행한 '기러기 아빠' 같은 현상은 다른 나라에서는 찾아보기 어렵다. 지금 중국에도 그런 열풍이 불기 시작한 모양이지만 아직은 시간이 필요할 것이며, 미국과 더불어 세계를 경영할 중국과 우리나라는 사정이 좀 다르다. 그런데 이런 교육열이 꼭 부정적인 것만은 아니다. 자원이 부족하고 땅도 좁은 한국이 세계에서 살아남는 길은 교육에 있다는 것은 누구나 쉽게 인정하는 사실이다.

우리나라에서 이런 현상이 벌어진 것이 요즘 일만은 아니다. 역사적으로 우리나라는 중국과 이웃하며 살았기 때문에 앞선 문명과 새로운 문화를 대부분 중국에서 받아들였다. 또 중국이 워낙 영토가 넓고 인구도 많아 통일된 상태에서는 우리나라가 힘을 쓰기 어려웠다. 우리 역사상 가장 강국인 고구려도 결국 당나라에 멸망하고 말았다. 이후 우리나라의 영역은 한반도로 국한됐고, 중국의 눈치를 보며 살 수밖에 없었다. 그러다 보니 이 땅에서 엘리트가 되기 위해서는 중국 유학이 필수 코스였다.

당나라가 세계 제국으로 지배하던 시절, 신라 사람들도 당나라에 유학을 못 가 안달이었다. 승려, 정치가, 학자 등 우리가 지금 아는 역사적인 인물들은 대부분 당나라 유학을 다녀왔다. 고려나 조선 시대에는 신라 시대만큼 중국 유학이 활발하지는 않았지만, 학문과 사고 체계에서 중국 의존성은 더 강해졌다.

한자가 지배계급의 기본 문자였고, 선비들이 금과옥조로 여기던 경전 또한 대부분 중국 문헌이었다. 선비들은 한자로 운율을 맞추어 쓰는 한시에 능통해야 학자로서, 지식인으로서 대접받았다. 중국어는 주로 중인 계급이 배웠지만, 통역을 기술로 본 봉건시대의 사고 때문이지 중국어의 중요성을 부정해서 그런 것은 아니다.

옛날이나 지금이나 세계와 교류하기 위해서는 첨단 지식을 흡수하는 것이 필요하고, 결국 세계 중심 국가의 언어와 사고 체계를 배워야 한다는 이야기다. 특히 자원이 부족하고 영토가 좁은 우리나라는 인재가 많아야 세계에서 살아남을 수 있고, 그러기 위해서는 강대국의 언어를 배우고 지식을 습득하는 수밖에 없다.

외국어는 생존 수단이며 무기다·

그렇다고 해서 외국어 열풍이 문제가 없는 것은 아니다. 아무리 앞선 것을 수용하고 받아들인다 해도 '자기 정체성'을 지켜야 한다. 자기 정체성이란 남과 구별되는 고유한 본질이나 속성을 의미한다. 인간은 모두 자기 정체성이 있다. 이게 너무 강하면 튀는 사람이 될 수 있고, 너무 약하면 존재 자체가 드러나지 않을 수 있다.

정체성은 개인뿐만 아니라 집단, 조직에도 있게 마련이다. 민족이나 국가에도 정체성이 있다. 당연히 우리는 한국인으로서 정체성이 있다. 세계 어느 나라 사람과도 구별되는 한국 사람의 독특한 무엇이 있다는 이야기다.

우리가 외국어(영어)를 배우는 이유는 수단으로 활용하기 위해서다. 영어를 배움으로써 선진 기술과 지식을 습득할 수 있다. 외국인과 의사소통이 가능하고, 시장을 개척하여 우리가 만든 물건을 팔 수 있는 길도 생긴다. 외교 관계에서 우리의 이익을 지킬 수도 있다. 영어는 세계와 교류하는 수단이고, 나아가 세계에서 우리의 이익을 지킬 수 있는 무기다.

언어는 수단을 넘어 문화다·

언어는 단지 수단으로 끝나는 것이 아니다. 언어에는 역사가 있고, 그 언어를 쓰는 사람들의 사고방식과 생활, 습성 등이 녹아 있다. 그래서 언어는 단순한 도구를 넘어 문화라고 할 수 있다. 이런 자각 없이 외국어를 잘못 배우면 자기 정체성을 상실하고 영혼까지 팔아먹을 수도 있다. 정체성을 상실하면 자신이 어떤 존재인지, 어떤 생각으로 무슨 일을 하는지 잊어버릴 수 있다. 이런 사람일수록 강자에게 빌붙어 사는 기회주의자가 될 확률이 높다.°

조선 시대 일부 중국어 통역관들은 철저히 중국의 이익을 대변하면서 조선을 괴롭히는 데 앞장섰다. 이런 이야기들은 드라마 〈대왕 세종〉, 영화 〈신기전〉에도 나온다.°° 여기에 등장하는 갈등을 단순히 재미를 위해 꾸며낸 허구로 치부할 수는 없다. 다소 과장이 있을지언정 분명 그와 유사한 일들이 벌어졌다. 이는 오늘 우리가 이야기하려는 주제와도 일맥상통한다.

식민 지배 말기에는 모든 사람들이 일본어를 써야 했다. 하지만 친일파는 한 걸음 더 나아가 '일본인 되기'를 열심히 실천했다. 해방된 이후 그들은 어떻게 했을까?

■ 이 문제와 관련해 《나는 고발한다》(김영명 지음, 한겨레신문사, 2000); 《한국어가 사라진다면》(시정곤 외 지음, 한겨레신문사, 2003); 《영어 공용화 국가의 말과 삶》(박영준 외 지음, 한국문화사, 2004) 등을 참고할 수 있다.
■ ■ 드라마 〈대왕 세종〉과 영화 〈신기전〉은 시대 배경이 세종 때다. 전자는 한글 창제를 두고 벌어지는 세종과 사대부의 갈등을, 후자는 무기 개발과 국방과학 기술을 두고 벌이는 조선과 명, 조선 내부 자주파와 사대파의 갈등을 주된 축으로 다룬다. 여기에 명나라 사절단을 안내하는 통역관들이 등장하며, 이들의 횡포(?)가 간단하지만 의미심장하게 그려진다.

미국, 남한 점령 준비가 전혀 되지 않았다 •

해방과 함께 미군이 우리나라에 들어오면서 영어 통역관이 필요해졌다. 원래 미국이 다른 나라를 점령할 때는 통역관을 비롯해 많은 준비를 한다. 미국은 일본과 전쟁하고 있었기에 일본 본토 점령에 대비했다. 통역관을 확보하고, 병사들에게 일본의 역사와 문화를 알리기 위한 자료도 만들어 교육했다. 이런 교육에는 나쁜 이야기와 왜곡된 이야기가 포함되었겠지만, 일본에 대해 객관적으로 알려주는 이야기도 많았을 것이다. 그래서 태평양 사령부 산하 미군들은 일본에 대해 제법 알고 친숙한 느낌이 있었다.*

하지만 한국을 점령하는 것은 그들의 계획에 없었고, 당연히 통역관도 준비되지 않았다. 병사들이 한국 역사나 문화를 배울 기회는 아예 없었다. 그런 상황에서 미 극동군 사령부는 미24군단을 급히 남한에 파견했다. 소련군이 한반도를 점령하기 전에 남한 지역만이라도 점령할 필요가 있었기 때문이다.

북한을 점령한 소련은 사정이 달랐다. 소련군은 북한 점령을 계획했고, 그에 대한 준비도 비교적 갖춰진 형편이었다. 게다가 한인 2세 공산주의자들이 소련군과 함께 대거 입북하면서 북한 사정을 이해할

■ 우리나라에서도 번역되어 스테디셀러로 자리 잡은 《국화와 칼》(루스 베네딕트 지음, 김윤식·오인석 옮김, 을유문화사, 2008)도 그렇게 해서 만들어진 책이다. 미국의 인류학자 루스 베네딕트가 1946년 미 국무성의 의뢰를 받아 2년간 연구 끝에 내놓은 책으로, 오늘날 일본을 이해하기 위한 고전으로 자리 잡고 있다. 그녀는 일본을 방문할 수 없는 조건에서 2차 문헌과 다양한 자료를 폭넓게 소화하여 일본 문화의 핵심을 흥미진진하게 풀어냈다고 평가받는다.

수 있는 여건도 미군에 비해 훨씬 나았다.*

　미군에 비해 소련군의 점령 준비가 잘되었다는 것은 통역관 문제나 점령 정책(소련군의 간접 통치와 미군의 직접 통치)뿐만 아니라 포고문의 내용에서 단적으로 드러난다. 미군의 포고문은 매우 행정적이고 명령적이었지만, 소련군의 포고문은 내용의 진위를 떠나 한국인의 심정을 이해하는 사람이 썼다는 것을 느끼게 해준다.

통역관들, 미군정 권력의 핵심에 접근하다 •

하지John Reed Hodge 중장이 지휘하는 미24군단 본부도 한국어 통역관을 제대로 확보하지 못했다. 처음에는 일본인을 통역관으로 많이 썼고, 한국에 오면서 미국 유학 경험이 있는 한국인을 통역관으로 확보했다. 그들은 대부분 친일파라고 손가락질 받던 사람들이 모인 한민당 출신이었다. 그들 중 다수는 친일적 성향이었고, 친일 활동에 적극적으로 가담하지 않았다 해도 민족의식이 박약한 사람들이 많았다. 민족이나 국가보다 개인의 출세와 성공에 관심 있는 인물들이 다수였다고 봐도 무방할 것이다.

　민족이나 국가가 아니라 개인의 삶과 자유가 중요한 지금은 이런

■ 소련군의 점령 준비가 미군에 비해 나았다고 해서 북한 점령 정책 과정에 문제가 발생하지 않은 것은 아니다. 소련군이 북한을 점령한 초기에 약탈, 부녀자 강간 등 심각한 사회문제가 발생했다. 이런 사회문제와 관계없이 점령을 위한 준비라는 측면에서는 미군보다 소련군이 나았다는 이야기다.

사람들이 전혀 문제가 되지 않는다. 하지만 당시에는 사정이 달랐다. 가혹한 식민지를 경험한 나라에서 민족의 자유와 독립에 대한 생각이 정립되지 않은 사람은 사회적 활동을 하는 데 결격사유가 있는 사람이라고 봐도 틀리지 않았다. 그 가운데 이묘묵이란 인물이 있다. 이 사람은 통역관에 불과하지만 권한이 막강했다. 공식 직함이 '하지 사령관의 고문'이었기 때문이다. 이묘묵은 미군과 진보 세력*을 이간질하는 데 중요한 역할을 했다.

해방 정국에서 가장 중요한 정치 지도자 여운형이 하지 중장을 만나러 갔는데, 하지가 대뜸 "당신, 총독부에서 얼마나 받아먹었어?"라고 물었다. 이는 이묘묵을 비롯한 군정청의 통역관들이 하지에게 악선전을 했기 때문이다. 여운형이 어이없어하면서 그건 잘못된 정보라고 했지만, 하지의 부정적 인식은 굳어졌다. 통역관들은 그런 정도를 훨씬 넘어서는 역할을 했다. 그들이 남한의 미군정에서 핵심 요직을 거의 다 차지했다고 해도 과언이 아니다.**

■ 해방 직후 진보 세력이라고 부를 수 있는 사람들은 진보적(혹은 좌파) 민족주의자, 사회주의자(혹은 사회민주주의자), 공산주의자 등이다. 진보적이 아니면 보수적인데 이 무렵 보수는 그 개념이 불확실할 뿐만 아니라 대부분 우익 민족주의자를 지칭했지만, 실제로는 친일파와 경계가 모호했다.

■ ■ 군정청에는 이묘묵 외에도 400명이 넘는 통역관이 있었는데, 이들은 대부분 한민당 세력이었다. 이들은 미 군정청 고위 인사들과 수시로 접촉하면서 한민당과 대척점에 있던 여운형을 비롯한 진보 세력에 대한 부정적인 인식을 심어주는 데 한몫했다. 이들이 미 군정청의 정책 결정에 중요한 영향을 미쳤기 때문에 '통역정치'라는 말이 나왔다. 안진, 〈분단 고착 세력의 권력 장악과 미군정〉, 《역사비평》 6호(1989년 가을) 62~63쪽; 《몽양 여운형 평전》(정병준 지음, 한울, 1995) 148~149쪽; 《한국전쟁의 기원》(브루스 커밍스 지음, 김자동 옮김, 일월서각, 1986) 193~194쪽 참고.

미군, 해방군이 아니라 점령군으로 진주하다 •

미군은 남한에 들어오기 전 포고령을 발표했다. 1945년 9월 2일 미 극동군 총사령관 맥아더Douglas MacArthur 이름으로 발표된 1, 2, 3호 다. 포고령 1호는 '일본은 패망했고, 삼팔선 이남 지역을 미군이 점 령하여 통치할 것이다. 한국 사람들은 경거망동하지 마라. 영어가 공 식 언어로 사용될 것이다'라는 내용이었다. 미군이 점령군이라는 이 야기다. 포고령 2호는 '한국인은 군정청에 소속되는 법정에 의해 재 판받을 것이다. 미국에 반대하는 사람은 가차 없이 사형이나 그 밖의 형벌에 처할 것이다'라는 내용이었다. 포고령 3호는 미군정에서 화 폐는 조선은행권과 미군표MPC가 통용될 것이다'라는 내용이었다.·

소련군 사령관 치스차코프Ivan M. Chischakov의 포고문은 대조적이었 다. "조선 인민들이여! 붉은 군대와 연합국 군대는 조선에서 일본 약 탈자들을 쫓아냈다. 조선은 자유국이 되었다. 그러나 이것은 신조선 역사의 첫 페이지가 될 뿐이다. 화려한 과수원은 사람의 땀과 노력의 결과다"로 시작해서 "조선 사람들이여! 기억하라, 행복은 당신들의 수중에 있다. 당신들은 자유와 독립을 찾았다. 이제는 모든 것이 당 신들에게 달렸다. ……해방된 조선 인민 만세"로 끝난다.··

이 포고문으로 미군과 소련군의 진심을 비교할 수는 없지만, '보 기 좋은 떡이 먹기도 좋다'는 말처럼 기왕이면 통치를 받는 사람들의

■ 《사료로 보는 20세기 한국사》(김삼웅 편저, 가람기획, 1997) 180~182쪽.
■ ■ 김삼웅, 위의 책, 178~180쪽.

심정을 조금이라도 이해하고 배려하려는 노력이 필요하다. 맥아더는 포고문에서 위압적으로 경고하지 않으면 한국인들이 난동을 부릴지 몰라 걱정되었다고 한다. 그러나 한국인에게 미군의 첫인상은 좋지 않았고, 이는 미군과 끊임없는 충돌로 나아가는 출발점이 되었다.

미군정에서 영어가 공식어가 되다 •

미군정 포고령 발표와 더불어 한국에서 공식어는 영어가 되었다. 공식어란 통치와 행정 등 공권력이 작동하는 데 필요한 언어다. 영어가 공식어로 사용되면 영어를 할 수 있는 사람이 권력에 접근하게 마련이다. 영어 세상이 왔다. 이 포고문이 발표되고 며칠이 지난 1945년 9월 9일, 미군이 서울에 진주했다.

남한을 점령한 미군은 한국 사람들의 심정을 전혀 이해하지 못했고, 이해하려는 노력도 기울이지 않았다. 처음에는 조선총독부를 그대로 두고 통치하려고 했다. 그러면 미군총독부가 되는 것이다. 한국 사람들이 반발하자 조선총독부를 해체하고 군정 체제'로 남한을 통

■ 군정 체제란 말 그대로 군인이 직접 통치하고 지배하는 권력 체제다. 미군 장교들이 국가권력의 요직을 차지하고 앉아서 정치적 결정과 행정 권력을 집행한다는 이야기다. 그래서 미군정(美軍政 : 미군이 직접 통치하는 정부 혹은 정권)이 되었다. 미군의 직접 통치 방식은 소련군의 간접 통치 방식과 대비되었다. 소련군은 인민위원회를 비롯한 민중 자치기관에 행정권을 넘겨주고, 정치적인 결정과 최후의 통제선만 관장했다. 미군과 소련군의 성격 차이도 중요하다. 미군은 야전 군대로서 전투부대였지만, 소련군은 전투부대이자 정치부대였다. 이런 차이가 남북한의 통치에 적지 않은 영향을 미쳤음은 두말할 필요도 없다.

치하기 시작했다. 모든 권력은 미군에게 있었다. 미군정 관리는 나중에 모두 한국인으로 대체되었지만, 초기에는 일본인이 한동안 자리를 지켰다. 또 미군정에는 조선총독부에서 근무하던 한국인이 다수를 차지했다.

이제 이들은 일본어 대신 영어를 알아야 하는 처지가 되었다. 당연히 영어 열풍이 불었다. 미국 유학 경험이 있거나 영어를 잘하는 사람들이 한 자리씩 차지했다. 일본인 밑에서 관리로 일하던 사람들도 영어를 배워 미군과 가까워지려고 했다.

전광용이 쓴 단편소설 〈꺼삐딴 리〉가 있다. '꺼삐딴'은 러시아어로 대위(캡틴)를 의미하는데, 리(이인국 박사)란 인물이 친일파에서 친소파로, 다시 친미파로 변신해가는 이야기가 잘 그려졌다. 해방 후 한국에서는 '꺼삐딴 리'처럼 친일파가 친미파로 변신했고, 그 한가운데 영어 열풍이 있었다.

■ 〈꺼삐딴 리〉의 주요 내용은 다음과 같다.
서울 시내에서 고급 병원을 운영하는 이인국 박사는 가난한 환자들을 내쫓으며 부유층과 권력층 등 힘 있는 사람만 상대하는 속물이다. 그는 미국 국무성 초청장이 오기를 기다리면서 과거를 회상한다. 일제강점기 이인국은 도쿄(東京)의과대학을 나와 평양에서 병원을 운영했다. 그는 돈 있고 힘 있는 일본인만 치료하는 대가로 권세를 톡톡히 누렸다.
1945년 일본이 패망하고 해방되자 평양에는 소련군이 진주한다. 그는 춘석에 의해 친일 혐의로 잡혀간다. 이인국은 감방에서 죄수들의 이질을 치료해주고, 의술을 인정받아 의무실에서 근무한다. 그는 의무관 스텐코프의 혹을 치료해준 대가로 감옥에서 풀려난다. 그는 아들을 모스크바(Moskva)로 유학까지 보낸다.
1950년 한국전쟁이 발발하고 그 와중에 아내를 잃자, 1·4 후퇴 때 아들을 내버려둔 채 남한으로 내려온다. 이후 그는 서울 시내에 병원을 차리고 부유층과 권력층을 상대하면서 돈을 버는 한편, 딸 나미를 미국으로 유학 보낸다. 미 대사관에서 국무성 초청장을 받는 데 성공한 그는 미국에 가서도 반드시 성공하리라는 자신감을 가지고 귀갓길에 오른다.

미군정, 통역 정부로 비판받다 •

통역관은 어떤 사람들이 했을까? 당연히 영어를 잘하는 사람들이다.
그러면 영어를 잘하는 사람들은 어떤 사람이었을까? 그야 뻔하지 않
은가. 미국이나 영국에서 공부한 경험이 있는 유학생 출신이 주로 통
역관을 했다.

일제강점기에 일반인은 초등학교도 다니기 힘들었다. 남자들은 대
체로 초등학교를 졸업했으나, 여자들은 초등학교 문턱에도 가지 못
한 경우가 비일비재했다. 그러니 외국 유학은 상상도 할 수 없었다.
해방 당시 외국 유학 경험이 있다는 것은 집안이 굉장히 잘사는 부자
(당시는 주로 땅이 많은 지주)라는 의미다. 이 사람들이 미군정 고위 인
사들의 통역관(공식 명칭은 고문이나 자문)을 하면서 미군이 남한을 통
치하는 데 필요한 여러 가지 중요한 정책에 영향을 미쳤다. 이들의
횡포가 얼마나 심했는지 에드거 스노Edgar Parks Snow •는 미군정을 '통
역 정부'라고 불렀다.

미군정 고위층은 친일파로 의심받은 지주 출신 유학파들이 요직을
차지했고, 그 아래는 일제강점기 친일 관료들이 재빠르게 변신해 다
시 중요한 직위를 차지했다. 이들은 미군과 가까워지기 위해 밤새워
영어 공부를 했다. 남한 땅에 미군이 들어오고 군정이 실시되면서 영

■ 미국의 신문기자. 중국에서 항일 전쟁 시기 공산당이 있는 옌안(延安)을 방문하여 마오쩌
둥(毛澤東), 주더(朱德), 저우언라이(周恩來) 등 중국 공산주의 운동의 핵심 지도자들을 인터
뷰한 내용을 바탕으로 쓴 《중국의 붉은 별》로 유명하다. 그의 부인 헬렌 스노(Helen Poster
Snow, 필명 님 웨일스)는 《아리랑》에서 조선인 혁명가 김산의 일대기를 그렸다.

어 열풍이 강하게 불었다. 바뀐 세상에서는 영어만 하면 군정에서 한 자리 차지할 수도 있었다. 통역정치는 좌우합작위원회에서도 거론될 정도로 그 폐해가 심각했다.*

영어 열풍에는 역사적 뿌리가 있다 •

꼭 관직을 얻지 않더라도 적산을 매각하는 과정에서 한몫 챙길 수 있었다. 적산敵産은 적의 재산이란 뜻으로, 일본이 우리나라를 지배 하면서 확보한 집과 토지, 공장, 건물 등을 말한다. 이 모든 재산은 일본이 조선을 지배하며 한국인에게서 빼앗은 것이므로 엄밀히 말하 면 한국인 전체의 소유다. 그런데 미군이 남한을 점령하면서 적산이 모두 미군정 소유로 바뀌었다. 일제가 지배하던 조선총독부가 없어 졌고, 한국인의 정부가 없는 상황이니 미군정이 관리하는 것은 어쩔 수 없는 일이라 해도 적산을 처분하는 과정이 문제였다.**

일본인이 물러간 상황에서 소유권이 분명하지 않아도 모든 물건에 는 그와 관련된 사람들이 반드시 있었다. 이를테면 공장에는 종업원 이 있을 것이다. 일본인이 소유하던 공장은 그곳에서 일하는 노동자

■《몸으로 쓴 통일독립운동사 : 우사 김규식 생애와 사상 3》(우사연구회 엮음, 송남헌 외 지 음, 한울, 2000) 85~86쪽.
■ ■ 미군정은 귀속재산을 관리하기 위해 일제강점기의 동양척식주식회사를 기반으로 '신한 공사'를 설립했다. 신한공사는 일본인의 토지와 가옥, 주요 산업 등 미군정에 귀속된 모든 재 산을 관리했다. 1948년 5월 10일 남한 총선을 앞두고 신한공사가 관리하던 토지를 농민에게 분배하는 작업을 시행하는데, 이는 남한 농지개혁의 첫걸음이 되었다.

들의 피와 땀으로 만들어진 것이니, 민간에 매각한다면 그 공장에서 일하는 노동자들에게 우선권이 돌아가는 게 맞다. 하지만 영어 좀 하면서 미군정과 친밀해진 사람들이 공장을 낚아챘다. 이들은 과거 일본인 사장 밑에서 관리인 노릇을 하던 사람들이다. 오늘날 우리가 아는 많은 재벌들이 이렇게 해서 자본을 축적했다.

영어 열풍의 뿌리는 가깝게는 해방 후 미군정이 실시되면서 친일파가 친미파로 바뀌는 과정에서, 멀게는 사대주의에 깊이 빠진 조선 시대부터 생겨났다. 우리는 오늘날 영어 열풍을 어떻게 소화해야 할까? 우리의 정체성을 지키면서 필요한 수단을 습득하고, 이를 바탕으로 자기를 실현하며, 나아가 공동체의 발전에 도움이 되는 방향에서 고민해야 하지 않을까?

3

카이로선언에서 포츠담협정까지

우리의 운명을
강대국이 결정하다

긴 역사에서 분단 60년은 짧은 기간이다 •

요즘 젊은 세대는 통일에 부정적인 경우도 적지 않다. 통일이라면 못 사는 북한을 떠올리고, 그 부담을 우리가 짊어지는 것이 부당하다고 생각하기 때문이다. 아예 통일이 필요 없다고 생각하는 사람들도 꽤 있다. 남북한이 쪼개져 두 나라로 산 지 60년이 넘었다. 60년은 한 사람의 일생으로 보면 긴 세월이지만, 긴 역사에서 보면 순간에 불과하다. 역사에서는 100년도 별게 아니다. 지금과는 사정이 다르지만 삼국시대가 수백 년, 신라가 1000년을 지탱한 것을 생각해보면 더욱 그렇다. 긴 역사에서 남북이 수십 년 갈라져 지내는 것은 얼마든지 있을 법한 일이다.

한국인 가운데 분단을 바란 사람은 아무도 없었을 것이다. 해방되었을 때 우리나라가 분단될 것이라고 생각한 사람도 거의 없었다. 어떤 의미에서 보면 1945년 8월 15일 일제의 항복 선언과 함께 해방되었을 때 분단은 우리 뜻과 무관하게 결정되었다고 말할 수 있다.

일본이 미국과 소련, 중국, 조선의 독립운동 세력과 싸우는 동안 강대국끼리 협상을 통해서 우리의 운명이 결정되었다. 협상장에는 우리 입장을 대변해줄 세력이 아무도 없었다. 한반도의 장래 문제와 관련된 국제 협상은 1943년부터 시작된다.

우리 민족의 운명이 처음 언급된 카이로회담 •

1943년 11월 22~26일 이집트 카이로Cairo에서 미국, 영국, 중국의 정상과 외교 사절들이 모여 전쟁이 끝난 뒤 일본의 식민지를 처리하는 문제를 논의했다. 그때 세 나라 정상은 일본의 무조건 항복, 만주와 대만의 중국 귀속, 조선의 독립을 언급했다. 그런데 조선의 독립과 관련해서는 전제가 있었다. 카이로회담에서 논의된 한국과 관련된 부분은 다음과 같은 내용이었다.

"미·중·영 세 나라는 조선 인민의 노예 상태에 유의하여 '적절한 과정을 거쳐in due course' 조선을 독립하게 할 것을 결정한다."

일본이 패망하면 조선이 독립하는 것은 당연한 일이다. 그런데 왜 '즉시 독립'이 아니라 '적절한 과정을 거쳐'라고 했을까? 이 말이 무엇을 의미할까?

• 이 말은 '필요한 과정을 거쳐'라는 뜻으로 볼 수 있다. 강대국의 합의에 따라 필요한 과정을 거쳐서 독립시킨다는 의미다.

50

카이로회담의 주요 의제는 한반도의 장래가 아니라 중국과 관련된 문제였다. 즉 대만과 만주가 중국의 영토임을 확인하고, 일본에게 항복을 촉구하기 위한 것이었다. 이 과정에서 조선 문제도 언급하지 않을 수 없었다. 같은 동아시아 지역에 있는 일본의 식민지였으니까. 당연히 일본의 항복과 더불어 식민지를 어떻게 처리할지 논의되어야 하는 것이다. 중국 땅은 중국에 돌아가는데, 왜 조선은 '적절한 과정을 거쳐' 독립시킨다고 결정했을까?

신탁통치를 언급한 미국의 루스벨트 대통령 •

조선의 독립과 관련해서 '적절한 과정을 거쳐'라는 말을 넣은 것은 루스벨트Franklin Delano Roosevelt 대통령이다. 이 말에는 조선을 일정한 기간 강대국이 '신탁통치' 한다는 의미가 내포되었다. 루스벨트가 생각하기에 '조선은 자치 능력이 없기 때문에' 적절한 기간 동안 국제연합국이 신탁통치 하는 것이 필요했다. 루스벨트는 신탁통치 기간으로 처음에는 40년 정도를 생각했다.˙ 놀라운 일이다. 40년이면 일본이 우리나라를 지배한 기간과 맞먹는다.

비록 일본에 나라를 빼앗겼으나 조선은 스스로 나라를 세우고 과거 수천 년 동안 운영해온 역사가 있고, 세계 어디에 내놓아도 뒤지지 않는 수준 높은 문화를 창조해왔다. 그런데 자치 능력이 없으니

■ 《대한민국사 1945~2008》(임영태 지음, 들녘, 2008) 55쪽.

40년이나 강대국의 통치를 받으라고? 이건 조선인에 대한 모욕이다. 당시 세계 강대국에게 조선은 일본의 식민 통치를 받는 덜떨어진 나라일 뿐이고, 조선인은 미개인이었다.

　루스벨트의 신탁통치안은 변형된 식민지 지배 논리라고 할 수 있다. 2차 세계대전을 통해 제국주의 국가들의 군사력을 동원한 식민지 지배는 불가능하다는 점이 확인되었다. 군사력과 정치적 지배를 앞세운 식민지 지배 방식 대신 상품 시장의 개방을 통한 경제적 지배 방식이 필요했다. 신탁통치안은 루스벨트가 심취한 신 식민지 통치 방식이다.* 그는 미국 역사에서는 위대한 대통령인지 몰라도 우리나라의 운명과 관련해서는 상당히 고통스런 결과를 안겨준 인물이다. 이때부터 한반도에 먹구름이 끼었다.

국제회의에서 신탁통치가 결정되다 •

카이로회담에 이어 1943년 11월 28일부터 12월 1일까지 이란의 테헤란Teheran에서 루스벨트, 스탈린Iosif Vissarionovich Dzhugashvili Stalin, 처칠Winston Leonard Spencer Churchill이 모여 회의를 진행한다. 이때는 유럽 문제가 중심 의제로 조선 문제는 간단히 언급하는 선에서 그치는데, 루스벨트는 한국의 신탁통치 기간이 40년 정도 필요하다고 했다.

■ 신탁통치와 관련해서는 이완범, 〈한반도 신탁통치 문제 1943~46〉, 《해방 전후사의 인식 3》(박현채 외 지음, 한길사, 1995)을 참고할 수 있다.

시간이 흘러 1945년 2월 11일, 우크라이나의 크림Krym반도 남단에 있는 얄타Yalta에서 미국과 영국, 소련의 정상이 다시 모였다. 이때는 소련의 대일본전 참전이 논의되었고, 쿠릴Kuril열도 지배권을 소련에 넘겨주기로 합의했다. 여기에서 루스벨트는 필리핀이 50년 정도 걸린 것을 감안할 때 조선은 20~30년 신탁통치가 필요하다고 다시 이야기한다. 스탈린은 그 기간이 짧을수록 좋다는 반응을 보였다.

과거 한동안 '얄타 밀약설'이 활개를 친 적이 있다. 얄타에서 미국과 소련이 삼팔선 분단에 합의했으며, 이를 주도한 것이 소련이라는 냉전 시대 공산주의에 대한 음모설이다. 그러나 지금은 그런 주장이 설득력을 얻지 못한다. 우리가 아는 실상은 루스벨트가 신탁통치를 강력히 주장했고, 스탈린이 사실상 동의했다는 정도다.

1945년 7월 17일부터 8월 2일까지 독일 중부 포츠담Potsdam에서 패전한 독일의 처리를 놓고 포츠담선언이 체결됐다. 이때 카이로선언에서 언급된 내용이 다시 확인됐다. 조선은 '적절한 과정(신탁통치)을 거쳐' 독립시킨다는 것이다. 강대국들 사이에 한반도의 공동 신탁통치가 결정되었다.

미국, 한반도 분할안을 제시하다 •

그러나 신탁통치 결정이 한반도의 분단을 의미하지는 않았다. 분단은 그 뒤 역사의 산물이다. 분단에 일차적으로 영향을 미친 것은 일본의 빠른 패망이다. 1945년 8월 6일 미국은 히로시마廣島에 원자폭탄을 투하했고, 8월 8일 소련군이 일본에 선전포고 한 뒤 공격을 개시한다. 그리고 8월 9일 미국은 다시 나가사키長崎에 원자폭탄 공격을 했다.

일본은 더 버틸 수 없었다. 두 차례 원자폭탄 공격으로 일본 본토가 파괴될 것이 분명해졌기 때문이다. 게다가 소련군이 참전하면서 일본이 믿던 관동군이 추풍낙엽처럼 무너지고 있었다. 8월 9일 소련군은 만주와 한반도 북부에 발을 들이고 파죽지세로 진격하기 시작했다. 이런 상황에서 일본이 본토를 사수하기 위해 결전을 벌인다는 것은 사실상 불가능했다. 8월 10일 일본은 미국, 소련 등 연합국에 무조건항복 의사를 표명했다.

이제 다급해진 것은 미국이다. 소련군은 만주와 한반도 북부 지역을 장악하기 시작했고, 미군은 가장 가까이 있는 부대가 오키나와沖繩에 있었다. 어물어물하다가는 한반도가 소련군의 수중에 들어갈 것이 분명했다. 미국이 소련의 남진을 저지하려고 제시한 대책이 삼팔선을 경계로 분할 점령하는 방안이었다. 삼팔선을 경계로 남쪽은 미군이, 북쪽은 소련군이 군대를 주둔시켜 일본군의 무장해제를 맡자는 내용이었다.·

■ 미국의 전후 대한반도 정책과 한반도 분할과 관련해서는《해방 전후 미국의 대한 정책》(정용욱 지음, 서울대학교출판부, 2004);《해방 전후사의 인식 1》(송건호 외 지음, 한길사, 2004);《삼팔선 획정의 진실》(이완범 지음, 지식산업사, 2001)을 참고할 수 있다.

일시적 군사분계선이 정치적 분단선이 되다 •

미국은 왜 삼팔선을 남한과 북한의 경계로 제시했을까? 미국 입장에서는 수도인 서울이 포함되어야 하고, 한반도 제일의 항구도시인 부산과 인천이 포함되는 지점이 필요하다고 보았다. 거기에 맞는 조건을 찾다 보니 삼팔선이 나왔다. 미국으로서는 지극히 실용적인 관점에서 바라볼 수밖에 없었다. 삼팔선은 지금까지 우리 민족을 갈라놓은 원한의 분단선이 되지만, 미국이 이 선을 긋는 데는 불과 몇 시간밖에 걸리지 않았다.

　1945년 8월 10일 오후 미국 국무성, 전쟁성, 해군성 등 전쟁 관련 부서의 조정 기구인 '3성조정위원회SWNCC'는 일본군의 항복 조건이 담긴 항복문서 '일반명령 1호'의 문안 작성 임무를 주무 부서인 전쟁성 작전국 전략정책단에 긴급 명령했다. 그날 저녁 SWNCC 존 머클로이John C. McCloy의 지시에 따라 훗날 주한 미군 사령관이 되는 찰스 H. 본스틸Charles H. Bonesteel 대령, 훗날 주한 미군 사령관과 미 국무장관을 지내는 딘 러스크Dean Rusk 대령이 이 작업에 참가했다. 두 사람은 책상 위에 지도를 놓고 삼팔선을 경계로 남과 북을 가르는 선을 그었다.• 이들은 앞에서 말한 실용적인 취지가 관철될 수 있는 선이 어디인지 고민했을 뿐, 적어도 1000년 이상 통일국가를 유지해온 나라의 장래 따위는 생각하지 않았다. 한 나라와 그 나라에 사는 수천만 명의 운명이 이처럼 순식간에 결정되었다.

■ 브루스 커밍스, 앞의 책, 168~169쪽.

이들이 그은 선은 곧 미국의 입장이 되어 소련 측에 전달되었고, 소련은 군소리 없이 동의해주었다. 미국은 조선의 수도인 서울이 미군 점령지에 있다는 것과 소련군이 한반도 전체를 점령하지 못한다는 것이 무엇보다 중요했다. 소련은 미군이 도착하기 전에 얼마든지 한반도 전체를 점령할 수도 있었지만, 나중에 일본에 대한 이권을 주장하기 위해 미국의 제안을 받아들였다. 소련에게는 한반도보다 만주와 일본에 대한 이해관계가 중요했다. 그들도 한반도의 운명 따위는 관심이 없었다.

이렇게 해서 삼팔선을 경계로 남과 북에 각각 미군과 소련군이 들어왔다. 이때 삼팔선은 일본군의 무장해제를 위해 편의적으로 그은 군사분계선이었지만, 시간이 지나면서 남한과 북한을 가르는 정치적 분단선이 되고 말았다. 이처럼 강대국은 자기들의 이해관계를 위해 작은 나라의 운명을 좌지우지했다. 국제 관계의 냉혹한 현실은 지금도 지속되고 있다. 냉엄한 국제 현실에서 민족이나 국가의 운명을 좌우하는 외교는 무엇보다 중요하다. 통치자들이 명심해야 할 사항이다.

4

건국준비위원회

한국 민중,
나라 세우기에 나서다

건국절 소동에 정신없는 이상한 나라 •

혹시 '건국절'이란 말을 들어본 적 있는가? 건국建國이란 '나라를 세운다'는 뜻이니까 건국절은 '나라를 세운 기념일'이 되겠다. 건국절이란 말은 그동안 거의 사용되지 않았는데, 이명박 정부가 들어서면서 갑자기 나타났다. 왜 그랬을까?

이명박 정부는 대한민국 정부 수립 60주년을 기념한다면서 야단법석을 떨었다. 그중 하나가 대한민국 역사가 시작되는 1948년 8월 15일을 기려 건국절로 명명하겠다는 것이었다.• 그러면서 '대한민국역사박물관'을 서둘러 개관했다.

건국절을 내세울 경우 문제가 생길 수밖에 없다. 무엇보다도 1948년

■ 뉴라이트 쪽에서 2006년부터 이 문제를 제기하기 시작했고, 2008년 7월 광복절을 앞두고 부산시가 '건국 60주년 기념 전야 음악제'라는 타이틀을 내걸면서 본격적인 사회문제로 대두되었다. 《굿바이 MB》(변상욱 지음, 한언, 2012) 182쪽.

8월 15일을 건국절로 기념하면 1945년 8월 15일 광복절은 어디로 가는가. 해방, 광복은 어디로 가는가 말이다. 생각해보라. 해방 없이 건국이 가능했겠는가. 새로운 나라를 세우는 일은 우리가 일제의 식민지배에서 벗어나 자유로워진 데서 시작된다. 우리 민족의 힘만으로 해방된 것은 아니지만, 모진 시련에도 굴하지 않고 일제와 싸운 독립투사들의 피와 땀, 식민 지배의 고통을 이겨낸 한국인의 삶이 있었기에 가능했다.

건국절을 이야기하는 사람들 머릿속에는 일제 식민지 지배가 한국인의 삶을 발전시켰다는 '식민지 근대화론'이 자리 잡고 있다. 그들의 주장을 따라가다 보면 해방은 사라지고 만다. 그들의 주장은 한민족의 해방 투쟁을 아예 삭제하겠다는 것으로 이해할 수밖에 없다.

아전인수 식 역사 해석에 빠진 사람들 •

건국절 소동과 관련해서 또 다른 문제는 한반도의 분단과 관련된 것이다. 대한민국은 안타깝게도 한반도 전체가 아니라 삼팔선 이남을 통치 영역으로 하는 반쪽짜리 정부로 출발했다. 1948년 처음 수립된 대한민국 정부는 남쪽에만 통치권이 미치고, 남쪽 내부에서도 좌파와 중도파, 우파의 상당 부분(김구, 김규식 등 남북 협상파)을 배제한 정부라는 점을 무시할 수 없다.

그만큼 통치 기반이 취약하고, 정치적 정당성이 부족했다. 물론 시간이 흐르면서 대한민국 정부는 남쪽 내부의 정치 세력과 민중을 포섭하는 정상적인 국가로 발전했고, 이제는 북한과 관계에서도 압도적인 위치에 놓였다. 대한민국은 오늘날과 달리 출발점에서 자랑스럽지만은 않은 여러 가지 약점이 있었다는 이야기다. 그러니 건국절을 자랑스럽게 떠들 필요가 없다. 오늘날 대한민국이 건국 당시의 대한민국과 동일할 수 없다는 사실을 객관적으로 인정하고 건국절을 논해야 한다.

이들이 건국절을 이야기하는 이유는 대한민국 정부 수립에 큰 역할을 한 이승만과 한민당을 부각하여 이념적으로 유사한 자신들의 정통성을 주장하기 위한 포석이라고 볼 수 있다. '건국의 아버지國父 이승만-경제 발전의 지도자 박정희-선진화의 기수 아무개' 식으로 한국 현대사를 도식화해보겠다는 의도도. 그야말로 아전인수 식 역사 해석이다. 그러나 역사가 어디 그렇게 떡 주무르듯 자기들 마음대로 되겠는가.

마지막 문제는 1948년 8월 15일 갑자기 건국되었는가 하는 점이다. 건국 운동은 1945년 해방과 함께 첫걸음을 떼고, 본원적으로 거슬러 올라가면 1919년 대한민국임시정부 수립에서 시작된다. 그러나 1948년에 세워진 대한민국 정부는 이들과 거리가 멀다. 1948년 대한민국 정부의 중심 세력은 이승만과 한민당이다. 이들은 대한민국임시정부의 법통을 이은 충칭重慶 임시정부 주석 김구와 김규식 등 독립운동 세력의 중요한 부분은 물론, 1945년 8월 15일 해방과 함께 시작된 건국 준비 운동 세력인 여운형도 배제했다.

민중의 자발적 건국 준비 운동이 시작되다 •

대한민국의 건국 문제를 이야기하려면 해방 직후 건국 준비 운동을 빠뜨릴 수 없다. 한국인은 해방과 더불어 자발적으로 나라 세우기에 나섰으나 그런 시도는 미군정에 의해 좌절되었고, 대한민국 정부 수립 과정에도 제대로 이어지지 못했다. 대한민국 정부를 수립한 중심 세력은 민중의 자발적 건국 운동과 다른 흐름을 대변한다. 그들은 미군정의 힘에 의존하여 민중의 자발적 흐름을 분쇄하고 주도권을 장악했다. 이런 점에서 대한민국의 건국은 적지 않은 한계가 있다.

대한민국이 진정으로 정통성 있는 국가가 되기 위해서는 소수에 의한 건국 사실만 강조할 것이 아니라, 거기에서 배제되었으나 의미 있는 흐름으로 존재하던 부분을 포용하고 포섭하려는 노력이 필요하다. 그것은 민중의 자발적 건국 운동이다. 비록 1948년 건국에 참여하지는 못했지만, 그 후 대한민국의 발전과 변화에 중요한 힘과 원천으로 작용한 민중의 자발적 건국 운동이 어떻게 전개되었는지 살펴봐야 한다.

조선총독부가 일본의 무조건 항복 사실을 안 것은 1945년 8월 10일쯤이다. 조선총독부는 어떻게 했을까? 일본인의 생명과 재산 보호, 약탈한 문화재 반출, 기밀문서 소각, 연합국에 통치권 이양 준비 등 시급하고 중요한 일들이 코앞에 닥친 상황이었다. 조선총독부는 일본을 대신해 조선을 통치하던 일본인의 조선 정부다. 그 정부가 일차적으로 걱정해야 할 것은 자국민의 안전이다. 조선에 사는 일본인의 안전한 귀국이 가장 중요한 과제였다.

조선에 사는 일본인의 안전은 어떻게 보장할 수 있을까? 당시 일본의 군사력이나 일본 경찰의 힘으로는 불가능한 일이었다. 조선인과 충돌이라도 생기면 일본인의 안전한 귀국은 장담할 수 없을 것이다. 게다가 연합국의 비위를 건드리면 엄청난 군사적 보복을 당할 수도 있었다.

좌우를 넘어 협력하고자 한 여운형 ●

총독부는 고민 끝에 조선 민중의 신망이 높은 정치 지도자를 찾았다. 바로 여운형이다.

여운형은 1886년 경기도 양평에서 태어났다. 상당한 재산을 소유한 지주 출신이지만, 자신이 재산을 관리하는 입장이 되자 노비들을 모두 풀어주고 노비 문서를 불태웠을 만큼 진보적이었다. 집안에서 일찍부터 기독교를 받아들인 것과도 관계가 있다.

여운형은 1919년 3·1운동 이후 상하이上海임시정부에서 초대 외무부 차장을 맡아 김규식의 파리Paris강화회의 참석을 실질적으로 기획했다. 그는 한때 이동휘가 만든 고려공산당에 가입하고, 마르크스Karl Heinrich Marx와 엥겔스Friedrich Engels가 공동 집필한 《공산당선언》을 처음 한글로 번역하는 등 공산주의에도 관심을 기울였다. 하지만 끝내 공산주의자가 되지 못했다. 그는 사상적인 면에서 '진보적 민족주의자'라 할 수 있고, 사회민주주의자라 해도 무방할 것이다.

여운형은 사상이나 생각이 다른 사람들과 대화하고 함께 일하는 것을 두려워하지 않았으며, 힘을 모아 민족적 과제를 해결하려고 노력했다. 그는 극우 성향인 이승만과 김구부터 중도 성향인 김규식, 공산주의자인 박헌영과 김일성까지 모든 사람과 함께 일하려고 노력한 유일한 인물이다.

여운형은 일제강점기에도 일본 정계의 거물들과 교류하면서 일본의 중국 침략과 전쟁 확대의 무모함을 설파했다. 그는 두 차례나 체포되어 옥살이를 하면서도 중국과 일본, 조선을 오가며 독립운동과 정치 운동을 하는 등 큰 정치가로서 면모를 보였다. 그는 특히 조선 청년들에게 가장 인기 있는 독립운동 지도자였다.

여운형은 다방면에 걸친 사회 활동으로도 유명하다. 그는 체육계나 문화계 인사들과 활발하게 교류했으며, 한때 〈조선중앙일보〉 사장을 지내기도 했다. 여운형은 스포츠를 좋아해서 청년 시절에는 체조 모델을 했으며, 1929년에는 상하이 푸단復旦대학 축구 선수단을 이끌고 동남아 여러 나라를 순방하며 아시아에서 억압받는 민족의 해방을 위한 단결을 촉구하기도 한다. 축구, 육상, 유도, 역도, 농구 등 한국 체육의 초창기를 개척한 사람들이 모두 여운형과 관계가 돈독했을 정도로 그는 우리나라 체육 발전의 선구자였다. 여운형은 1934년 일제가 통제하던 '조선체육협의회' 대신 '조선체육회'를 조직해서 1937년 해산될 때까지 이끌었고, 해방 후 조선체육회를 재건해 회장이 되었다. 조선체육회는 대한체육회의 전신이다.

■ 여운형의 행적은 정병준, 앞의 책을 참고할 수 있다.

민중의 신망이 높은 인물 •

여운형은 체육과 문화 활동도 독립운동의 일환으로 생각하고 폭넓게 활동했다. 물론 자신의 비밀 활동을 감추고 합법적인 활동 수단으로 활용한 측면도 있다. 그는 폭넓게 활동하면서도 독립운동의 근본을 해치는 문제에서는 결코 일제와 타협하지 않았다. 1930년대 말기부터 일제는 여운형에게 끊임없이 전쟁 수행에 협조하라고 압박을 가하지만, 그는 절대 협력하지 않았다.

여운형은 일제의 패망이 기정사실로 굳어지기 시작하는 1944년 8월, 그동안 자신이 관계를 맺은 다양한 사람과 조직을 하나로 묶어 '건국동맹'을 만들었다. 건국동맹은 말 그대로 일제가 망하면 나라를 세우는 데 필요한 준비를 위한 비밀 조직이다. 이런 조직을 만든 것을 보면 여운형은 확실히 시대의 흐름을 제대로 읽었다.

조선총독부 입장에서는 여운형이 가장 믿을 만한 사람이었다. 소련이 남쪽까지 접수할 것으로 예상되는 상황에서 여운형이 유일하게 사회주의자들과 협력이 가능한 인물이라는 점도 고려되었다. 총독부의 2인자 엔도 류사쿠 정무총감은 8월 15일 오전 여운형을 만나 협조를 요청했다. 경찰권을 넘겨줄 테니 조선에 거주하는 일본인이 안전하게 돌아갈 수 있도록 도와달라는 것이었다. 이에 여운형은 다섯 가지 요구 조건을 내걸었다.˙

■ 《한국 현대사 산책—1940년대편 1 : 8 · 15 해방에서 6 · 25 전야까지》(강준만 지음, 인물과 사상사, 2004) 35쪽.

첫째, 조선의 모든 정치범과 경제범을 석방할 것.

둘째, 경성(서울)의 8~10월 석 달 치 식량을 확보할 것.

셋째, 치안 유지와 건설 사업에 아무런 구속과 간섭을 하지 말 것.

넷째, 학생들의 훈련과 청년의 조직에 간섭하지 말 것.

다섯째, 조선의 노동자들을 우리 건설 사업에 협력시키며 아무런 괴로움
을 주지 말 것.

여기에서 건설 사업이란 국가 건설 사업을 의미한다. 엔도는 여운형
의 조건을 수락했다. 어쩌겠는가. 일본인의 안전이 여기에 달렸는데.

건준, 건국 준비 활동에 본격 착수하다 •

여운형은 건준을 조직해 건국 준비 사업에 착수했다. 위원장에 여운
형, 부위원장에 안재홍이 결정되었다. 송진우에게도 건국 사업을 함
께하자고 제안했으나 일언지하에 거절당했다. '임정 봉대론'을 펴면
서 임시정부가 돌아올 때를 기다리는 것이 옳다는 주장이었다.• 결국

■ '임정 봉대'란 임시정부를 높이 받든다(奉戴)는 의미다. 충칭 임시정부에 법통이 있으니 그
들이 돌아오기 전에는 정치조직을 만들어서는 안 된다는 주장이었다. 그러나 이런 주장은 설
득력이 떨어진다. 일제가 패망하고 치안이 공백 상태에 놓일 수 있는 상황에서 언제 올지도
모르는 임정을 마냥 기다리는 것은 책임 있는 정치 지도자의 모습이 아니다. 어찌 보면 송진
우 입장에서는 나설 수 없는 상황이었다. 한민당이 대부분 친일 혐의를 받는 상황이어서 나서
봤자 여운형에게 주도권을 빼앗길 것이 뻔했고, 우익 측은 그때까지 조직도 없었다. 아무래도
임시정부가 돌아오기를 기다리며 정세를 지켜보는 것이 필요했다. 그런데 8월 말 미군의 남
한 진주 소식이 들리면서 이들에게 새로운 희망이 생기기 시작한다.

여운형은 송진우를 비롯한 우익 세력을 설득하지 못한 채 중도우파인 안재홍과 손잡는 데 만족해야 했다. 모든 정파가 함께하지 못한 것은 아쉬운 점이다.

이때 송진우가 여운형의 요청에 응해 건국 사업을 함께했다면 한반도의 운명은 달라질 수도 있었을 것이다. 건준이 좌파와 중도우파로 협소해지지도 않았을 테고, 박헌영의 공산당에 일방적으로 휘둘리는 일도 쉽게 벌어지지 않았을 것이다. 이런 가정 자체가 의미 없는 역사의 허구에 불과하지만, 한반도의 장래라는 점에서 정치 지도자들이 정파의 이해를 앞세우지 않고 최선의 방법을 모색하는 노력이 필요하다는 교훈을 얻을 수 있는 지점이다.

물론 여운형의 움직임이 전적으로 옳았다고 말할 수는 없다. 그가 움직인 데는 권력의 공백 상태에서 조직을 선점하겠다는 특유의 판단력이 작용했음을 부인할 수 없다. 실제로 여운형은 해방 후 한동안 건준을 기반으로 가장 강력한 정치 지도자가 되었기 때문이다. 또 여운형은 건준을 조직하고 이를 바탕으로 나중에 인민공화국(인공)으로 전환하는데, 이것이야말로 크나큰 실착이었다. 조직을 다지면서 우익과 협력을 포함한 좀더 새로운 구상이 필요했지만, 권력에 접근해가는 과정에서 조급했던 것으로 보인다.

건준 부위원장 안재홍은 8월 16일 경성방송국을 통해 건준이 조직되었음을 알린다. 안재홍은 건준이 치안 활동과 함께 건국 준비, 즉 나라를 세우는 일도 할 것이라고 밝혔다. 그때부터 눈코 뜰 새 없이 바쁜 나날이 계속되었다. 건준 산하에 치안대가 조직되었다. 이들은 서울 시내의 경찰서와 파출소를 접수해 '조선건국치안대' 혹은 '경위대'라는 표찰을 내걸고 일본 경찰의 무기를 인계받았다. 식량대책 위원회는 식량을 확보하기 위해 움직였다. 8월 22일에는 건준 중앙 조직이 모양새를 갖추고 등장했다. 위원장과 부위원장, 서기국 아래 총무·조직·선전·재정·식량·문화·치안·교통·건설·기획·후생·조사 등 12개 부서를 갖춘 조직이 되었다. 해방된 지 불과 보름이 안 된 8월 말에 145개(13개 시와 132개 군) 지방 조직이 만들어졌다.

그러나 우리가 생각지 못한 새로운 암초가 나타났다. 외세의 개입이다. 미군과 소련군이 남북을 나누어 점령하면서 건국 사업에도 커다란 변화가 일어났다. 건준의 운명은 어떻게 되었을까?

■ 《함께 보는 한국 근현대사》(역사학연구소 지음, 서해문집, 2004) 258쪽.

5

신탁통치 분쟁

모스크바 결정을 두고 분열하다

모스크바삼국외상회의에서 결정된 것 •

한반도의 신탁통치가 처음 거론된 것은 카이로선언이지만 구체화된 것은 모스크바삼국외상회의다. 1945년 12월 미국과 소련, 영국의 외상이 모스크바에 모여 한반도 문제를 논의했다. 한반도의 장래 문제는 여러 국제 회담에서 이야기가 진행되었으나, 명확하게 합의를 보지 못한 상황에서 일본이 예상보다 빨리 항복하고 말았다. 그래서 한반도의 장래 문제를 최종적으로 결론짓기 위해 모인 것이 모스크바삼국외상회의다.

모스크바삼국외상회의에서는 상당한 논란이 있었으나 가까스로 합의에 도달했다. 이때 체결된 모스크바협정은 크게 세 가지로 요약할 수 있다.

■ 전문은 《한국 현대사 강의》(김인걸 외 편저, 돌베개, 1998) 29쪽 참고.

첫째, '조선(한국)의 독립을 위해 임시정부를 수립한다'. 이는 당연히 필요한 일이다. 임시정부가 수립된다면 조선의 독립도 반은 달성한 것이나 마찬가지였다.

둘째, '이를 지원하기 위해 미소공동위원회를 설치·운영한다'. 이 또한 당연한 일이다. 어차피 한반도 문제는 국제화되어 강대국들이 논의한 결과 합의에 도달했으므로, 이를 실현하는 일도 미국과 소련을 배제하고는 불가능하다.

셋째, '조선의 완전한 독립 이전에 5년간 강대국이 신탁통치를 실시한다'. 문제는 이 조항이다. 40여 년간 이어진 일제의 식민 지배에서 이제 막 해방된 조선인에게 다시 강대국의 지배를 받으라는 것이니 쉽게 받아들일 리 만무했다. 여기에서 모든 문제가 발생했다.

신탁통치반대운동에 나서는 한국민 •

모스크바협정은 한반도의 운명을 결정짓는 중요한 분기점이다. 강대국들은 1943년부터 일본이 패망한 뒤 조선을 어떻게 처리할지 논의했으나 명확히 합의하지 못했고, 그런 상황에서 일본이 항복한 지 4개월 만에 미국과 영국, 소련이 한반도의 처리 방안을 합의했기 때문이다. 모스크바협정은 새로운 국제 질서를 이끌어갈 미국과 소련이 합의한 것으로, 2차 세계대전 후 새로운 국제 관계를 반영한 내용이라 할 수 있다.

이런 사정을 놓고 볼 때 한국으로서는 모스크바협정을 받아들이는 것이 국제적 흐름을 따라갈 수 있는 유리한 길이었다. 그런데 문제가 생겼다. 남한 내에서 반발하고 나선 것이다. 무엇보다 민족주의자들이 신탁통치를 심각하게 반대했다.

신탁통치란 자치 능력이 결여되어 정치적 혼란이 우려되는 지역을 강대국이 일정한 기간 동안 위임통치를 하면서 그 나라가 주권국가로 설 수 있도록 지원해주는 제도다. 한국인들은 대부분 신탁통치를 수긍할 수 없었다. 우리가 한때 일본에 나라를 빼앗겼어도 수천 년 동안 독립국가를 이루고 살아왔는데, 나라를 운영할 능력이 없다니 얼마나 자존심 상하는 일인가. 더욱이 일제의 40여 년 식민지 지배도 분통 터지는 일인데, 다시 식민지 지배나 다름없는 신탁통치를 받으라니 누가 반발하지 않겠는가.

신탁통치 소식이 전해지자 당장 신탁통치반대운동이 거세게 일어났다. 김구가 이끄는 충칭 임시정부가 그 선두에 섰다. 임정 주석 김구는 신탁통치반대운동을 '제2의 3·1운동'이라고 했다. 신탁통치는 우리나라가 다시 식민지로 전락하는 것이니 이에 반대하는 투쟁은 당연히 독립 투쟁이라는 얘기다. 이런 주장은 민족적 자부심이 강하고 즉시 독립 열망에 들떠 있던 한국인들의 심정을 파고들었다. 그래서 많은 사람들이 김구의 주장에 호응한다.*

■ 임영태, 앞의 책, 52~53쪽.

더 중요한 내용을 보지 못한 한국민 •

김구의 심정은 이해하지만, 그 판단이 옳은지는 생각해봐야 할 문제다. 우선 모스크바협정은 새로운 국제 질서를 이끌어갈 미국과 소련이 한반도의 장래에 대해 합의한 내용이라는 점이 중요하다. 세계 최강대국으로 전후 국제 관계에 가장 커다란 영향력을 발휘할 미국과 소련이 합의했다는 것은 그만큼 실현될 가능성이 높다는 이야기다. 한반도의 운명을 결정하는 데 한국민이 아무 발언권을 행사하지 못한 것은 안타깝지만, 국제적인 현실이고 우리 힘이 부족하기 때문에 일어난 일이다. 그 결정에 반대한다고 상황이 우리 요구대로 바뀔 가능성은 거의 없다고 보는 것이 옳은 판단이다.

다음으로 많은 사람들이 모스크바협정 내용을 신탁통치로 축소해서 보았지만, 신탁통치는 세 가지 중요한 내용 가운데 하나에 불과하다. 모스크바협정에서 가장 중요한 내용은 임시정부를 수립한다는 것이었다. 임시정부 수립을 돕기 위해 미소공동위원회를 구성해 한국(조선)인과 협의한다고도 했다. 그러니까 우리는 미소공동위원회와 협의하여 임시정부를 구성하고, 그렇게 구성된 임시정부가 중심이 되어 신탁통치를 거부하고 즉시 독립의 방향으로 협상을 진행할 수도 있었다는 이야기다.•

물론 쉬운 일은 아니었을 것이다. 한반도는 그렇다 치더라도 갈등의 골이 비교적 덜한 베를린 분할에서 볼 수 있듯이 국제 관계가 냉

■ 임영태, 앞의 책, 54쪽.

전으로 치달으면서 미소를 중심으로 동서 분단이 현실화되기 때문이다. 그러나 독일과 우리는 상황이 달랐다. 독일은 전범 국가고, 우리는 피해 국가다. 또 오스트리아의 경우에서 볼 수 있듯이 임시정부 수립 후 통일 독립국가 실현이 절대로 불가능한 일은 아니었다. 어쩌겠는가. 역사는 가정을 허용하지 않는 것을.

미국과 소련의 타협으로 이룬 모스크바협정 •

모스크바협정이 체결되었다는 소식이 전해지자 한국민은 바로 신탁통치 반대를 외치고 나왔다. 여기에는 언론의 역할이 컸다. 당시 유력한 우익 신문 〈동아일보〉가 이 사실을 가장 먼저 보도했는데, 모스크바협정 내용을 왜곡했다. 〈동아일보〉는 "한국을 4개국 신탁통치 아래 두기로 했다"면서 "미국은 카이로회담의 정신에 따라 국민투표로 정부의 태도를 결정할 것을 약속했으나, 소련은 남북 양 지역의 신탁통치를 주장했다"고 보도했다. ﹡

이는 내용을 완전히 뒤집은 것이다. 앞에서도 봤지만 신탁통치는

﹡ 〈동아일보〉 1945년 12월 27일자 보도 내용은 다음과 같다(정용욱, 앞의 책, 54~55쪽).
〈소련은 신탁통치 주장, 미국은 즉시 독립 주장, 소련의 구실은 삼팔선 분할 점령〉
모스크바삼국외상회의를 계기로 조선 독립 문제가 표면화되지 않는가 하는 관측이 농후해지고 있다. 즉 번스(James Francis Byrnes) 미 국무장관은 출발 당시 소련의 신탁통치안에 반대하여 즉시 독립을 주장하도록 훈령을 받았다고 하는데, 삼국 간에 어떠한 협정이 있었는지는 불명하나 미국의 태도는 '카이로선언'에 의하여 조선은 국민투표로 그 정부의 태도를 결정할 것을 약속한 점에 있는데, 소련은 남북을 일괄한 일국 신탁통치를 주장하여 삼팔선에 의한 분할이 계속되는 한 국민투표는 불가능하다고 하고 있다. 워싱턴 25일 발 합동 지급보(至急報).

오랫동안 미국의 입장이었다. 특히 루스벨트는 한국(조선)의 독립에 앞서 적어도 수십 년 동안 신탁통치가 필요할 것이라고 보았으며, 미국은 한반도의 신탁통치를 일관되게 주장했다. 루스벨트에서 트루먼 Harry Shippe Truman으로 대통령이 바뀌었지만, 신탁통치안은 분명히 미국의 입장이었다.

모스크바삼국외상회의는 동상이몽 속에서 진행되었다. 미국은 일관되게 신탁통치를 주장했으나, 소련은 즉시 독립을 주장했다. 그러다가 미국과 소련이 한 발씩 물러서 절충점을 찾았다. 소련은 미국이 주장한 신탁통치안을 받아들이는 대신 그 기간을 10년에서 5년으로 낮추는 데 성공했고, 미국은 신탁통치안을 관철한 대신 소련이 제안한 임시정부 수립안을 수용한 것이다.

미국과 소련이 상대방의 주장을 받아들이면서 타협한 데는 나름대로 계산이 있었다. 미국은 5년이지만 신탁통치를 관철함으로써 자신이 유리하다고 봤다. 신탁통치를 실시할 네 나라 가운데 영국과 중국의 장제스蔣介石가 자기편이었기 때문이다. 반면 소련은 임시정부 수립 과정에서 남북한 사회단체들과 협의하기로 한 점을 중요하게 보았다. 당시 북한은 물론이고 남한도 좌익 세력이 우익 세력보다 훨씬 강력했다. 소련은 임시정부를 수립하는 과정에서 좌파가 주도권을 쥘 수 있으리라고 본 것이다.*

■ 이에 대해서는 정용욱, 앞의 책, 53~96쪽을 참고할 수 있다.

〈동아일보〉와 미군정의 악의적인 왜곡 보도 •

그러나 〈동아일보〉는 모스크바협정이 체결된 과정은 생략한 채 소련이 한반도를 식민지로 만들기 위해 신탁통치를 주장하고 있다고 보도했다. 이는 악의적인 오보다. 12월 27일자 미 군사지 〈성조지〉에도 오보는 그대로 게재되었다. 신문은 "번스 장관이 신탁통치에 대한 소련의 열망과 달리 (조선의) 즉각적인 독립을 촉구하기 위해 모스크바로 갔다"고 했다. 이는 우리가 알다시피 거짓이다.

왜곡 보도는 여기에서 끝나지 않았다. 1946년 1월 5일 〈뉴욕타임스〉 서울 특파원 존 스톤John Stone은 조선공산당 지도자 박헌영과 인터뷰한 기사를 실었는데, "(박헌영이) 소련 일국에 의한 신탁통치를 지지하며, 10~20년 내에 소련 연방에 합병되기를 희망한다고 했다"고 썼다. 나중에 밝혀진 사실에 따르면 박헌영은 "조선인에 의한, 조선인을 위한 조선을 원한다"고 했으나 이렇게 왜곡한 것이다.'

이에 우익 세력은 모스크바협정은 소련과 공산주의자들이 신탁통치를 통해 한반도를 소련의 세력권으로 편입하려는 음모라며, 좌익 세력을 '소련의 앞잡이' '민족을 팔아먹는 배신자'라고 공격했다. 사회주의 세력이 졸지에 반민족 세력으로 매도된 것이다.

우익 세력은 이를 자신들이 주도권을 쥘 수 있는 기회로 활용하려고 했다. 사실 우익 세력은 그동안 정치적인 주도권을 쥐지 못했다. 식민지 시기 일제와 비타협적으로 싸운 세력은 대부분 사회주의 계

■ 《대한민국 50년사 1》(임영태 지음, 들녘, 1998) 58쪽.

열이고, 우파는 친일파거나 친일파로 의심받는 상황이었다. 그러다 보니 국민들의 눈치를 보면서 움츠러들 수밖에 없었다.

좌우 대립으로 내부 분열이 심해지다 •

우익 세력은 이번 기회에 역전을 노리고 덤벼들었다. 이 과정에서 친일파도 부활했다. 그동안 숨죽이고 지내던 친일파가 반소·반공 애국자로 둔갑한 것이다. 친일 경찰도 마찬가지다. 일제강점기 고등계 형사로 독립군을 탄압하고 고문하던 일본 경찰이 반공·애국 경찰로 행세했다.

우익이 반탁(신탁통치 반대)을 기치로 결집하자, 좌익도 모스크바협정 지지를 주장하며 결집해 좌우 대립이 본격적으로 시작되었다. 좌우 대립은 1946년 삼일절과 광복절 기념식을 좌우가 따로 진행하는 데까지 발전했다. 이때부터는 만나기만 하면 치고받았고, 우익 청년단과 깡패들의 테러와 폭력이 기승을 부렸다. 1946년 내내 좌우가 피를 흘리며 대립과 갈등을 연출했다. 좌우 대립은 전국 곳곳에서 벌어졌다.

모스크바협정과 신탁통치 문제를 놓고 대립하는 동안 미군정의 좌익 탄압도 강화되었다. 미군정은 정판사위폐사건을 빌미로 조선공산당 간부들을 계속 체포했다. 조선정판사라는 인쇄소에서 위조지폐를 찍었는데 이 일에 조선공산당 간부가 조직적으로 개입했다는 것이다. 그러나 이는 매우 정치적인 사건으로, 왜곡·과장되었을 가능성이 높다. 미군정은 이 사건을 빌미로 조선공산당 탄압을 강화했고, 조선공산당은 사실상 불법화되어 지하로 들어가야 했다.

좌우 갈등으로 미소공동위원회가 흔들리다 •

이와 함께 조선공산당도 미군정에 협조하던 데서 적극 투쟁하는 방향으로 입장을 바꾸었다. 이를 '신전술'이라고 하는데, 공산당이 미군정과 정면으로 대결하기 시작한 것이다. 그러자 좌익의 영향력이 강하던 노동조합에서 파업이 일어나고, 학생들이 동맹휴학을 벌이면서 사회가 혼란스러워졌다. 1946년 10월에는 대규모 민중 항쟁이 일어났다. 대립과 혼란 속에서 민중의 삶은 고단했다. 물가는 천정부지로 치솟고 쌀은 없었다. 친일파가 득세하고, 해방된 나라에서 독립운동가가 감옥에 가는 일이 벌어졌다.

　나라의 앞날을 더욱 걱정스럽게 만든 것은 미소공동위원회가 성과

■ "조선정판사의 인쇄 시설을 이용하여 소량의 위조지폐를 만든 것은 사실 같지만, 이 사건에 조선공산당 간부가 관여한 것으로 보이지는 않는다. 당시 조선공산당이 궁핍했다는 자료가 발견되지 않으며, 위폐를 찍어 사회 혼란을 조장하려 했다는 부분도 설득력이 없다. (중략) 미소공동위원회 휴회 이후 제반 상황을 종합해볼 때, 이는 정치적 사건으로 봐야 할 것이다. 당시 검찰과 사법부의 간부들은 편파적으로 현상 유지 세력을 비호하고 현상 변화 세력에 제동을 걸려고 했으며, 정치적 사건인 경우 이 점이 두드러질 수밖에 없었을 것이다." 《한국 현대 민족운동 연구》(서중석 지음, 역사비평사, 1997) 501쪽.
"당시 상황과 이후 전개된 사실에 근거해볼 때 정판사위폐사건은 매우 '정치적 사건'이며, 미군정과 우익의 검찰과 경찰이 이 사건을 충분히 활용하여 자신들의 입장을 강화했다는 것은 분명하다. (중략) 당시 공산당은 미소공동위원회 결렬에 매우 실망했으며, 대체로 온건한 노선을 걷고 있었다." 《한국 현대사 이야기 주머니 1》(한국정치연구회 지음, 녹두, 1993) 49~50쪽.

를 거두지 못한 채 중단된 일이다. 모스크바협정에 따라 조선 임시정부 수립을 지원하기 위해 미소공동위원회가 시작되었으나, 미소공동위원회는 임시정부 수립을 위한 논의에 참가할 사회단체의 자격 문제를 놓고 처음부터 심각하게 대립했다.

우익 진영이 계속 반탁을 외치며 사실상 모스크바협정을 반대하자, 소련이 이들 단체를 배제할 것을 주장했다. 그러자 미국이 '반탁은 언론 자유에 속하는 문제'라며 우익 진영을 거들고 나섰다. 미소공동위원회는 본론에 들어가지도 못한 채 겉돌다가 1946년 7월 무기한 휴회를 선언하고 말았다.

미소공동위원회와 좌우합작 운동의 실패 •

미소공동위원회는 우여곡절 끝에 1947년 6월 다시 시작되었지만, 얼마 가지 못하고 두 번째 휴회했다. 한반도뿐만 아니라 세계적인 차원에서 미국과 소련의 대립이 격화되다가 한반도에서 정치 세력 간의 분열이 심해졌기 때문이다. 미국과 소련은 한동안 설전을 벌이다가 7월 말부터는 회의도 열지 못했다. 이렇게 되자 미국은 한반도 문제를 유엔으로 넘겼다. 이는 미국이 모스크바협정을 위반한 처사지만 어쩌겠는가. 이제 미국과 소련의 대화 채널은 가동되지 않았다.

미소공동위원회가 결렬되면서 한반도는 분단될 상황에 처했다. 남과 북을 미군과 소련군이 점령한 상태에서 두 나라가 계속 협의하지 않으면 남쪽은 미국의 요구대로, 북쪽은 소련의 요구대로 될 수밖에 없는 것이다. 이런 위험을 해결하기 위해 중도좌파 여운형과 중도우파 김규식을 중심으로 좌우합작 운동이 시작됐다.

여운형과 김규식은 좌우가 힘을 모아 미소공동위원회를 성사시키고, 임시정부를 수립하여 통일 독립국가를 수립하자고 의견을 모았다. 좌우합작 운동은 처음에 미군정의 지원을 받아 활발하게 진행되었으나 결국 성공하지 못했다. 미국의 입장과 좌우합작파의 생각이 달랐기 때문이다.˙ 여운형이 테러로 암살된 것도 이 운동이 실패하는 중요한 이유가 되었다.

■ 미국은 좌우합작 운동을 통해 여운형을 급진 좌파인 박헌영의 공산당에서 떼어내려고 했다. 반면 여운형은 중도좌파와 중도우파가 중심이 되어 남한에서 좌우 연합을 실현하고, 그것을 바탕으로 남북 연합을 성사시킬 생각이었다. 출발부터 의도가 다른 좌우합작 운동은 미국이 관심을 기울이고 적극 지원할 때는 힘을 받았지만, 냉전이 심화되고 미소 갈등이 깊어지면서, 그리고 여운형을 박헌영에게서 분리하는 것이 쉽지 않다는 판단이 서면서부터 미국이 지원을 줄였고, 좌우합작 운동은 사실상 중단되었다. 좌우합작 과정에서 여운형은 공산당에게 미국의 앞잡이 노릇을 한다는 의심의 눈초리를 받았고, 박헌영의 심각한 견제로 좌파에서도 어려운 처지에 내몰렸다. 정병준, 앞의 책 참고.

6

10월 민중 항쟁

미군정,
벌거벗은 속살을 드러내다

역사와 더불어 산 한 여성의 이야기 •

이렇게 절절한 사랑 이야기를 기록한 책이 있을까? 한 사람에 대한 그리움과 믿음을 이토록 가슴 아프게 그린 책이 있을까? 사랑의 힘은 이처럼 위대한 것일까? 그 여자가 그 남자를 만난 기간은 그리 오래지 않았다. 1946년 3월 처음 만나 이듬해 6월 결혼했고 12월에 헤어졌으니 만난 기간을 다해도 1년 8개월 정도에 불과하며, 같이 생활한 기간은 기껏 몇 달에 지나지 않는다. 그 짧은 만남 뒤에 영원한 이별이 찾아왔다.

그러나 그녀에게 그는 평생의 동반자다. 그녀는 평생 그를 그리워하며 살았고, 그가 죽었다는 이야기를 듣고도 믿을 수가 없었다. 신문과 경찰을 통해 그의 최후를 확인했지만, 그것으로는 그녀의 가슴을 채울 수 없었다. 그가 왜 자신과 사이에 난 딸을 찾지 않았는지 이해할 수 없었기 때문이다. 그녀는 평생 가슴 깊은 곳에 의문을 품고 살았다. 그 의문은 죽음 직전에야 해결할 수 있었다.

《이 여자, 이숙의》란 책이다.* '빨치산 사령관의 아내, 무명옷 입은 선생님'이란 부제가 붙은 이 책은 1부 나의 인생, 2부 교단생활의 단상, 딸의 발문으로 구성되었다. 그러니까 1부는 지은이 이숙의가 쓴 자서전이고, 2부는 30년 동안 만난 제자들 이야기를 통해 교단생활을 정리한 글이다. 딸의 발문 〈느닷없는 사모곡〉은 현대사에 얽힌 아버지와 어머니의 가족사다.

옛 부하를 통해 확인한 남편의 최후 •

이숙의는 일제강점기에 공주사범학교를 나온 지식인 여성으로, 해방 후 교사 생활을 하다가 공산주의자 박종근을 만나 사랑에 빠졌다. 이들의 사랑은 1946년 10월 항쟁 속에서 시련을 맞았으나, 굳건히 버텨 결실을 맺었다. 박종근은 10월 항쟁으로 수배 중이었지만, 이듬해 6월 이숙의와 결혼식을 올렸다. 이숙의가 스물하나, 박종근이 스물다섯 살 때다.

하지만 역사는 이들이 마음껏 사랑하면서 편안하게 살도록 내버려 두지 않았다. 두 사람은 사랑이 결혼으로 결실은 맺은 지 반년 만에 헤어져야 하는 운명을 맞았다. 이들은 10월 민중 항쟁 이후 경찰의 탄압을 피해 서울에서 신혼살림을 차렸으나, 그곳에서도 오래 있을

■ 《이 여자, 이숙의》(이숙의 지음, 삼인, 2007)를 참고할 수 있다.

수 없었다. 박종근은 1947년 12월 초순 월북했고, 1950년 한국전쟁이 났다.

전쟁은 무고한 사람들을 죽음으로 내몰았다. 그녀 또한 죽음의 위기를 맞았다. 그러나 극한의 피난살이 속에서도, 수사기관에 연행되고 고문을 당하면서도 그녀는 굳건히 살아남았다. 그녀는 애타게 그의 행방을 수소문했다. 마침내 박종근이 경상북도 어느 산골짜기에서 최후를 맞았다는 사실을 확인했다. 박종근이 최후까지 이숙의와 두 사람 사이에서 난 딸 박소은을 애타게 찾았다는 소식은 40년이 지난 뒤에야 알았다.

이숙의는 박종근의 죽음을 확인했으나 믿을 수 없었다. 평생 정확한 소식을 알기 위해 노력했고, 임종 직전에야 그 사실을 확인했다. 1995년 북한에 방문했을 때 박종근이 평양의 애국열사 능에 시신 없이 안장되었다는 걸 알았다. 2000년 임종 직전, 박종근이 가족을 데려오라는 임무를 맡겼던 옛 부하도 만났다. 그는 이숙의와 박소은을 만나기 위해 남파되었다가 오랫동안 감옥살이한 끝에 북으로 돌아간 장기수 김익진이다.

김익진은 한국전쟁 당시 경북도당 위원장과 3지구 유격대장으로서 빨치산 부대를 이끈 박종근의 연락병이다. 그는 박종근의 지시로 여러 차례 이숙의와 박소은을 찾았으나 끝내 찾지 못했고, 박종근은 1952년 2월 17일 전사했다. 이 사실은 나중에 미군 문서를 통해 확인할 수 있었다.

이숙의는 박종근이 전사한 뒤인 1952년 복직했다. 그녀는 삶의 정열을 교육 현장에 온전히 바쳤다. 그 뒤에도 간첩단 사건으로 수사기관에 연행되어 고역을 치렀으며, 항상 정보기관의 감시를 받으며 살았다. 박소은은 독일 유학 중 민주화 운동에 참여하다 그곳에 정착했고, 이숙의도 딸을 따라 독일로 갔다. 그 바람에 그녀는 나중에 북한을 방문할 수 있었다.

생생하게 살아 있는 10월 민중 항쟁 이야기 •

책에는 이숙의가 처음으로 역사의 소용돌이에 휘말리는 10월 민중 항쟁 과정이 자세히 묘사되었다. 물론 이 책에서 소개되는 이야기는 개인의 삶과 연관된 부분이기 때문에 10월 항쟁의 전체적인 모습을 보기는 어렵지만, 생생하게 살아 있는 역사의 현장을 육성으로 들을 수 있다.[•]

> 경찰서에는 입구부터 마룻바닥, 본당, 시멘트 바닥 할 것 없이 무수한 남녀노소들이 꿇어앉았거나 쓰러져 있고 넘어지거나 엎드려 있었다. 그들은 신나게 곤봉을 휘두르면서 무어라 큰 소리로 떠들고 있었다. 정말 눈을 둘 곳이 없었다. 사람 몸에 부딪치는 곤봉 소리, 살을 에는 듯한 비명, 나는 정신이 혼미해지는 것을 느꼈다. 어쩌면 사람이 사람을 이렇게 두들겨 팰 수가 있단 말인가? 어디에서 배운 솜씨인가? 죽어가는 모습을 보며, 신음을 들으면서 의기양양 금수 같은 인간들, 피도 눈물도 없는 그들을

■ 이숙의, 앞의 책, 51쪽.

어찌 사람이라 부를 것인가? 머리고 가슴이고 얼굴이고 아랑곳없이 발로 차고 사정없이 매질하는, 그러다 죽으면 그만 끌어내 던져버리는 그런 권리를 대체 누가 주었단 말인가?

일반 사람들이 이 지경이었으니 폭동의 주역 가운데 한 명인 박종근의 애인(당시는 결혼하지 않은 상태)으로 알려진 그녀 또한 치도곤을 당한 것은 말할 필요도 없다. 그녀의 어머니도 서북청년회를 비롯한 우익 세력에게 고초를 겪었다. 그녀가 경찰서에서 풀려난 뒤에도 박종근을 찾기 위해 경찰이 수시로 집 안을 덮쳐서 난장판이 되었다. 당시 사건과 관련된 모든 사람들이 이런 일을 겪었다.

미군정 통치의 불만이 폭발하다 •

10월 항쟁은 어떻게 일어났을까? 이 이야기를 하기 위해서는 먼저 해방 후 남한을 군사적으로 점령하고 유일한 '합법 권력'이 된 미군정에 대해 살펴보아야 한다.

여기에서 합법 권력이란 근대 법치국가에서 말하는 그것의 의미와 거리가 있다. 근대 법치국가에서는 대중적 인정을 받아 정통성을 갖춘 대의제 권력기관이 법률을 제정하고, 그에 기초하여 국민을 지배하고 통제하는 것이 일반적인 국가권력의 형태다. 그러나 미군정은 사실상 그런 합법성을 갖춰본 적이 없다. 불법적으로 식민 통치하던 일제를 대신하여 군사력으로 남한을 점령하고 국가권력으로 자리 잡았으니, 폭력에 기초한 권력이다. 그 폭력이 절대적인 힘이 있기 때문에 나머지 세력의 도전을 물리치고 '합법적인' 것처럼 행세했을 뿐이다.

스스로 합법 권력이 된 미군정은 남한 사회를 군사적으로 점령한 상태에서 미국의 계획에 따라 권력 체제를 정비했다. 미군정은 일차적으로 사실상의 정부 역할을 하기 위해 민중이 자발적으로 조직을 정비하고 나선 인민위원회를 제압하는 데 많은 노력을 기울였다. 그들로서는 민중이 스스로 만든 권력 체제와 치안 세력을 인정할 수 없었다. 미군이 이들을 평정하지 못하면 남한에서 미군정의 존재는 위협당할 수밖에 없었다. 미군정이 이들을 제압하는 데 온 힘을 기울인 것은 당연했다.

그러나 미군정이 인민위원회나 여타의 민중 조직을 제압하는 데는 그들의 힘만으로 부족했다. 한국 내부의 협조자가 필요했다. 그 일차적인 협조자가 일제강점기 경찰과 관료들이다. 미군정은 처음에 조선총독부 조직을 그대로 두려고 했지만, 한국민의 반발이 심해서 포기했다. 대신 일제 관료들을 미군정의 관리로 다시 등용했고, 일제 경찰을 미군정 경찰로 채용했다. 그러니 민중의 불만이 커질 수밖에 없었다. 미군정에 대한 불만이 누적되어 일어난 것이 10월 항쟁이다.'

■ 10월 항쟁에 대해서는 브루스 커밍스, 앞의 책; 한국정치연구회, 앞의 책 〈10월 인민항쟁〉 부분을 참고할 수 있다.

친일파 등용과 민생고가 결합된 결과 •

10월 항쟁이 벌어진 또 다른 원인은 좌익 탄압이다. 미군정이 고용한 경찰은 대부분 일제 경찰 출신이다. 그러니 이들의 질이 얼마나 떨어지겠는가. 일제 경찰은 한국민을 억누르고 독립운동가를 탄압한 민족 반역자들이다. 그러나 이들은 해방된 나라에서 다시 경찰이 되어 공산주의자를 때려잡는다며 독립운동가들을 잡아 고문하는 만행을 저질렀다. 나중에 월북하는 김원봉 같은 거물 독립운동가조차 일제강점기 자신을 고문한 경찰(노덕술 수도경찰청 수사국장)에게 다시 잡혀가 수모를 겪고 분통을 터뜨렸다.˙

미군정의 친일 경찰 등용과 더불어 민중의 불만을 야기한 결정적 원인은 쌀 문제다. 미군정 시기 한국은 반봉건적인 소작제도가 지배하고, 소작률이 70퍼센트에 달하는 농업 사회였다. 농업생산력이 정체되어 쌀과 생필품이 절대적으로 부족했고, 물가는 올라 농촌과 도시를 막론하고 생활이 거의 기아 수준이었다. 게다가 해방되면 금방 농지개혁이 시행되리라 믿었는데, 미군정과 밀착한 우익 세력의 근간인 한민당이 중심이 된 지주 세력의 입김으로 미군정은 농지개혁을 시도하지 않았다.

이런 상황에서 미군정은 화폐를 무더기로 찍어냈다. 미군정의 통치 비용을 조달하기 위한 수단이지만, 이는 민중의 생활을 극도로 위

■ 이와 관련해서는 《김원봉 연구》(염인호 지음, 창작과비평사, 1993); 《약산 김원봉》(이원규 지음, 실천문학사, 2005); 《약산 김원봉 평전》(김삼웅 지음, 시대의창, 2008)을 참고할 수 있다.

태롭게 만들었다.˙ 동시에 악덕 자본가들은 경찰, 관료와 결탁하고 쌀을 매점·매석하여 물가 상승을 주도하면서 흡혈귀처럼 자기 배를 불렸다. 민중의 불만이 쌓여갔고, 그 불만의 가장 단적인 표현이 "쌀을 달라"는 것으로 나타났다.

좌익 세력, 조직적인 저항을 준비하다 •

해방 후 1년, 국민들은 살인적인 물가와 저임금, 광범위한 실업, 기아선상의 생활수준에 시달렸다. 여기에 친일파의 발호, 우익 청년단의 테러와 폭력, 미군의 계속되는 범죄 행각, 미소공동위원회 결렬에 따른 남북한 임시정부 수립의 난망함, 좌익에 대한 미군정의 극심한 탄압 등이 겹쳤다. 남한 사회는 성냥불만 대면 폭발할 것 같은 화약고로 변해갔다.˙˙

　이런 상황에서 1946년 5월 15일 발생한 정판사위폐사건은 한국 사회의 충돌 위험을 높이는 중요한 계기가 되었다. 이 사건을 기화로 미군정은 〈조선인민보〉〈현대일보〉〈중앙신문〉 등 좌익계와 진보 성향 신문을 미군정 포고령 위반으로 정간하고, 박헌영과 이강국 등 조선공산당 지도자 검거령을 내렸다. 조선공산당을 비롯한 좌익 세력은 사실상 비합법 세력이 되었고, 지하로 들어가 비합법적인 투쟁을

■ 이와 관련해서는 김기협, 〈해방 공간 최대의 위조지폐범은 미군정〉, 〈프레시안〉, 2011년 5월 17일;《해방일기 2》(김기협 지음, 너머북스, 2012) 참고.
■ ■ 브루스 커밍스, 앞의 책 참고.

전개할 수밖에 없었다.

조선공산당은 미군정의 탄압에 대응하여 '신전술'을 채택했다. 미군정에 협조하는 노선을 포기하고, 폭력을 포함한 전면적인 대결도 불사하겠다는 것이다. 조선공산당이 적절하지 않은 전술을 선택하면서 정국은 폭력이 난무하는 혼란 상태로 접어들었다. 조선공산당이 본격적인 실력 행사를 한 것은 1946년 9월 전국노동조합평의회(전평) 총파업에서다.

1946년 9월 23일 새벽 부산에서 철도노동조합 조합원 7000여 명이 파업을 시작했고, 이는 다음 날 서울로 파급되어 철도조합원 4만여 명의 총파업으로 발전했다. 9월 총파업은 노동자들의 투쟁뿐만 아니라 학생들의 동맹휴학, 가두의 대중 시위로 확산되었다. 이는 조선공산당이라는 전위 정당이 배후에서 조종·지도했기에 가능한 일이었다.'

10월 영남 봉기로 발전하다 •

조선공산당의 9월 총파업은 대구에서도 진행되었다. 그런데 대구에서는 그 양상이 전혀 다르게 발전했다. 10월 1일 대구에서 시작된 민중의 시위에 경찰이 폭력적으로 대응하면서 시위자 한 명이 사망한 것이다. 그렇지 않아도 친일 경찰의 행패에 분노하던 인민 대중이 봉

■ 이와 관련해서는 한국정치연구회, 앞의 책 〈9월 총파업〉 부분 참고.

기했다. 다음 날 노동자와 시민, 농민들이 참여하는 대규모 시위로 발전했고, 그 여파는 주변 농촌 지역으로 확대되었다.˙

농촌 지역에서는 미군정의 미곡 수집 정책에 반발하는 농민들이 경찰서를 습격하고, 지주의 곳간을 터는 민란의 형태로 나타났다. 농민들의 불만은 미군정의 3·1제 소작(소작료가 수확량의 3분의 1을 넘지 못한다는 규정) 반대와 추수를 앞둔 상태에서 수확량을 농민들이 확보하는 추수 투쟁이 결합되어 대대적인 농민 봉기로 발전했다. 대구와 경북 지역의 투쟁은 곧 경남 지역으로 확대되었고, 10월 말부터는 경기도 일대와 전남 지역으로, 12월 초에는 전북과 충남 지역으로 퍼져 나갔다.

대구에서 시작된 시민 폭동은 두 달 반에 걸쳐 남한 전역을 휩쓸며 민중 항쟁으로 발전했다. 10월 인민항쟁으로 불리는 이 사건에는 수백만 명이 참가했는데, 시위와 폭동 과정에서 1000명이 넘는 사망자가 발생했고, 수만 명이 경찰에 체포되거나 우익 청년단의 테러 공격을 받았다.˙˙

■ 10월 항쟁이 대구에서 시작된 것은 우연적인 측면이 컸지만, 이 투쟁은 공산당의 조직적이고 계획적인 준비와 지령에 따라 진행되었다. 이 사건에는 북한의 소련군 지도부도 관계되었다. 이런 사실은 일기 형식으로 기록한 〈스티코프 비망록〉에서도 확인되었다. 이와 관련해서는 《발굴 자료로 쓴 한국 현대사》(중앙일보 현대사연구팀 지음, 중앙M&B, 1996); 《비록 조선민주주의인민공화국》(중앙일보 특별취재반 엮음, 중앙일보사, 1992) 참고. 그렇다고 10월 항쟁 과정에서 일어난 모든 사건을 공산당이 지령·지도했다고 볼 수는 없다. 공산당은 선전과 선동을 통해 민중의 불만과 자발적인 항쟁 의지에 기름을 부었고, 조직적인 개입과 지도를 통해 시위를 대규모로 확산시켰다.
■■ 《해방 후 정치사 100장면》(김삼웅 지음, 가람기획, 1994) 28쪽.

미군정, 남한을 물리적으로 평정하다 •

10월 항쟁으로 가장 큰 타격을 받은 것은 전평이다. 전평은 10월 항쟁의 도화선이 된 9월 총파업을 준비한 노동자의 정치적 대중조직이다. 전평은 조선공산당의 외곽 대중조직으로서 경제투쟁과 정치투쟁을 지향했는데, 9월 총파업이 그 전형이다. 전평은 9월 총파업 외에도 1947년 3 · 22 총파업과 1948년 2 · 7구국투쟁 등을 벌였으며, 그 과정에서 경찰과 우익 테러 조직의 공격으로 조직력이 파괴되어 남한 정부 수립과 함께 사실상 와해되었다.

농민 조직도 적지 않는 타격을 받았다. 전국농민총동맹(전농)이 경찰의 탄압과 우익 청년 조직의 테러로 심각한 타격을 받았으며, 수많은 농민들이 살해되고 감옥살이를 했다. 지하조직인 조선공산당의 핵심 당원들도 노출되어 살해 · 체포 · 구속당했다. 이 과정에서 농민들의 패배 의식과 우익 세력의 테러에 대한 공포가 확산되었다.

박정희 전 대통령의 친형 박상희도 이때 경찰에 살해되었으며, 그의 동지 황태성은 탄압을 피해 월북했다. 앞에서 살펴본 이숙의의 남편 박종근도 10월 항쟁 과정에서 노출되어 수배를 받았고, 결국 탄압을 피해 월북했다.

10월 항쟁은 미군정의 억압 체제에 저항한 대규모 민중 봉기로 그 위력을 보여준 동시에 대중운동의 심각한 위축을 가져오는 계기가 되었다. 미군정은 이 사건으로 자신의 무능과 심각한 민심 이반을 만방에 드러냈지만, 한편으로는 정국 장악력을 높였다.

미군정은 이 사건을 진압하는 과정에서 조선공산당의 대중적 기반을 와해시켰고, 대중운동의 핵심 활동가를 대중과 분리했다. 나아가 일부 지역에서는 여러 가지 이유로 그동안 개조·개편하지 못하던 인민위원회 조직도 우익 세력이 체계적으로 접수했다. 우익 세력이 인민위원회를 장악한 지역에서는 좌익의 조직 기반이 통째로 무너졌다.

　이 사건을 계기로 좌익의 기반이 약해지고, 우익의 대중 장악력이 높아졌다. 좌익 세력은 중요 활동가가 노출되었고, 그중 일부는 산속에 들어가 야산대 등으로 활동하면서 초기 유격대 활동의 단초를 제공했다. 하지만 좌익 세력은 지역에서 대중 기반이 급속히 약해졌다.

7

4 · 3사건

제주도가 피로 물들다

자연과 풍광이 아름다운 제주도 •

화산섬 제주도는 참 아름다운 곳이다. 섬 전체가 천혜의 풍광을 자랑
하며, 화산섬의 독특한 지형과 아열대성 기후로 이국적인 정취가 물
씬 풍긴다. 오늘날 제주도의 아름다운 풍광과 관광자원을 즐기기 위
해 수많은 사람들이 찾는다. 내국인뿐만 아니라 외국인, 특히 중국인
이 좋아하는 곳이라고 한다. 그러나 제주도를 찾는 많은 사람들은 지
금부터 60여 년 전 이곳을 피로 물들이는 엄청난 비극이 일어났다는
사실을 잘 알지 못한다. 한국 현대사에서 지울 수 없는 4 · 3사건에
관한 것이다.

　제주도는 예부터 수난이 많았다. 벼농사를 짓기 어려운 환경이라
감자, 고구마 등 밭농사와 고기잡이에 의존하다 보니 제주에서 나는
물산으로는 이곳 사람들이 살아가기에도 빠듯했다. 그럼에도 탐라국
시절부터 조선 시대까지 육지에서는 이것저것 빼앗아 갔다. 20세기

초반 이재수의 난을 비롯하여 제주에서 민란이 여러 차례 일어난 것도 이 때문이다.

제주도는 고려 말기 삼별초가 몽골에 항거하며 전쟁을 펼친 곳이기도 하다. 몽골이 삼별초를 진압하고 제주도를 장악하면서 이곳은 말 목장이 되었다. 일제강점기에는 잠녀(해녀)들의 투쟁이 크게 벌어지기도 했다. 이처럼 제주도는 아름다운 자연 풍광과 달리 역사의 땅이면서 백성들의 피와 땀, 눈물과 한숨, 고통이 배어 있는 곳이다. 그러나 이전 시기의 어떤 역사적 수난도 4·3사건만큼 큰 고통을 안겨주지는 못했을 것이다.

4·3사건이 발생하다 •

4·3사건은 1948년 4월 3일에 시작되었으나 마무리되기까지 거의 1년이 걸렸다. 하지만 사건의 진상이 세상에 제대로 드러나기까지 60년 가까운 세월이 필요했다. 왜 그랬을까? 이제부터 그 사정을 추적해보자.

1948년 4월 3일 새벽 2시 전후, 한라산 주변에 봉화가 올랐다. 곧이어 산중에 모여 있던 무장대 350여 명이 제주도 내 24개 경찰지서 가운데 12개 지서를 공격했다. 일부 우익 인사들도 무장대의 공격을 받았다. 무장대 350여 명 가운데 30여 명은 일본군이 쓰던 99식 장총으로 무장했고, 나머지는 낫과 쇠스랑, 괭이 같은 농기구나 몽둥이를 들었다. 그러니까 이날 공격은 별 볼 일 없는 폭동 수준이었다. 어떻게 보면 영화에 나오는 '의적 로빈후드' 수준이라고 해야 맞을지도 모르겠다.

이날 무장대의 공격으로 경찰과 우익 인사 12명이 사망하고, 25명이 부상당했으며, 2명이 행방불명되었다. 사망자는 경찰이 4명이고, 나머지는 우익 인사 등 민간인이었다. 부상자는 경찰이 6명, 민간인이 19명이었다. 행방불명된 2명은 모두 민간인이었다. 무장대도 2명이 사망하고, 1명이 생포되었다. 이는 그동안 4·3사건을 언급할 때마다 피해 상황이 어마어마하게 부풀려진 것과 비교하면 대단한 수준은 아니다. 4·3사건의 진상이 정확히 밝혀지기 전에는 제주도 전역이 습격 대상이 되고, 엄청난 피해를 당한 것처럼 관이 선전했기 때문이다.

당시에는 제주도뿐만 아니라 남한 땅 곳곳에서 이와 비슷한 일들이 벌어졌다. 그해 2월 남로당이 단선 반대 투쟁을 선언하면서 본격적인 충돌이 일어나는데, 그 과정에서 몇 달 사이에 수백 명이 사망했을 정도니까.

■ 냉전 시대 관이 주도한 선전에 따르면 4·3사건 당시 제주도가 완전히 마비 상태에 있던 것처럼 표현되지만, 발단은 그런 수준이 아니었다. 오히려 미군정과 대한민국 정부의 강경 대응으로 사태가 확산된 측면이 크다. 이런 점을 무시하고 4·3사건을 보면 왜곡된 시각에 빠질 위험성이 다분하다. 우익 세력은 4·3사건을 여전히 공산주의자의 반란, 폭동 등으로 냉전적 시각에 가두려 하고 있다.

단선 반대 투쟁의 일환으로 시작된 무장봉기 •

무장대가 왜 경찰을 습격했을까? 간단하게 이야기하면 단독정부 수립을 반대하는 사람들이 제주의 치안을 어지럽게 만들어 선거를 치르지 못하게 하려고 무장봉기를 일으킨 것이다.

5월 10일 남한 지역에서 단독으로 총선이 치러질 예정이었다. 때문에 남한 곳곳에서는 이를 반대하는 시위와 투쟁이 끊이지 않았다. 남로당을 비롯한 좌파 세력은 2월부터 단독선거를 저지하기 위한 투쟁을 본격적으로 시작했다. 단독정부 수립을 반대하는 세력 가운데는 김구, 김규식 같은 우익 민족주의자도 상당수 있었다. 이들은 남한의 단독선거가 남북 분단을 결정짓는다며 남북협상을 통해 이 문제를 풀어야 한다고 주장했다.

1948년 2월부터 5월까지 남한 지역에서는 단독선거 강행과 반대를 둘러싸고 정치 세력 간에 충돌이 벌어지면서 많은 사람들이 사망하거나 다치는 사태가 속출했다. 그러니까 4월 3일 무장대 습격 사건이 제주에서만 일어난 것은 아니다.* 제주에서 일어난 사건이 다른 지역보다 약간 조직적이고 규모가 크다는 느낌을 받을 수는 있다. 제주는 고립된 섬 지역이고, 그리 넓지 않으니까. 경상도나 전라도 어느 지역에서 일어났다면 그런 느낌이 들지는 않았을 것이다. 그 뒤에 벌어지는 일련의 사태도 제주라는 섬과 무관하지 않다.

■ 《한국전쟁의 발발과 기원 2》(박명림 지음, 나남, 1996) 323~325쪽.

미 군정청, 4·3사건에 강경 진압을 결정하다 ·

제주에서 무장대 습격 사건이 일어나자, 남한을 지배하던 미군정은
바로 대응에 나섰다. 4·3사건이 5·10총선과 미군정에 대한 정면
도전이라 판단하고, 강경한 조치로 초기에 그 싹을 잘라야 한다고 본
것이다.

미군정은 전남의 경찰 100명을 응원대로 파견하고, 제주감찰청(지
금의 경찰청)에 '제주도 비상경비사령부'를 설치했다. 또 해상과 교통
을 차단하고, 미군 함정으로 해안을 봉쇄했으며, 경찰 간부후보생
100명을 증파했다. 여기에 서북청년회(서청)와 대동청년단 등 우익
청년단까지 제주로 보냈다. 특히 서청은 그 전부터 제주도에 들어와
있었는데, 가혹한 탄압으로 제주도민의 원성을 사는 상태였다.˙

갑자기 경찰과 우익 청년단이 늘어나자 제주에는 일촉즉발의 위기
감이 감돌았고, 제주도민이 느끼는 위압감과 부담, 주민들의 반발도
커졌다. 그러다 보니 주민들이 경찰과 우익 청년단의 횡포에 분노하
며 오히려 무장대를 지원하는 경향이 나타났다. 이런 일은 제주라는
섬의 특성과도 관계가 있다. 제주 사람들은 오랫동안 육지 사람들에
게 시달려온 탓에 외부 사람에 대한 거부감과 피해 의식이 강하다.
제주 사람들이 무장대를 지원하다 보니 많은 경찰과 우익 청년단이

■ 4·3사건과 관련해서는 《제주4·3사건 진상 조사 보고서》(제주4·3사건진상규명및희생
자명예회복위원회, 2003); 《제주 4·3항생》(양성심 지음, 선인, 2008); 《제주 4·3 연구》(역사
문제연구소 지음, 역사비평사, 1999); 《4·3은 말한다》(제주일보 4·3취재반 엮음, 전예원,
1994) 등을 참고할 수 있다.

투입되었지만, 제주는 중심부인 제주시와 해안 지역을 제외하고는 무장대의 손에 장악되었다. 봉기 지도부가 미군정의 강경 대응에 맞서 한라산을 중심으로 한 산악 지대에서 장기적인 유격 투쟁에 나섰기 때문이다.

국방경비대와 무장대의 평화 협상이 실패하다 •

미군정 지도부는 경찰력만으로 진압하기 어렵다고 판단, 국방경비대를 동원하기로 결정한다. 하지만 국방경비대는 제주에서 일어난 무장봉기가 제주도민과 경찰, 서청의 싸움이라고 보아 적극적으로 개입하지 않으려고 했다. 제주를 맡고 있던 경비대 9연대장 김익렬은 1948년 4월 28일, 무장대장 김달삼과 평화 협상을 벌여 사태를 종결하려고 시도했다.˙

그러나 상황은 간단히 끝나지 않았다. 평화협정이 발효 중인 5월 1일, 오라리 마을 방화 사건이 일어났다. 경찰은 무장대가 방화를 일으켰다고 주장하며 즉각 대응해야 한다고 나섰지만, 나중에 밝혀진 바에 따르면 방화 사건은 경찰의 지시를 받고 우익 청년단이 벌인 일이었다. 오라리 마을 방화 현장을 미군 헬기에서 생생하게 촬영한 필름도 남아 있는데, 이는 미군이 그 사건을 애초부터 알고 있었다는 이야기다.

■ 김익렬, 〈4 · 3의 진실〉, 〈제주신문〉, 1989년 9월 8~9일자.

5월 3일에는 김익렬과 김달삼의 협상에 따라 귀순하던 사람들에게 경찰이 총질을 하는 사건이 일어났다. 이는 협상을 방해하기 위한 경찰의 음모'로, 배후에는 미군정이 있었다. 사태를 평화적으로 해결하기 위한 시도는 무위로 끝났고, 미군정은 초강경 진압을 선택했다. 무장대도 대항하기 위해 산속 깊숙이 들어갔다. 그 바람에 제주에서 일어난 무장봉기 사건은 새로운 방향으로 발전했다. 제주의 비극이 시작된 것이다.

강경 진압을 결정한 미 군정청 •

5월 5일 제주에서 미군정 최고위급들이 모인 가운데 비밀회의가 열렸다. 군정장관 딘William Frishe Dean 소장'', 민정장관 안재홍, 경무부장 조병옥, 경비대 총사령관 송호성 준장, 제주도 군정장관 맨스필드 John S. Mansfield 중령, 제주도지사 유해진, 경비대 9연대장 김익렬 중령, 제주감찰청장 최천, 딘의 전속 통역관(목사) 등 9명이 참석했다. 지금으로 치면 국무총리, 내무장관, 경찰청장, 육군 총사령관, 제주지구 군사령관, 제주지사, 미8군 참모장, 제주경찰청장 등이 모인 관계 기관 대책 회의다.

■ 김익렬, 앞의 글; 《한국 현대사 이야기 주머니 1》(한국정치연구회 지음, 녹두, 1993) 108쪽; 제주4·3사건진상규'명및희생자명예회복위원회, 앞의 보고서를 참고할 수 있다.
■ ■ 미군정 시기 군정장관을 지낸 그는 한국전쟁 초기 인민군 포로가 되어 평양으로 끌려가기도 했으며, 휴전 뒤 중장으로 예편했다.

이날 회의에서는 제주 사태를 두고 격론이 벌어졌다. 경무부장(지금의 경찰청장) 조병옥은 제주 사태가 공산당의 배후 조종에서 비롯되었다며 강경 진압을 요구했고, 경비대 9연대장 김익렬은 경찰의 과잉 진압이 원인이니 무장대가 평화적으로 귀순하도록 협상이 필요하다며 유화책을 내놓았다.

그러자 조병옥이 김익렬을 가리키면서 "저기 공산주의 청년이 한 사람 앉아 있소. 그의 아버지는 소련에서 교육을 받고 현재 이북에서 공산주의 간부로 활약하고 있으며, 그는 아버지의 지령을 받아 행동한다"는 식으로 매도했다. 이에 격분한 김익렬이 "닥쳐!"라고 소리치면서 몸을 날려 조병옥의 멱살을 잡았고, 회의장은 순식간에 난장판이 되었다. 회의는 더 진행되지 않았다.˙ 딘 장군은 서울로 돌아가서 다음 날 기자회견을 열었다.

딘 군정장관은 "이번 폭동은 도외道外에서 침입한 소수 공산 분자들의 모략에 선동된 양민들이 산으로 들어가서 현 정부를 지지하는 사람들을 살해하는 것"이라고 주장했다. 본질을 잘못 짚은 주장인데, 이는 의도적인 것이다. 그날 김익렬도 연대장에서 쫓겨났다. 김익렬은 동족을 상대로 군사작전을 벌일 수 없다며 제주 사태를 평화적으로 해결하려고 노력했지만, 미군정이 해임한 것이다. 미군정이 강경 진압을 선택했다는 징표다.

■ 4·3사건을 평화적으로 해결하기 위해 노력한 김익렬은 〈제주신문〉 1989년 9월 8-9일자에 실린 〈4·3의 진실〉에서 이날의 일을 비롯하여 미군정과 경찰의 행위 등에 관해 자세히 기록했다. 〈김익렬 장군의 실록 유고, 4·3의 진실〉은 인터넷에서도 전문을 볼 수 있다. http://mbroom.blog.me/110135040236 참고.

본격적인 토벌 준비에 나서는 이승만 정부 •

김익렬이 해임되고 9연대장에 박진경 중령이 임명되었다. 박진경은 일제강점기 일본군 소위로 제주에서 근무한 경력이 있는 친일파다. 그의 아버지도 친일 단체의 주요 간부를 지냈다. 박진경은 취임 연설에서 "제주 폭동 사건을 진압하기 위해서는 제주도민 30만을 희생해도 무방하다"고 했다. 그러나 강경 토벌을 주문하며 부하들을 다그치던 박진경은 6월 18일 부하들에게 살해되었다. 강경 진압에 불만을 품은 문상길 중위와 손선호 하사 등이 연대장을 암살한 것이다.

5월 10일, 전국에서 총선이 실시됐다. 하지만 제주 선거구 세 곳 가운데 두 곳에서는 선거가 치러지지 못했다. '체면을 구기는 일'이 벌어지자, 미군정은 더욱 강력한 진압 작전을 계획한다. 경찰과 우익 청년단을 증파하고, 미군 지도부는 진압 작전을 빨리 끝내라며 독촉한다. 그 과정에서 많은 제주도민이 희생됐지만 사태는 끝나지 않았다. 시간이 흐를수록 주민들이 경찰과 우익 청년단의 횡포와 강경 진압에 반발하여 무장대 편으로 돌아섰기 때문이다.

8월 15일 남한에서 대한민국 정부가 수립되었고, 9월 9일 북한에서 조선민주주의인민공화국이 수립됐다. 그런데 북한 정권 수립 과정에서 제주도 무장대장 김달삼이 연설을 하는 사건이 일어났다. 이 일은 막 수립된 대한민국 정부 수뇌부를 자극했다. 김달삼에 이어 김덕구가 무장대장으로 나서자, 남한 정부와 미군은 더욱 강경한 태도를 취한다. 마침내 10월 11일 '제주도 경비사령부'를 설치하고 본격적인 토벌 작전에 나설 채비를 한다.

제주도 출동을 반대한 14연대 병사들의 반란 사건 •

이때 역사의 흐름을 바꿀 커다란 사건이 일어났다. 여순 사건이다. 이승만 정부는 군대를 동원해 제주에서 무장대를 토벌하기로 작정하고, 육지에 주둔하던 군대에게 제주로 이동하라는 명령을 내렸다. 그러자 이동 명령을 받은 여수 14연대 병사들은 "동족상잔 강요하는 제주도 출동을 거부한다"면서 반란을 일으켰다. 10월 19일에 벌어진 일이다. 반란군은 삽시간에 여수와 순천, 그 주변 지역을 장악했다. 그동안 미군정과 이승만 정부에 불만이 쌓인 백성들이 반란군에 호응했기 때문이다.

여순 사건은 출범한 지 두 달밖에 안 되는 이승만 정부에게 엄청난 충격을 주었다. 무장한 정규군이 반란을 일으켜 전남 동부 일대를 삽시간에 장악했다니 갓 출범한 정부에게 얼마나 위협적이었겠는가. 결국 이승만 정부는 미 군사고문단의 지원을 받아 초강경 진압을 선택했다. 비행기와 미군 탱크까지 앞세운 국군의 진격 작전에 반란군은 진압되고 말았다. 10월 27일 토벌군이 여수를 탈환하면서 여순 사건은 8일 만에 끝났다.

이때 패배한 반란군은 지리산 등지로 들어가 유격 투쟁을 벌였고, 그 과정에서 무고한 민간인이 무차별 살상되는 참화가 벌어졌다. 그리고 여순 사건은 국가보안법이라는 괴물을 낳았다.˙

■ 여순 사건과 관련된 자세한 내용은 이 책의 〈여순 사건─한국 사회 갈등의 원형이 만들어지다〉 부분을 참고.

제주에서 피바람이 몰아치다 •

여순 사건이 실패로 끝나면서 제주에 피바람이 몰아쳤다. 11월 17일 제주에 계엄령이 선포됐다. 계엄령은 군인이 민간인을 마음대로 죽여도 된다는 의미로 이해되었다. 그러나 계엄령 선포의 근거가 되는 계엄법이 아직 만들어지지 않아 법적인 근거가 없었다.• 불법적인 계엄령이 비밀리에 선포되면서 군인들이 제주 중산간 지역에 있는 마을을 모조리 불태우고, 민간인을 무차별적으로 살육했다.

소설가 현기영이 쓴 《지상에 숟가락 하나》는 유년 시절 경험을 바탕으로 한 자전적 성장소설이다. 현기영은 제주도 출신이어서 4·3사건을 몸으로 체험했다. 그가 쓴 책에 이와 관련된 설명이 나온다.••

> 드디어 대참화가 닥쳤다. 130여 중산간 부락들이 잇달아 불길에 휩싸이면서 대학살극이 벌어지지 시작했다. ……그 무렵부터 시작된 중산간 지대의 방화는 줄불로 이어졌다. 밤하늘 여기저기 옮아 다니던 그 붉은 구름 떼…… 멀어서 불길도 보이지 않고 학살의 총소리도 들리지 않고, 보이는 건 오직 하늘과 땅 사이에 가득 차서 구름 떼와 함께 꿈틀거리던 그

■ 〈제민일보〉는 1948년 11월 17일 발포된 대통령령 '제주도지구 계엄 선포에 관한 건'은 계엄령의 근거가 되는 실제 계엄법이 제정된 1949년 11월 24일보다 1년이나 앞선 것으로, 법률적 근거가 없다고 주장했다. 이에 대해 이승만 전 대통령의 양자가 〈제민일보〉를 상대로 정정 보도와 손해배상 청구 소송을 제기했으나, 2001년 4월 27일 대법원 확정판결에서 "합리적인 자료와 근거에 의해 나름대로 진실 확인 작업을 거친 이상, 피고가 보도 내용이 진실이라고 믿은 데는 상당한 이유가 있다고 보아야 할 것"이라고 해서 〈제민일보〉 손을 들어주었다. 임영태, 앞의 책, 95~96쪽.
■■ 《지상에 숟가락 하나》(현기영 지음, 실천문학사, 2009) 49~50쪽.

기괴한 화광뿐이었다. ……훗날 아버지가 들려준 그 장면은 검게 타버린 폐허를 배경으로 한 완벽한 구도의 목탄화로 내 의식에 자리 잡게 되었다. 어머니가 친척집에 맡겨놓았던, 우리 세 식구의 반년 양식이 될 조 곡식도 그 불에 타버렸다.

그리하여 한라산과 해변 사이 중산간 지대의 130여 개 마을이 불에 타 사라졌다. 불바다와 함께 대살육극이 시작되었으나 주민들 절반은 산으로 달아나 폭도라는 누명 아래 사살의 대상이 되고, 절반은 명령에 따라 해안으로 소개했으나 그중의 많은 부로父老, 아녀자들이 폭도 가족이라고 처형당했다. 사람들뿐만 아니라 마소도 닥치는 대로 학살되었다.

……화광이 충천하여 하늘에 가 닿고, 그 엄청난 인간과 가축의 떼죽음, 그 비명 소리, 신음 소리 역시 무섭게 솟아올라 하늘을 찔렀건만, 그러나 하늘마저 그 의미를 모르지 않았던가. 하늘은 언제나 백치같이 무심한 표정이 아니었던가. 천재지변이 아니라 인간이 저지른 일이기에 더욱 그 뜻을 이해할 수 없는 것이다. 인간의 경험, 상상력을 훨씬 능가해버린 그 엄청난 살육과 방화를 놓고 어떻게 무자비하다, 잔인무도하다, 하는 따위의 빈약한 말로 설명할 수 있을까.

지옥도 그런 생지옥이 없었다 •

이는 무장대를 토벌한 것이 아니라 무차별적인 '인간 사냥'이다. 인간 사냥을 부추긴 것은 미국과 이승만이다. 그들은 어떤 강경한 수단을 동원해서라도 제주에서 일어난 사태를 종결지어야 한다고 말했다. 국군과 경찰, 우익 청년단은 한라산과 중산간에 있는 무장대는 말할 것도 없고, 그 근처에 사는 제주도민들도 마구잡이로 죽였다. 4·3사건의 희생자는 2만 5000~3만 5000명으로 추정된다. 1948년 제주 인구가 약 28만 명이었으니 9명 가운데 1명 이상이 희생됐다는 이야기다.

희생자는 대부분 계엄령이 선포된 1948년 11월 중순부터 이듬해 2월 사이에 발생했다. 그 전에 희생된 사람을 5000명으로 잡아도 2만 5000명이 석 달 사이에 떼죽음을 당했다는 이야기다. 매일 250~300명 씩 죽어 나간 셈이니 그게 어디 사람 사는 곳인가. 지옥도 그런 생지옥이 없었다. 사람들은 통곡도 마음대로 할 수 없었다.

어떻게 그 짧은 시간에 그 많은 사람들이 죽었을까? 아예 마을 전체를 불태우고 그곳에 살던 사람들을 모두 총살한 경우도 허다하다. 처음에는 무장대를 찾다가 나중에는 가족을 대신 죽이고, 청년들을 찾다가 청년이 없으면 여자, 노인, 어린이 가리지 않고 죽였다. 살기 위해 산속으로 들어간 사람들도 토끼몰이 하듯 죽었다. 토끼몰이 사냥 같은 장면을 현기영은 다음과 같이 묘사한다.

눈 속의 흙을 파내어 지붕을 산죽과 눈으로 위장한 앉은키 크기의 움막을 짓고 그 속에 쥐 소금 먹듯 양식을 아끼며 간신히 연명하던 그들은 한 달포쯤 지나 토벌대의 습격이 잦아지자 천둥벌거숭이로 눈구덩이에 내몰려 이리저리 쫓겨 다녔단다. 흰 눈 위에 산지사방으로 닳아나는 사람들을

■ 현기영, 앞의 책, 58쪽.

뒤쫓으며 습격자들은 아마 토끼몰이 사냥의 기분을 만끽했던 모양이다. 습격 때마다 걸음이 늦어 뒤처지는 노인, 어린애 그리고 어린애가 딸린 여자의 희생이 컸다. 빨리 못 걷는다고 제 새끼를 소 때리듯 때리며 사색이 되어 허둥대다가 총탄에 쓰러진 젊은 아낙들, 쓰러진 어미 곁에서 울고 있는 아이들마저 총검으로 산적 꿰듯 꿰더라 했다. 백설 위에 낭자히 뿌려진 선혈이 소름 끼치게 붉더라 했다.

제주는 통곡의 땅이 되었다. 아직도 무엇이 제주를 그렇게 만들었는지 그 실체가 정확히 밝혀지지 않았다. 아무리 그래도 진실을 영원히 감출 수는 없다. 제주에서 벌어진 피의 살육은 오랫동안 금기시되었다. 현기영의 또 다른 소설 〈순이 삼촌〉은 4·3사건을 처음 다룬 작품인데, 그는 이 소설 때문에 남산 중앙정보부 지하실에 끌려가 심한 고초를 겪었다.

역사의 진실을 밝히는 작업이 시작되다 •

4·3사건은 오랫동안 금기시됐으나 우리 사회가 민주화되면서 그 실체를 벗기는 작업이 시작되었다. 정부 차원에서 제주4·3사건진상규명및희생자명예회복위원회(제주4·3위원회)가 만들어지고, 조사를 거쳐 2003년 10월 15일 마침내 《제주4·3사건 진상 조사 보고서》가 발표되었다. 보고서는 제주에서 유혈 사태를 초래한 초토작전과 집단적인 인명 피해(집단 학살)의 최종적인 책임이 당시의 국군통수

권자인 이승만 대통령에게 있다고 결론지었다.

2003년 10월 31일 노무현 대통령은 사건 발생 55년 만에 국가가 국민에게 엄청난 피해와 고통을 준 것에 대해 공식 사과했다. 완전하지는 않지만 4 · 3사건의 실체가 어느 정도 벗겨지고, 한 매듭을 지은 것이다. 아직도 해명되지 않은 문제는 역사와 연구자의 몫이다.

그러나 정작 문제는 다른 곳에 있다. 합법적인 정부의 공식 기관에서 조사한 결과를 바탕으로 4 · 3사건의 진상을 발표했는데도 이를 부인하는 일이 계속된다는 사실이다. 우익 세력과 일부 단체들은 기회만 되면 4 · 3사건을 좌익 폭도가 저지른 폭동이라고 주장한다. 역사의 수레바퀴를 뒤로 돌리려는 무지한 일이며, 무고하게 죽어간 사람들을 두 번 죽이는 부끄러운 행위가 아닐 수 없다.

현대사에서 진실을 찾는 작업이 어려운 이유가 이런 데 있다. 한국 현대사가 살아 있는 역사라는 것도 이런 데서 확인된다. 그러나 아무리 시간을 거꾸로 돌리려고 해도 역사의 진실이 바뀔 수는 없다. 제주에 갈 일이 있으면 그날의 역사를 한번쯤 새겨보고, 다시는 참혹한 일이 되풀이되지 않도록 해야겠다.

■ 제주4 · 3사건진상규명및희생자명예회복위원회, 앞의 보고서, 537쪽.

8

여순 사건

한국 사회 갈등의
원형이 만들어지다

군인들의 반란으로 사건이 시작되다 •

1948년 10월 19일 여수 신항과 신월리는 국방경비대 14연대의 제주 출병 준비로 하루 종일 분주했다. 개인장비를 제외한 출동 부대의 보급품과 탄약 등을 선적하고, 제주로 떠날 1대대는 6시까지 저녁 식사를 마친 뒤 내무반에서 휴식을 취하고, 2대대는 뒤처리하며 여수에 남을 예정이었다.

7시 50분 비상 나팔 소리가 울렸다. 출동 예정 시각은 밤 10시로 아직 여유가 있었지만, 병사들은 출동 시각이 당겨진 것이라 생각하고 서둘러 군장을 꾸려 연병장에 집합했다. 병사들이 모이자 연대 인사계 참모 지창수 상사가 연단에 올라 연설을 시작했다. 그의 연설은 열정적이고 선동적이었다.˙

■ 〈여순 사건과 이승만 반공 체제의 구축〉(김득중, 성균관대 박사 학위 논문, 2004) 56쪽.

지금 경찰이 쳐들어온다. 경찰을 타도하자. 우리는 동족상잔을 일으킬 제주 출동을 반대한다. 우리는 조국의 염원인 남북통일을 원한다. 지금 조선인민군이 남조선 해방을 위해 삼팔선을 넘어 남진 중이다. 우리는 북상하는 인민해방군으로 행동한다.

여순 사건은 이처럼 군인들의 반란으로 시작되었으나, 단순한 군인 반란이 아니었다. 군인 반란이 민중 봉기와 결합되면서 여수와 순천을 비롯한 전남 동부 지역으로 순식간에 확산된 사건으로, 당시 한국 사회의 숱한 갈등과 모순이 응축된 결과였다. 여순 사건은 한국 현대사의 흐름에 중대한 영향을 미쳤다.

반란군, '인민의 적' 경찰을 타깃으로 삼다 •

여순 사건을 알기 위해서는 군인 반란의 성격부터 제대로 파악해야 한다. 14연대 반란 사건은 일반적인 군인들의 반란과 몇 가지 다른 점이 있다.

먼저 지창수의 연설에서 경찰을 타깃으로 삼았다는 점이 주목된다. 당시 국방경비대 사병들은 경찰에 반감이 컸다. 농촌 출신이 대부분이던 사병들은 경찰을 친일 세력의 온상으로 보았으며, 인민을 억압하는 선봉으로 여겼다. 이는 좌익 세력의 인식이자, 일반 백성들의 생각이었다. 1946년에 일어난 10월 민중 항쟁도 친일 경찰 타도가 쌀 공출 반대와 더불어 가장 중요한 슬로건이었음을 상기해볼 필요가 있다. 당시 경찰은 '모든 인민의 적'이었다.

반면 경찰은 국방경비대를 경찰의 하부 조직 정도로 생각하고, 오합지졸로 보아 우습게 여겼다. 미군정 시기 국방경비대는 경찰 보조 조직으로 창설되었고, 무기와 장비가 지급되지 않았다. 당연히 훈련도 제대로 받지 못했고, 사병의 학력 수준도 낮았다. 미군정은 국방경비대를 지역의 치안을 유지하고 폭동을 진압하기 위한 향토방위 부대로 활용할 계획이었으나, 분단이 가시화되면서 어쩔 수 없이 정규군 조직으로 개편한 것이다.

게다가 경찰은 국방경비대를 좌익 출신이 좌우하는 불순한 집단으로 여기는 경향이 있었는데, 이것 역시 군과 경찰이 충돌하는 원인이 되었다. 국방경비대는 사병을 모집할 때 사상이나 과거 전력을 크게 문제 삼지 않았기 때문에 사회운동 출신이나 좌익 전력이 있거나 민족주의적 성향인 사람도 상당수 포진했다.

더욱이 14연대는 모母 부대인 4연대가 경찰과 물리적으로 충돌한 경험이 있어서 반反경찰 감정이 심각했다. 1947년 6월 초순 4연대 병사들과 영암 경찰 사이에 시비가 벌어졌는데 경찰이 수류탄을 투척해 병사 6명이 죽고, 부상자 10여 명이 발생한 것이다.˙ 그 때문에 여순 사건의 내막을 제대로 알지 못한 일부 병사들은 14연대가 경찰을 진압하러 출동하는 줄 알았을 정도다.

■ 《내가 겪은 해방과 분단》(한국정신문화연구원 한민족문화연구소 지음, 선인, 2001) 195쪽.

제주 출동을 거부하며 반란을 일으키다 •

다음으로 여순 사건이 일반적인 군인 반란과 다른 점은 지창수가 제주도 출동을 거부했다는 점이다. 4·3사건 이후 제주에서는 한동안 소강상태가 지속되었으나 정부 수립과 함께 다시 긴장감이 돌았다. 정부는 10월 11일 제주도 경비사령부를 설치하여 본격적인 토벌 준비에 나섰고, 제주 진압 작전을 위해 국방경비대 14연대에 출동 명령을 내렸다. 그런데 지창수를 비롯해 14연대에 있던 남로당원 등이 "동족상잔 강요하는 제주도 출동을 거부한다"는 명분을 내걸고 봉기한 것이다. '제주도토벌출동거부병사위원회'는 〈애국 인민에게 호소함〉'이라는 성명서를 발표했다.

> 애국 인민에게 호소함
>
> 우리는 조선 인민의 아들이다. 우리는 노동자와 농민의 아들이다.
> 우리의 목적은 제국주의의 침략에서 조국을 지키고 인민의 이익과
> 권리를 위해 목숨을 바치는 것이다.
> 그럼에도 미국에 굴종하는 이승만 괴뢰, 김성수, 이범석과 도당은
> 미 제국주의에 빌붙기 위해 우리 조국을 팔아먹으려 하고, 드디어는
> 조국을 파는 것과 마찬가지인 분단 정권을 만들었다.

■ 여수인민위원회가 발간한 〈여수인민보〉(1948년 10월 24일자)에 실렸다.

그들은 미국인을 위해 우리 조국을 분단시키고 남조선을 식민지화하려 하며, 미국 노예처럼 우리 인민과 조국을 미국에 팔아먹고 있다. 이런 식으로 한일협정('한일병합'을 의미함)보다 수치스러운 소위 한미협정을 맺었다.

친애하는 동포들이여! 당신이 진정 조선인이라면 어떻게 이런 반동 분자들이 저지른 행동에 분노를 참을 수 있겠는가. 모든 조선인은 일어나 이런 행동에 대항해 싸워야 한다. 제주도 인민은 4월에 이런 행위에 대항하기 시작했다. 그러나 미국과 붙어 있는 이승만, 이범석 같은 인민의 적은 우리를 제주도로 보내어 조국 독립을 위해 싸우고, 미국인과 모든 애국 인민을 죽이려는 사악한 집단과 싸우기 위해 자신의 목숨을 바치는 애국적 인민과 싸우도록 강요했다.

모든 애국 동포들이여! 조선 인민의 아들인 우리는 형제를 죽이는 것을 거부하고, 제주도 파병을 거부한다. 우리는 조선 인민의 이익과 행복을 위해 싸우는 진정한 인민의 군대가 되려고 봉기했다.

친애하는 동포들이여! 우리는 조선 인민의 복리와 진정한 독립을 위해 싸울 것을 약속한다. 애국자들이여! 진실과 정의를 얻기 위한 애국적 봉기에 동참하라. 우리 인민과 독립을 위해 끝까지 싸우자.

다음이 우리의 두 가지 강령이다.

　1. 동족상잔 결사반대

　2. 미군 즉시 철퇴

위대한 인민군의 영웅적 투쟁에 최고의 영광을!

분단 정권을 거부하고 통일 독립국가를 위해 투쟁하는 제주 인민을 진압하기 위한 파병을 거부한다는 이들의 주장은 봉기에 정당성을 부여했다. 이것은 당시 다수 인민들의 생각이었고, 14연대 병사들도 공감했다. 14연대를 장악한 봉기군은 여수 시내 경찰서를 공격했다. 이때 봉기에 가담한 숫자는 1200명 정도 되었다.*

새벽 3시경 여수경찰서가 봉기군에게 접수되었다. 봉기군은 이어 여수 시내 점령에 나섰고, 새벽 5시경 시내 중요 기관을 모두 점령했다. 거사 몇 시간 만에 여수를 장악한 봉기군은 곧바로 순천을 향해 나아갔다. 순천에 파견 나간 홍순석이 지휘하는 2개 중대가 합류하여 봉기군에 힘을 실었다. 순천 경찰과 주변 지역에서 지원 나온 경찰, 우익 청년단원 등 400여 명이 진지를 구축하고 저항했으나 역부족이었다.

10월 20일 오후 3시, 봉기군은 순천을 완전히 점령했다. 여수를 점령한 지 몇 시간 만에 순천까지 장악한 봉기군은 사기가 하늘을 찌를 듯 높았다. 봉기군은 20일 순천 관내 별량지서, 벌교의 조성지서와 창성지서를 휩쓸었고, 21일에는 벌교경찰서와 광양경찰서를 접수했다. 봉기군은 22일까지 여수, 순천, 보성, 광양, 구례, 고흥, 곡성, 장흥, 화순 등 전남 동부 지역을 장악했다.

■ 원래 1개 연대 병력은 3000명 정도지만, 14연대는 정원을 채우지 못하는 상황이었다. 게다가 홍순석이 이끄는 2개 중대가 순천에 파견 나가 신월리에는 2200명 정도가 주둔하는 상황이었고, 그중 300명은 연대장의 지휘 아래 제주로 갈 병력 수송을 준비하기 위해 대기 중이던 LST(상륙작전용 수송함)에 있었다. 반란군이 신월리를 떠나 여수역으로 향할 때 200명이 이탈했고, 500명은 14연대에 남았다. 하지만 반란에 참가하지 않은 병사들도 14연대원이라는 이유로 토벌 과정에서 대부분 살해되었다. 김득중, 앞의 논문, 65쪽.

14연대 남로당원의 돌발 행동으로 시작된 사건 •

여순 사건은 치밀하게 준비된 것이 아니다. 지창수를 비롯한 14연대의 남로당 출신 사병과 하사관이 돌발적으로 벌인 일이다. 남로당 중앙당은 물론 전남도당과 여수군당, 심지어 14연대에 있던 장교 출신 남로당원 김지회조차 사전에 그 사실을 알지 못했다.

14연대에는 남로당과 연계된 사병과 장교들이 다수 있었다. 사병과 하사관으로는 지창수, 정낙현, 최철기, 김근배, 김정길 등이 있었고, 장교로는 김지회, 홍순석 외에도 다수가 있었다. 14연대 당 조직은 전남도당 소속 군당 수준으로 취급되었고, 그 책임자는 지창수였다. 장교들은 중앙당에서 직접 관리하기 때문에 사병이나 하사관과는 연결이 없었다. 다만 홍순석은 지창수에게 포섭돼 14연대 당 조직에 소속되었다. 그 결과 장교들은 반란 계획을 전혀 몰랐다.

애초 계획은 선상 반란을 일으켜 배를 끌고 북으로 넘어가는 것이었다. 그런데 제주로 출발하기 하루 전날 '남로당 당원(세포원)들의 체포' 계획을 접한 남로당 조직은 선상 반란을 포기하고 출발 전 봉기를 결정했다. 그 내용은 전남도당에 전달되지 않았고, 전남도당의 지시도 없이 사건이 일어났다.

여수군당은 사건이 일어나자마자 봉기군과 결합하여 인민위원회 조직에 나섰다. 다음 날 오후 3시 여수 중앙동 로터리에서 인민대회가 개최되었으며, 뒤이어 지하에 숨어 있던 좌익 세력이 모습을 드러냈다. 민애청, 민청, 학동, 여맹, 합동노조, 교원노조, 철도노조 등 600여 명이 '인민의용군'을 조직하여 활동에 나섰다.

116

사정은 순천도 비슷했다. 순천군에서도 여맹과 민청을 비롯한 좌익 조직이 간판을 내걸었고, 인민위원회가 조직되어 활동했다. 전남 도당은 논란 끝에 '당의 거사'로 받아들이되, 기본 조직이 노출되지 않도록 신중한 태도를 보였다. 그러나 도당의 이런 원칙은 여수나 순천 등 군당에서는 제대로 지켜지지 않았고, 여순 사건 과정에서 당 조직과 주변 외곽 조직이 고스란히 드러났다.

군인 반란에서 사회혁명으로 나아가다 •

봉기군이 여수와 순천을 점령하고 인민위원회가 활동을 시작하면서 당의 외곽 조직들은 무장과 함께 우익 인사에 체포에 나섰다. 좌익 세력은 체포한 인사들을 사형에서 무죄까지 4단계로 나누어 처벌했다. 여수와 순천에서 우익 인사들의 처형은 보안서의 관할 아래 기준에 따라 시행되었다. 이런 기준은 진압을 앞둔 상황에서 강경파에 의해 무너졌고, 일부에서는 무차별적인 학살이 자행되었다. 좌익의 학살 행위는 나중에 경찰과 우익 청년단이 보복에 나서는 한 원인이 되었다. 조선노동당 전남도당 군사2부장을 지낸 심명섭은 좌익의 우익 인사 학살과 관련하여 다음과 같이 증언했다.

■ 이와 관련해서는 《 '빨갱이' 의 탄생 : 여순사건과 반공 국가의 형성》(김득중 지음, 선인, 2009)을 참고할 수 있다.
■ ■ 심명섭, 〈내가 겪은 여순사건〉, 《순천시사》(순천시사편찬위원회, 1997) 814쪽.

20일부터 22일까지 당성이나 정치성이 부족한 세포원들이 앞장선 무분별한 살상이 있었다. 살상의 주된 표적은 공무원, 경찰과 그의 가족, 서북청년회 등이었다. 그러나 민간인 살상도 상당수 있었음을 부인할 수 없다. 이것은 경륜이 짧고 세상이 곧 바뀌리라는 지극히 단순한 사고의 결과로 보인다. 이는 민심을 돌아서게 함으로써 정치성의 부재에 따른 명백한 해당 행위를 한 셈이다. 당시 순천경찰서 뒤뜰에는 주검이 쌓여갔고, 곳곳에서 주검이 목격되었다.

벌교에서는 군인들이 즉결 처분의 형식을 바꿔 인민재판을 실시하는 바람에 봉기군이 주둔한 2~3일 사이에 우익 인사 100여 명이 학살되는 등 인명 피해가 컸다. 이는 벌교가 대지주와 소작인이 많아 소작료 문제로 갈등이 심한 곳이었기 때문이다. 벌교가 교통 요지이자 항구이다 보니 고리대금업 등이 발달해 계급적 갈등이 첨예한 것도 한 원인이 되었다.*

여순 사건에서 좌익 세력은 친일파, 포악한 지주, 더러운 고리대금업, 인민을 못 살게 구는 파렴치한 행위 등을 처벌 대상으로 삼았다. 여수와 순천에서 조직된 인민위원회는 우익 인사와 반동분자들을 가려내는 작업과 함께 해방 후 조직된 인민위원회의 방침과 노선을 부활하고자 했다. 이들은 나아가 북한에서 실시된 민주개혁의 내용을

---

* 조정래의 대하소설 《태백산맥》에서는 이런 사정을 다음과 같이 설명한다.
"목포가 나주평야의 쌀을 실어내는 데 최적의 위치에 있는 항구였다면, 벌교는 보성군과 화순군을 포함한 내륙과 직결되는 포구였던 것이다. 그리고 벌교는 고흥반도와 순천, 보성을 잇는 삼거리 역할을 담당한 교통의 요충이기도 했다. ……지주들은 땅이 제공하는 치부에 만족하지 않고 일인들과 줄이 닿는 안전한 사업에 투자하는 사업가들이기도 했다."

그대로 시행하고자 했는데, 그중 가장 중요한 것이 토지개혁 약속이다. 기간이 짧아 토지개혁은 시행될 수 없었지만, 인민위원회는 식량 배급을 늘리는 등 심각한 식량문제와 복지를 해결하기 위해 노력했다. 군인 반란에서 시작되어 사회혁명으로 나아간 것이다.

정부, 미 군사고문단의 지원 아래 신속하게 대응하다 •

여순 사건이 일어나자 정부는 사태를 심각하게 인식하고 기민하게 대응했다. 여수 주변 지역의 병력과 경찰을 동원해 반란을 진압하려다 실패하자, 미 군사고문단의 지원 아래 대대적인 진압 작전을 전개했다. 14연대 반란 다음 날인 10월 20일 국방장관 이범석이 비상 회의를 소집했다. 미 군사고문단장 로버트W. Robert 준장과 국방경비대 총사령관 송호성 등 미 군사고문단과 국방경비대 수뇌부가 참석한 회의에서 진압 계획이 수립되었다.

　같은 날 육군 참모총장 채병덕, 육군 작전참모부장 정일권, 정보국장 백선엽이 광주에 파견되었다. 21일 광주에 반군토벌사령부가 설치되었고, 사령관에는 송호성이 임명되었다. 그러나 반군에 온정적인 태도를 취하던 송호성은 진압 과정에서 영향력을 행사하지 못했다. 만주 특설대 출신 5여단장 김백일과 정보국장 백선엽, 송석하 등이 미 군사고문단의 적극적인 지원 아래 강경 진압 작전을 주도했다.

　여순 사건 진압 작전에는 미군의 지원을 받은 장갑차와 박격포, 비행기와 해안경비대까지 동원되었다. 진압군은 21일부터 순천 공격에 나서 일부 지역을 점령했다. 김백일 5여단장은 22일 오후 7시부터 다음 날 오전 7시까지 통행을 금지하고, '반도叛徒를 은닉하거나 반도와 밀통하는 자는 사형에 처한다'는 계엄령을 내렸다. 하지만 계엄령이 어느 지역에 해당하는지는 언급되지 않았다. 이는 진압군이 활동하는 지역에서 자의적으로 사용할 여지를 남겨둔 것이다.

정부군, 초강경 진압으로 조기에 반란군을 제압하다 •

10월 23일 진압군은 본격적으로 순천 시내 진입 공격을 시작했다. 이날 공격에는 L-4 연락기의 정보가 적절히 활용되었다. 진압군은 시내로 들어가서 한 집 한 집 수색하며 반군을 찾아냈다. 하지만 14연대 주력군은 21일 밤 순천을 떠나 백운산과 지리산으로 근거지를 옮겼다. 시내에는 잔류한 14연대 일부 병사들과 순천 중학생들로 구성된 시민 무장대, 순천군 각 면에서 올라온 무장대가 있었다. 이들은 경찰 무기와 죽창으로 무장하고 진압군에 저항했지만 역부족이었다. 23일 순천과 보성, 벌교 등 주변 지역이 어느 정도 평정되었다.

　여수 진압 작전은 바다와 육지에서 동시에 진행되었다. 1차 공격은 10월 23일 바다 쪽에서 있었다. 부산에서 천안호LST를 타고 온 김종원 부대(5연대 1대대)가 여수 상륙을 시도했으나, 적군에게 아군을 노출하고 탄약만 써버리는 '용서할 수 없는 낭비' 끝에 실패하고 말았다. 2차 공격은 24일 육지와 해안에서 벌어졌다. 5연대 병력과 해안경비대 함정들이 여수만을 포위한 송석하 부연대장이 지휘하는

3연대 1개 대대와 장갑차 부대가 공격에 나섰다. 여수 신항과 구항 등 해안 쪽에서도 상륙을 시도했으나 역시 실패하고 말았다.

3차 진압 작전은 10월 25일 육지와 바다에서 펼쳐졌다. 이날 함정에서 쏘아대는 박격포에 공포를 느낀 여수 시민들은 피난길에 나서기도 했다. 진압군은 반란군과 구별하기 위해 헬멧에 하얀 띠를 두르고 장갑차를 앞세워 외곽 고지를 점령한 뒤, 여수 시내를 향해 박격포 공격을 퍼부었다. 하지만 밤에는 외곽으로 철수하지 않을 수 없었다.

10월 26~27일, 마침내 4차 진압 작전이 전개되었다. 연락기가 하늘에서 시시각각 상황을 알려주는 가운데 육지와 바다에서 동시 공격을 시도했다. 반군은 완강히 저항했으나 진압군의 압도적인 화력과 무력을 당해낼 재간이 없었다. 장갑차를 앞세운 진압군의 무차별적인 박격포 공격으로 여수 시내는 초토화되었다. 시내로 들어온 진압군은 기관총을 난사하며 소탕 작전을 벌였다.

진압군의 부역자 처형 작업이 진행되다 •

순천과 여수를 점령한 진압군은 제일 먼저 시민들을 넓은 공공장소에 모이도록 명령했다. 그리고 반군에 협력한 부역자를 가려내는 작업을 시작했다. 부역자 색출 작업은 몰상식하게 진행되었다. 당시 상황을 직접 목격한 〈조선일보〉 유건호 기자는 다음과 같이 썼다.'

■ 《전환기의 내막》(조선일보사출판국 지음, 조선일보사, 1982) 148~149쪽.

그곳은 순천 북국민학교 교정이었다. 23일 토벌대가 순천을 탈환한 뒤 국군은 작전을 계속하고 경찰대가 순천 읍민만 이곳으로 모아놓은 것이다. 남녀노소를 가리지 않고 대부분 한군데 모여 있는데…… 심사 중인 그들 앞에는 경찰관에게 끌려나온 사람이 충혈된 눈으로 이 얼굴 저 얼굴 번갈아 훑어보면서 누군가를 찾고, 웅크리고 앉아서 떨고 있는 사람들은 고개를 숙인 채 그 시선을 피하려고 무진 애를 쓴다. 얼굴을 들었다가 그와 시선이 마주쳐서 '저놈이다' 손가락을 가리키면 끝장나는 것이다.

……읍민들이 수용된 북국민학교 교정 남쪽에서 탕, 탕, 탕 카빈총 소리가 들렸다. 언제 파놓았는지 구덩이가 파인 앞에 손을 뒤로 결박당한 청년 5명이 서 있고, 약 10미터 떨어진 거리에서 경찰관 5명이 총격을 가했다. 2탄, 3탄이 계속 발사되었다. 이 총살형은 계엄사령관의 명에 따른 것이며, 계속될 것이라고 했다.

사정은 여수에서도 마찬가지였다.' 진압군 가운데 '백두산 호랑이'로 악명을 떨친 김종원은 여러 차례 시도한 상륙작전이 실패한 분풀이를 하듯 반란군과 그에 협조한 혐의자들을 일본도로 죽였다.''

■ "무슨 영문인지 모르고 끌려온 사람들은 곧 '심사'라는 것을 받았다. 그제야 여기 끌려온 이유를 알 수 있었다. 생존 경찰관을 선두로 우익 진영 요인들과 진압군 병사로 구성된 심사 요원 5~6명이 시민들을 줄줄이 앉혀놓고 사람들의 얼굴을 쓱 훑고 다니다가 '저 사람' 하고 손가락질만 하면 그 자리에서 교사 뒤에 파놓은 구덩이 앞으로 끌려가 불문곡직하고 즉결 처분(총살)되었다. 그 자리에는 일체 말이 필요 없었다. 모든 것이 무언(無言)인 가운데 이루어졌다. 사람을 잘못 봤어도 한번 찍히면 모든 것이 끝장이었다. 임사호천(臨死呼天)이라고 사람은 죽기 전에 하늘을 부른다고 했다. 그때 여수 사람들의 심정이 그랬다. 간혹 수탕 작전에서 잡혀오는 것으로 보이는 파리한 볼살의 앳된 젊은이들이 2~3명 혹은 4~5명씩 교사 뒤로 끌려가면 어김없이 탕, 탕 하는 기분 나쁜 총소리가 뒤따라 사람들의 가슴을 얼어붙게 했다." 《광주 · 전남현대사》(전남일보광주전남현대사기획위원회 지음, 실천문학사, 1991) 157쪽.

한국 현대사 비극의 출발점 •

이렇게 처형하다 보니 여수 시내 도처에 시체가 즐비했다. 당시 처참한 현장을 목격한 리영희는《역정》에 다음과 같이 썼다.•••

> 운동장에는 헤아릴 수 없이 많은 시체가 즐비했고, 반란군과 진압군 쌍방의 희생자는 대부분 젊은 민간인이었다. 운동장 울타리를 둘러싸고 많은 사람들이 먼발치에서 통곡하고 있었다. 나는 동료 학생들을 재촉해서 그 자리를 빨리 떠나버렸다. 멸치를 뿌려놓은 것처럼 운동장을 덮고 있는 구부러지고 찢어진 시체들을 목격한 후회와 공포감 때문이기도 했지만, 울타리 밖에서 울부짖는 남녀노소의 시선이 두려워서였다.

1946년 10월 항쟁 때도 경찰의 좌익 탄압과 거기에 대응하는 좌익 세력의 공격이 있었지만, 그것은 물리적 충돌 수준이었다. 1948년 10월 여순 사건에서는 물리적 충돌을 넘어 대규모 민간인 학살이 자행되었다. 여순 사건은 한국 현대사에서 반복되는 보복 갈등의 출발점이다.

여수와 순천을 장악한 정부군은 보성, 광양, 구례, 고흥, 곡성, 장흥, 화순 등 반란군이 장악한 전남 동부 지역을 대상으로 대규모 토벌 작전에 돌입했고, 그 과정에서 민간인을 대량 학살한다. 여순 사

■ ■ ■《한국 현대사 산책—1940년대편 2 : 8 · 15 해방에서 6 · 25 전야까지》(강준만 지음, 인물과사상사, 2004) 176쪽.
■ ■ ■《역정 : 나의 청년 시대》(리영희 지음, 창작과비평사, 1988) 122~123쪽.

건은 4 · 3사건 진압 과정에도 영향을 미쳐서, 대량 학살과 초토작전이 아무 제동장치 없이 전개되는 계기로 작용했다. 여순 사건 이후 군부 숙청 과정에서 군부 내 좌익 세력과 민족주의 성향을 띠는 양심적인 장교들이 대거 숙청되었다. 또 여순 사건은 국가보안법을 제정하는 직접적 계기로 작용했다.

여순 사건에서는 일부 우익 인사가 좌익에 의해 학살되었고, 군경과 우익 세력의 보복 학살이 뒤따랐다. 좌우익의 보복 살육 행위는 한국전쟁까지 이어졌다. 한국전쟁에서 인민군이 이 지역을 점령하자 다시 우익에 대한 학살이 자행되었고, 인민군의 패퇴와 함께 국군의 대규모 학살이 반복되었다. 한국 사회 갈등의 한 원형이 여순 사건에서 비롯된 것이다.

9

단독정부 수립

대한민국 정부가 수립되다

대한민국 정부가 공식 출범하다 •

1945년 8월 15일 일제가 패망하고 우리나라가 해방됐다. 우리는 8월 15일을 광복절이라 부르며 기념한다. 해방 후 3년 만인 1948년 8월 15일 대한민국 정부가 출범했다. 하지만 이날 출범식은 형식에 불과하다. 대한민국 정부는 그 전에 세워졌기 때문이다. 국회가 구성되고, 헌법이 제정되고, 대통령이 선출되고, 행정부가 구성되는 일은 그 전에 다 진행됐다.

1948년 8월 15일에는 대한민국 정부가 공식 출범하는 요식 행사를 한 것이다. 대한민국 정부 출범을 그날로 잡은 것은 우리가 일제의 식민지 지배에서 해방된 것을 경축하는 날이기 때문이다. 광복의 기쁨과 대한민국 정부 수립을 경축하기 위한 것이므로, 광복절을 대신하는 선국절은 존재 이유가 없다.

대한민국의 탄생과 관련해 의미 있는 날은 제헌절(7월 17일)이다.

이날 대한민국의 초대 헌법이 선포되었다. 5월 10일 총선을 거쳐 국회가 구성되었고, 국회에서 헌법 제정 특위가 만들어져 활동을 시작한다. 그리고 내부의 의견 수렴과 진통을 거쳐 헌법안을 통과시켰고, 마침내 7월 17일 '대한민국은 민주공화국이다'로 시작되는 초대 헌법을 세상에 공포한 것이다.

과거 권위주의 시절에도 제헌절은 삼일절, 광복절, 개천절과 더불어 사대국경일이라고 해서 아무리 잔업과 특근을 많이 하는 작업장도 반드시 쉬는 날이었다. 그러다가 개천절이 국경일에서 빠지고, 제헌절도 빠졌다. 이제 광복절을 건국절로 바꾸어 부르겠다는 사람들이 생기는 판이다. 좀더 시간이 지나면 삼일절도 국경일에서 빠지는 것은 아닌지 모르겠다.

초대 헌법 정신과 거리가 있는 이승만 정부 •

건국이라는 말에 알레르기 반응을 일으킬 필요는 없다. 앞에서 봤듯이 여운형과 조만식이 해방과 함께 건준을 만들어 나라를 세우기 위해 나서지 않았는가. 그 일을 건국 사업이라고 불렀다. 그러니까 해방 후 건국일을 축하한다고 해서 수천 년에 이르는 우리 역사를 통째로 부정하는 일이라고 말할 필요는 없다.

또 대한민국은 3·1운동 이후 대한민국임시정부 수립과 함께 역사가 시작되기 때문에 1945년 8월 15일을 건국일이라고 하는 것은 독립운동의 역사적 계승성을 망각하는 일이라고 이야기할 필요도 없다. 오히려 1948년에 공식 출범한 대한민국 정부가 3·1운동과 대한민국임시정부의 독립운동 정신과 인맥을 계승하지 못했다는 점이 문제다.

먼저 대한민국 초대 헌법의 전문前文에서는 "3·1운동으로 대한민국을 건립하여 세계에 선포한 위대한 독립 정신을 계승하여 이제 민주 독립국가를 재건함에 있어서"라고 하여 대한민국 정부가 3·1운동의 독립 정신을 계승하며, 대한민국임시정부의 정통성을 인정하고 그 정신을 계승하는 것을 분명히 하고 있다. 그러나 1948년 8월 15일 출범한 이승만 정부는 3·1운동과 대한민국임시정부의 독립 정신을 제대로 계승했다고 보기 어렵다.

왜 그럴까? 가장 중요한 사실은 이승만 정부의 중추를 친일파가 장악했다는 점이다. 국가를 지탱하는 근간이 되는 군대와 경찰의 요직을 대부분 친일파가 차지했다. 법원과 행정부의 고위 관료도 상당수가 친일 세력이었다. 일제강점기에 판검사를 지낸 인물들이 법원과 검찰의 요직을 차지했고, 행정부 고위 관료도 대부분 일제강점기 관리 출신이었다. 국회의원 가운데도 '부일附日 : 친일과 같은 의미 혐의'를 받는 인물들이 적지 않았다.

다음으로는 대한민국임시정부를 끝까지 지키며 독립 투쟁을 이끈 충칭 임시정부 주석 김구, 부주석 김규식 등 민족주의자들이 정부 수립에 대거 불참했다는 점이다. 일제강점기 항일 독립운동의 큰 축을 담당한 사회주의·공산주의 세력도 완전히 배제되었다. 그러니까 정부 수립에 참여한 세력은 오히려 전체 가운데 소수에 속했다고 봐야 할 판이다.

그 밖에 여러 가지 이유 중 한 가지 더 지적하면, 1948년에 수립된 정부가 분단된 정부라는 사실이다. 해방과 함께 우리의 가장 중요한 과제는 통일적인 자주독립 국가를 세우는 일이었다. 그러나 1948년 세워진 대한민국 정부는 남한의 단독정부다. 통일국가가 아니라 분단국가다. 지금이야 남한과 북한이 별개 국가처럼 존재하지만, 당시 상황은 전혀 달랐다. 아무도 두 정부가 당연하다고 생각하지 않았는데, 이승만 정부는 남한 단독 선거로 세워진 분단 정부다.

앞의 두 가지 문제와 분단 정부 수립은 밀접한 관계가 있다.

처음 단독정부를 주장한 이승만 •

기억을 되살려보자. 앞에서 이야기했듯이 한반도의 장래 문제를 두고 모스크바삼국외상회의가 열렸다. 거기에서 임시정부를 세우고 그것을 실현하기 위해 미소공동위원회를 개최하기로 결정했다. 모스크바협정에 따라 개최된 미소공동위원회가 미소의 의견 차이와 한국 내의 좌우 갈등으로 사실상 결렬되고 말았다. 1946년 5월 6일 미소공동위원회는 무기 휴회를 선언했다.

그런 상황에서 남한만이라도 단독정부를 세워야 한다는 주장이 제기되었다. 그런 주장을 가장 먼저 대놓고 이야기한 사람이 이승만이다. 그는 1946년 6월 3일 전북 정읍에서 다음과 같이 말했다.˙

■ 김삼웅, 앞의 책, 191쪽.

무기 휴회된 미소공위가 재개될 기색이 보이지 않고 통일 정부를 고대하
나 여의치 않으니 우리 남한만이라도 임시정부 혹은 위원회 같은 것을 조
직하여 삼팔선 이북에서 소련이 철퇴하도록 세계 공론에 호소해야 할 것
이니 여러분도 결심해야 할 것이다.

통일 정부가 세워질 가능성이 보이지 않으니 남한만이라도 단독정
부를 세우자는 이야기다. 그러나 이 말에 대한 비판이 거셌다. 그때
까지 사람들은 분단 정부를 세운다는 사실을 도무지 인정할 수 없었
지만, 시간이 흐르면서 상황이 달라진다. 비판 여론이 거세게 일자
일단 한 발 물러섰다.
　이승만은 자기가 남한 단독정부를 주장하는 것은 아니고, 하루빨
리 미소공위가 재개되기를 바라는 마음에서 그렇게 표현했다고 변명
한 것이다. 수가 뻔히 보이는 행동이라도 사람들은 그냥 넘어간다.
하지만 이승만은 이때부터 남한 단독정부를 세운다는 입장을 분명히
했고, 기회만 되면 그런 주장을 폈다.

이승만과 한민당의 이해관계 일치하다 •

이승만의 주장에 한민당도 동조하고 나섰다. 한민당은 지주 출신 부
유한 사람들이 중심이 되어 만든 정당인데, 친일 부역 혐의자들이 모
인 집단이라는 인상 때문에 활동이 자유롭지 못한 상태였다. 한민당
은 처음에 임시정부 추대를 내세우며 기회를 엿보고 있었다. 그러나

김구의 임시정부 중심 세력은 분단국가에 반대하여 한민당과 사이가 틀어진다.

친일파라는 낙인에서 벗어나지 못하던 한민당에게 반탁운동은 하늘이 내린 기회였다. 좌파 세력을 소련의 앞잡이로 몰아세우며 나라를 팔아먹은 악당이라고 공격할 수 있었기 때문이다. 한민당은 반탁운동 과정에서 자신들이 애국자인 양 행세했다. 친일파에서 반공 애국자로 변신을 시도한 것이다. 한민당은 반탁운동으로 활동 공간을 상당 부분 확보하고, 이때 친일파도 부활한다.

이렇게 해서 이승만과 한민당이 본격적으로 연합하기 시작한다. 남한 단독정부 수립을 위해 두 세력이 힘을 모은 것이다. 이승만과 한민당은 왜 남한 단독정부를 주장했을까? 간단하다. 자신들의 정치적 입지를 굳히는 방법이 그것뿐이었기 때문이다.

조직력이나 대중적인 영향력을 놓고 볼 때 이승만과 한민당은 정치적 기반이 강하지 못했다. 조직력에서는 박헌영의 조선공산당이 가장 강력했고, 대중적인 영향력에서는 여운형 또한 이승만에 뒤지지 않았으며, 명분 있는 김구도 있었다. 한민당은 아무리 탈색했다고 해도 친일 혐의에서 자유롭지 못했다. 그러나 단독정부를 세우면 미국의 강력한 후원 아래 남한에서 주도권을 쥘 수 있었다. 단독정부를 반대하며 김구나 김규식, 여운형, 박헌영 등 경쟁자들이 배제되면 더욱 좋은 일이었다. 결과는 그렇게 되지만, 그때까지 단독정부 노선이 대세가 되지는 못했다.

미국, 한국 문제를 유엔에 넘기다 •

남한 단독정부 수립을 대세로 만들어준 것은 미국이다. 1946년까지 만 해도 미국은 소련과 협력해서 한국 문제를 풀어간다는 입장이었다. 미국 내에서 국제파와 냉전파가 대립했으나 아직은 국제파가 주도하고 있었다. 그 때문에 미소공동위원회가 결렬되었어도 미국이 한반도에서 통일적인 임시정부를 세운다는 입장을 완전히 버린 것은 아니었다.

그렇지만 1947년에 들어서면서 상황이 달라진다. 미국 내에서 소련과 협조를 포기하고 미국이 강력히 대응해야 한다는 주장이 힘을 얻기 시작한 것이다. 미국은 한반도뿐만 아니라 세계 곳곳에서 소련과 부딪혔다. 동유럽과 중국, 그리스, 한반도가 대표적인 지역이었다. 소련과 협력해서 문제를 풀어가려는 국제파가 소련과 대결을 주장하는 냉전파에게 밀리기 시작했다.

냉전冷戰은 차가운 전쟁이라는 뜻으로, 직접 전쟁을 벌이는 열전熱戰에 대비되는 개념이다. 2차 세계대전 이후 미국과 소련을 중심으로 세계가 양분되어 대립과 갈등을 벌인 '반半전쟁' 상황을 그렇게 표현한 것이다. 하지만 한반도는 나중에 열전을 벌인다. 냉전의 기운이 세계를 휩싸면서 한반도에도 먹구름이 낀다. 분단 정부가 현실로 다가온 것이다.

1947년 우여곡절 끝에 미소공동위원회가 재개되었으나, 얼마 가지 않아 완전히 결렬되고 말았다. 미국과 소련, 좌익과 우익의 이견이 해소되지 않은데다, 냉전의 기운이 한반도에도 영향을 미쳤기 때문이다. 미국은 소련에 최후통첩을 보낸다. 한국 문제를 유엔으로 넘기겠다는 것이었다. 미국이 모스크바협정을 위반한 것이지만 현실적으로 막을 방법이 없었다.

이렇게 해서 한반도 문제는 유엔에서 해결해야 하는 상황이 되었다. 유엔은 미국이 주도권을 쥐고 있으니 소련으로서는 주장을 관철하기 어려웠다. 결국 유엔에서 한국 문제 해결이 미국의 의도대로 진행되었다. 미국이 주장한 대로 "남북한 인구 비례에 따른 자유선거"를 채택했고, 총선거를 감시하기 위해 유엔임시한국위원단UN Temporary Commission on Korea, UNTCOK을 설치하기로 결정했다. 1947년 11월 13일에 벌어진 일이다.

소련은 "한국인이 외국의 간섭 없이 스스로 정부를 수립할 수 있게 미소 양군이 1948년 초 한국에서 동시에 철수해야 한다"•고 주장했지만, 이 안은 부결되었다. 소련은 유엔의 결정에 협조를 거부하며 선거를 보이콧하겠다는 입장을 보였다. 유엔이 주관하는 총선은 미국의 의도대로 될 것이라고 보았기 때문이다. 인구로 봐도 북한은 남한의 반밖에 안 됐다. 유엔 감시 아래 치러지는 총선은 친미 국가의 수립으로 귀결되리라고 판단한 것이다.

■ 《대한민국 50년사 1》(임영태 지음, 들녘, 1998) 73쪽.

유엔에서 한국 문제를 결정하다 •

1948년 1월 유엔임시한국위원단이 입국했다. 남북한의 주요 정치 지도자들과 면담하고, 총선 일정을 잡기 위해서다. 한국위원단은 호주, 캐나다, 중국(국민당), 엘살바도르, 프랑스, 인도, 필리핀, 시리아, 우크라이나로 구성되었으나 소련 입장에 속한 우크라이나는 참여를 거부했기 때문에 8개국만 들어왔다.

한국위원단은 원래 우익 측의 이승만, 김구, 김규식, 조만식, 김성수, 좌익 측의 김일성, 김두봉, 박헌영, 허헌 등과 접촉할 계획이었다. 그러나 소련이 거부하여 북한 땅에는 발 들이지 못했고, 남한에서도 남로당 인사와는 접촉하지 못했다. 한국위원단이 남한의 우익 지도자를 만난 결과 의견이 둘로 나뉘었다. 이승만과 김성수는 남한만이라도 선거를 치르는 것이 좋다는 입장이었다. 반면 김구와 김규식은 남북통일을 위한 남북 회담이 필요하며, 이를 위해 한국위원단이 협조해달라고 했다.

한국위원단은 한국에서 본 상황을 유엔에 보고했다. 유엔은 토의 끝에 2월 26일 소총회에서 "한국위원단이 접근할 수 있는 지역"만이라도 총선을 치르기로 결정했다. 총선 날짜는 5월 10일로 정해졌다. 남한의 단독선거를 결정하고 그 준비가 진행되자, 좌익은 선거를 거부하고 무산시키기 위해 총력전을 벌인다. 이 과정에서 4·3사건이 일어났다.

김구와 김규식 등 남북협상파는 남한 단독정부 수립이 민족의 분단을 영구화하고 민족적 참화를 불러올 것이라며 총선 참여를 거부했다. 김구와 김규식은 분단을 막기 위해 북한을 방문, 김일성과 김두봉 등을 만나 회담하는 등 남북협상을 시도했다.

좌익의 격렬한 반대와 중도 세력의 선거 불참에도 남한 단독선거가 예정대로 진행되었으며, 헌법을 만들고, 8월 15일 대한민국 정부 수립을 축하하는 행사를 벌였다. 그러나 대한민국 정부 수립에는 많은 정치 세력이 배제되었다.

반쪽으로 출발한 이승만 정부 •

대한민국은 분명 분단 정부로 출발했고, 함께해야 할 정치 세력을 배제했으며, 친일 세력이 국가의 중추를 장악했다. 또 이승만 정부는 반공 국가를 세우는 과정에서, 한국전쟁 수행 과정에서 무고한 사람들을 숱하게 학살했다. 그 사례 중 하나가 앞에서 본 4·3사건이다. 한국전쟁 당시의 민간인 학살에 대해서는 나중에 다시 이야기할 것이다.

역사적 과오에 대한 가장 큰 책임은 국군통수권자며 국가원수인 이승만 대통령에게 있다. 그런 사람을 '건국의 아버지'라며 치켜세우는 것은 심각한 역사 왜곡이 아닐 수 없다. 이승만은 엄격하게 말하면 한국 현대사에서 벌어진 많은 학살 사건의 최고 책임자다. 호주국립대학교ANU College 명예교수 개번 맥코맥Gavan McCormack에 따르면

■ 정부 수립 과정은 임영태, 앞의 책, 72~74쪽을 참고할 수 있다.

그는 "전쟁범죄를 저질렀다".* 또 이승만은 전쟁이 진행되는 와중이나 전쟁이 끝난 다음에도 민생은 아랑곳없이 자기 권력욕을 채우기에 바빴고, 장기 집권과 독재로 민주주의를 파괴했다. 그는 한국 현대사에서 오랫동안 독재정치가 판치도록 그 씨앗을 뿌린 인물이다.

건국절을 주장하는 사람들의 머릿속에는 이승만이 반공과 친미를 통해 자유민주주의 체제를 선택했기 때문에 오늘날 대한민국의 성공이 가능했다는 사고가 자리 잡고 있다.** 오늘날 북한의 정치적 · 경제적 실패가 모든 것의 판단 기준이 되지만, 그런 주장은 일면을 볼 뿐이다. 그들의 주장에 따르면 친일파든, 학살자든, 독재자든 현실에서 성공하면 그만이라는 얘기가 될 수도 있다. 과연 그럴까?

우리가 정확히 보아야 할 사실은 오늘날 대한민국이 이만큼 살고 자유를 누리는 것은 이승만과 한민당 덕분이 아니라는 점이다. 한 나

■ "그 결과 두 가지 불명예가 정부 수립 기념일을 장막으로 가린다. 첫째, 한국이라는 국가는 유엔과 한국인에게 강요된 미국의 창조물이다. 이 국가의 존재 이유는 민족주의도 민주주의도 아닌, 반공산주의다. 둘째, 공화국의 첫 대통령은 전쟁범죄를 저질렀다. 이것은 오늘날 비난받는 보스니아의 세르비아 지도자 라도반 카라지치(Radovan Karadžić)가 저지른 전쟁범죄를 뛰어넘는다. 그 책임은 맥아더 장군과 트루먼 대통령, 유엔 사무총장 트리그브 리(Trygve Halvdan Lie)에게 있다. 진실을 알았거나 알았어야 했던, 하지만 한국전쟁이 우리의 이름으로 치러진 방식에 눈감은 모든 나라의 정부와 시민들도 그 책임을 져야 한다." 개번 맥코맥, 〈정부 수립 60주년의 '슬픈 진실'〉, 〈경향신문〉, 2008년 9월 1일자.
■ ■ 이승만의 성공을 자유민주주의 체제의 승리로 설명할 수는 없다. 우리나라와 북한의 관계로 한정해서 역사를 본다면 북한의 사회주의에 대응하는 자유민주주의와 시장경제 체제의 성공적인 선택을 이야기할 수도 있을 것이다. 하지만 남한 내부로 눈을 돌려보면 김구나 김규식 또한 자유민주주의와 시장경제 체제를 반대한 인물이 아니다. 그들이 반대한 것은 분단 정부다. 체제를 위해 분단을 선택할 것이 아니라 통일을 일차적으로 봐야 한다는 것이 그들의 사고였다. 그렇다고 그들이 공산주의나 사회주의를 받아들이겠다는 생각을 했다고 볼 수는 없다. 그들은 통일을 위해 다양한 정치적 세력과 평화적인 협상을 하려고 했다. 이를 두고 일부에서는 '감상적 민족주의'라고 폄하하지만, 꼭 그렇게 볼 일은 아니다. 결국 평화적인 길을 찾지 못해 전쟁이라는 비극을 초래하지 않았는가.

라의 수준은 그 나라의 경제와 민주주의 발전 정도에 따라 판가름 난다. 민주 발전이 경제 발전에 미치는 영향 또한 무시할 수 없다. 그런 점에서 본다면 대한민국을 인권 탄압 국가에서 쓸 만한 민주국가, 정통성 있는 중견 국가로 일으켜 세운 공로는 민주주의 발전을 위해 헌신하고 노력한 사람들에게 있다고 해야 할 것이다.

지금의 대한민국은 1948년 이승만과 한민당이 중심이 된 이승만 정부와 여러 면에서 다른, 발전된 나라다. 그 질적 변화 과정을 생략한 채 지금의 대한민국을 이승만과 한민당의 국가로 연결시키는 것은 심각한 역사 왜곡이다.

10

대한민국 초대 헌법

대한민국은 민주공화국이다

대한민국은 민주공화국이다 •

이명박 정권 초기 촛불집회가 계속되었다. 이명박 정권의 이해할 수
없는 행태가 대중의 분노를 샀기 때문이다. 이때 촛불집회에서 '대
한민국은 민주공화국이다'라는 노래가 자주 불렸다. 윤민석이 작곡
했는데, "대한민국은 민주공화국이다. 대한민국은 민주공화국이다"
를 반복하면서 부르는 노래다.

'대한민국은 민주공화국이다'라는 말은 우리나라 헌법 1조에서
유래했다는 것을 많은 사람들이 알고 있다. 국어사전에 보면 헌법은
"국가 통치 체제의 기초에 관한 각종 근본 법규의 총체. 모든 국가
의 법의 체계적 기초로서 국가의 조직과 구성, 작용에 관한 근본법
이며 다른 법률이나 명령으로 변경할 수 없는 한 국가의 최고 법규"
라고 나온다. 한마디로 말해 헌법은 한 나라의 근간이 되는 최상위
법이다.

지금까지 우리나라 헌법이 여덟 번이나 바뀌었지만, 1조 '대한민국은 민주공화국이다'라는 조항은 바뀐 적이 없다. 헌법 위에 박정희라는 통치자가 군림한 유신헌법에서도 이 조항은 바뀌지 않았다. 그러나 대한민국이 진정으로 '민주공화국'이었던 기간은 그리 길지 않다. 대한민국 역사 65년 가운데 최소한 30년 이상은 민주공화국과 상당히 거리가 있었다.

대한민국 정부가 존재한 기간 중 반 이상이 자유민주주의의 기본이 훼손된 상태였다는 의미다. 이승만이 집권한 기간 중 상당 부분, 박정희의 군정과 3공 시대의 일부 그리고 유신 체제, 전두환의 5공 정권 등이 여기에 속한다. 나머지 기간에도 제대로 따져보면 민주공화국과는 거리가 먼 상황이 적지 않았다.

인간 세상에서 이론과 실제의 거리가 있는 일은 허다하다. 그렇게 보면 헌법 조문과 현실에도 약간 괴리가 있을 수는 있지만, 우리나라는 그 불일치가 심했다. 때문에 한국 현대사, 대한민국의 65년 역사가 파란과 우여곡절을 겪었다.

■ 대한민국에서 자유민주주의적 기본 질서가 제대로 지켜진 것이 언제였는가 하는 부분에 상당한 이견이 존재한다. 형식적 틀을 두고 보면 위의 판단보다 오랜 기간이라고 볼 수도 있을 것이다. 그러나 '권위주의와 자유민주주의가 반드시 불일치하는 것은 아니다'라는 주장에 동의하더라도 한국 현대사에서 자유민주주의가 지켜진 기간은 생각보다 길지 않다.

헌법 제정을 위한 제헌의회 구성 •

국가가 세워지기 위해서는 헌법이 필요하다. 당연히 대한민국 정부가 수립되기 위해서도 헌법이 필요했다. 그러면 헌법은 누가 만들까? 헌법은 그 나라에 속하는 국민의 일반 의사를 종합한 것이어야 한다. 그렇다고 온 국민이 모여 헌법을 논의할 수는 없다. 그래서 국민을 대표하는 대의기관에서 그 일을 담당하는 것이다. 대의기관으로는 의회가 가장 대표적이며, 헌법은 국회에서 만든다.

헌법을 처음 만드는 일을 제정, 정부를 세우기 위해 처음 소집하는 국회를 제헌의회라고 한다. 그러니까 1948년 5월 10일 열린 총선은 헌법 제정을 위한 국회의원 선출이 목적이었다. 5·10총선이 남한의 단독선거이다 보니 이에 반대하는 소요 사태가 심각했다.

남한의 단독 총선에서 선출된 국회의원들이 처음 회의를 연 것은 5월 31일이다. 이날 국회의원 198명이 모두 참석했고, 임시의장으로 이승만이 선출됐다. 다음 날부터 국회는 헌법과 정부조직법 등 각종 법률을 제정하기 위한 작업에 들어갔다. 헌법기초위원회가 구성되어 헌법 초안을 마련했다. 헌법 초안이 국회에 올라온 것은 6월 23일이다. 국회에 올라온 헌법안을 놓고 의원들은 날마다 열띤 토론을 벌였다. 7월 12일 마침내 헌법이 국회를 통과했고, 7월 17일 대한민국 헌법이 공포됐다.·

■ 제헌 헌법 제정 과정과 주요 내용에 대해서는 《우리 헌법의 탄생 : 헌법으로 본 대한민국 건국사》(이영록 지음, 서해문집, 2006)를 참고할 수 있다.

3·1운동과 임시정부 계승을 표방한 제헌 헌법 전문 •

이제부터 7월 17일 제정·공포된 대한민국 초대 헌법의 주요 내용을 살펴보자. 법 이야기라 약간 딱딱하다고 느낄지도 모르지만, 꼭 그런 것만은 아니다. 법도 인간 생활을 반영하기 때문에 사람들이 살아가는 이야기의 한 부분이다. 헌법은 국가에 속한 사람들이 살아가면서 지켜야 할 가장 근본이 되는 뼈와 골격을 말한다.

　제헌 헌법은 크게 전문, 1장 총강, 2장 국민의 권리와 의무, 3장 국회, 4장 정부, 5장 법원, 6장 경제, 7장 재정, 8장 지방자치, 9장 헌법 개정, 부칙 등으로 구성되었다. 그 가운데 헌법 정신과 관련된 주요 내용만 간단히 살펴보겠다. 먼저 헌법 전문이다.

　　유구한 역사와 전통에 빛나는 우리 대한국민은 기미 3·1운동으로 대한민국을 건립하여 세계에 선포한 위대한 독립 정신을 계승하여 이제 민주독립국가를 재건함에 있어서 정의 인도와 동포애로써 민족의 단결을 공고히 하며 모든 사회적 폐습을 타파하고 민주주의 제도를 수립하여 정치, 경제, 사회, 문화의 모든 영역에 있어서 각인의 기회를 균등히 하고 능력을 최고도로 발휘케 하며, 각인의 책임과 의무를 완수케 하여 안으로는 국민 생활의 균등한 향상을 기하고, 밖으로는 항구적인 국제 평화의 유지에 노력하여 우리들과 우리들의 자손의 안전과 자유와 행복을 영원히 확보할 것을 결의하고 우리들의 정당 또는 자유로이 선거된 대표로서 구성된 국회에서 단기 4281년 7월 12일 이 헌법을 제정한다.

전문에서는 대한민국이 3 · 1운동과 대한민국임시정부의 독립 정신을 계승한다는 사실을 분명히 하고 있다. 또 정의 인도, 동포애와 민족의 단결, 사회적 폐습의 타파, 민주주의 제도의 수립, 국민의 기회 균등과 능력 발휘, 국민 생활의 균등한 향상, 국제 평화에 기여, 우리 자손의 안전과 자유와 행복 등에 대해 선언한다. 무엇보다 중요한 점은 헌법 전문에서 현재까지 통용되는 인류 보편의 가치들이 대부분 언급된다는 사실이다.

대한민국은 민주공화국이다 •

다음은 1장 총강이다. 총강은 모두 7개 조항으로, 헌법 정신의 기본 내용이 포함되었다. 가장 중요한 것은 1조와 2조다.

　　1조　대한민국은 민주공화국이다.
　　2조　대한민국의 주권은 국민에게 있고 모든 권력은 국민으로부터 나온다.

이 짧은 두 문장에 대한민국의 정치체제와 관련된 근본 내용이 모두 담겨 있다. '민주공화국'이라는 1조의 규정이나 주권과 권력의 주체가 국민이라는 2조의 규정은 사실 같은 내용이다. 1조에서 말한 민주공화국이라는 의미를 2조에서 다시 한 번 명확히 설명해준 것이라고 할 수 있다. 대한민국은 민주공화국이며, 민주공화국은 주권이 국민에게 있고 모든 권력이 국민에게서 나오는 나라를 의미한다.

공화국은 왕족이나 귀족 등 특정한 계급이 지배하는 국가가 아니라, 국민 전체가 권력의 주체가 되는 국가다. 국가를 실제로 지배하는 국가원수(대통령)나 장관, 그 밖의 공직자도 직접이든 간접이든 모두 국민이 선출하며, 임기제에 따라 교체된다. 이런 공화국 체제는 1789~1799년 일어난 프랑스혁명을 거치면서 탄생한 근대국가의 산물이다.[*]

근대에 탄생한 공화국은 국민주권에 입각하여 국민투표로 선출된 대표자들이 권력을 일시적으로 위임받아 행사하는 체제다. 그래서 국민이 직접 선출한 대통령(국가원수)과 국회의원으로 행정부와 입법부를 구성하며, 국민에게서 권력을 위임받은 행정부와 입법부가 합작해서 전문 법률가로 구성된 법원을 조직하는 것이다.

그러나 대한민국 역사에서 민주공화국 규정은 끊임없이 도전받는다. 국민에게서 권력을 일시적으로 위임받은 권력자가 자신이 권력의 주체인 양 행세하며 국민주권의 원리를 짓밟았기 때문이다. 우리 국민은 그때마다 저항함으로써 민주공화국의 원리를 되찾았다. 대한민국의 역사는 헌법 1조 '대한민국은 민주공화국이다'라는 규정을 지키기 위한 투쟁의 역사였다고도 볼 수 있다.

■ 고대 그리스에서 행해진 민주주의와 시민혁명을 거친 뒤 마련되는 근대 민주주의는 이 점에서 근본적으로 다르다.

모든 국민은 법 앞에 평등하다 •

2장은 국민의 권리와 의무다. 2장은 8조부터 30조까지 모두 23개 조항으로, 그 가운데 8조는 2장 국민의 권리와 의무를 총체적으로 규정한다.

> 8조 모든 국민은 법률 앞에 평등이며 성별, 신앙 또는 사회적 신분에 의하여 정치적 · 경제적 · 사회적 생활의 모든 영역에 있어서 차별받지 아니한다. 사회적 특수 계급의 제도는 일체 인정되지 아니하며 여하한 형태로도 이를 창설하지 못한다. 훈장과 기타 영전의 수여는 오로지 그 받은 자의 영예에 한한 것이며 여하한 특권도 창설되지 아니한다.

모든 국민이 법 앞에 평등하며, 사회적 특권은 인정되지 않는다는 내용이다. 이를 받아 9조에서는 신체의 자유와 법률에 따른 처벌을 규정한다. 10조는 거주 · 이전의 자유, 11조는 통신의 비밀 보장, 12조는 신앙과 양심의 자유, 13조는 언론 · 출판, 집회 · 결사의 자유, 14조는 학문과 예술의 자유를 규정한다.

15조는 재산권 보장을 규정한다. 재미있는 사실은 재산권을 보장하면서도 그 재산권 행사가 공공복리에 적합하도록 해야 한다는 내용이다.

16조는 균등하게 교육받을 권리와 초등교육의 무상교육, 17조는 근로의 권리와 의무, 18조는 근로자의 단결 · 단체교섭, 19조는 근로 능력을 상실한 자에 대한 국가의 보호, 20조는 남녀동등권을 규정한다.

21조부터 30조까지는 재판받을 권리(22조), 선거권(25조), 공무담임권(26조), 국민의 자유와 권리를 제한하는 법률 제정의 요건(28조), 납세의 의무(29조), 국방의 의무(30조) 등을 규정한다.

대의정치에 맞게 의회가 가장 먼저다 •

3장 국회는 31조부터 50조까지다. 4장 정부는 51조부터 75조까지인데, 1절 대통령(51~67조), 2절 국무원(68~72조), 3절 행정 각부(73~75조)로 구분된다. 5장 법원은 76조부터 83조까지 정리되었다. 이 권력 구조는 근대국가의 특징인 입법, 행정, 사법의 삼권분립을 그대로 보여준다.

특히 의회를 가장 앞부분에 배치함으로써 대의정치의 핵심이 의회라는 것을 간접적으로 나타낸다. 초대 헌법에서는 대통령을 국회에서 간접 선출하는 방식이어서 의회가 행정부보다 우위에 있었다고 할 수 있다.•

초대 헌법의 권력 구조와 관련해 재미있는 일화가 있다. 대한민국

■ 이와 관련해서 제헌 헌법이 현실을 감안하지 못한 이상적인 면에 치우친 문제가 있었다고 지적하는 사람도 있다. "제헌 헌법 자체가 적지 않은 문제점을 안고 있었던 점도 감안해야 할 것이다. 그것은 인류 역사상 가장 발전된 것이었다는 바이마르공화국의 헌법을 모델로 한데다가, 분단이라는 특수한 국가 성립 조건에 대한 실천적 성찰을 결여한 것이었다. 특히 의원 내각제적 요소와 대통령제적 요소가 충돌하는 가운데 당시 규정된 대통령의 권한과 지위는 역대 대통령제 가운데서도 가장 미약했다는 사실이다. 물론 제헌 헌법 제정 과정에서 이 대통령의 책임도 적지 않았지만, 당시 헌법 자체가 적지 않은 문제점을 안고 있었던 것 역시 부인할 수 없는 사실이다."《대통령의 자격》(윤여준 지음, 메디치미디어, 2011) 234쪽.

146

초대 헌법을 기초한 사람은 〈김강사와 T교수〉를 쓴 소설가 유진오다. 그는 당대 최고의 헌법학자였으나, 일제 치하에서 헌법 지식을 어디 써먹을 수나 있었겠는가. 해방이 되니 그 숨겨진 빛을 발할 기회를 얻은 것이다.

유진오가 만든 헌법 초안에서는 권력 구조가 의원내각제로 되어 있었고, 헌법기초위원회에서도 큰 반대가 없었다. 국회는 그런 방향으로 의견이 일치했으나, 이승만이 의원내각제를 채택하면 자신은 대한민국 정부에 참여하지 않겠다며 반대하고 나섰다. 나아가 대한민국 정부를 반대하는 국민운동을 전개하겠다고 의회를 협박했다.

이승만의 협박에 권력 구조가 바뀌다 •

이승만이 의원내각제를 반대하고 대통령제를 주장한 데는 이유가 있다. 한민당은 의원내각제를 실시하면 이승만을 형식상 대통령으로 만들어 실질적인 권력을 자신들이 장악할 생각이었지만, 그가 이런 속셈을 모를 리 없다. 이승만은 실제로 권력을 쥔 명실상부 권력의 최고 지도자가 되려 한 것이다.

이는 참으로 큰 문제다. 대한민국 정부는 남한의 반쪽 정부라며 비난받았고, 정부 수립에 중요한 정치 지도자가 대거 빠진 상태였다. 김구와 김규식 등 중요한 정치 지도자와 중간 세력이 빠졌고, 여운형은 암살되었다. 그렇지 않아도 문제가 되는데 이승만까지 불참한다면 어떻겠는가. 정부로서 존립하기조차 어려울 정도로 정통성에 문제가 생길 판이었다. 결국 의회는 이승만의 협박에 굴복하고 말았다. 이렇게 해서 헌법의 권력 구조가 대통령제로 바뀐 것이다.

그럼에도 초대 헌법과 국회에서는 국회의 힘이 강했다. 대통령을 국회에서 선출하기로 되어 있었기 때문이다. 2년 뒤˙ 이승만의 인기가 떨어지자, 대통령을 국회에서 간접 선출하는 방식이 아니라 국민이 직접 선출하는 방식으로 바꾼다. 이때 부산 정치 파동이 생긴다.

사회정의와 균형 있는 국민경제 발전을 규정하다 •

6장 경제는 84조부터 89조까지다. 이 부분이 또 재미있다. 그 가운데 가장 중요한 것이 84~87조다. 조문 내용을 살펴보자.

> **84조** 대한민국의 경제 질서는 모든 국민에게 생활의 기본적 수요를 충족할 수 있게 하는 사회정의의 실현과 균형 있는 국민경제의 발전을 기함을 기본으로 삼는다. 각인의 경제상 자유는 이 한계 내에서 보장된다.
>
> **85조** 광물 기타 중요한 지하자원, 수산자원, 수력과 경제상 이용할 수 있는 자연력은 국유로 한다. 공공 필요에 의하여 일정한 기간 그 개발 또는 이용을 특허하거나 또는 특허를 취소함은 법률의 정하는 바에 의하여 행한다.

■ 제헌의회 의원의 임기는 2년이었고, 1950년 개원한 2대 국회에서는 이승만 반대파가 다수를 차지한다.

86조 농지는 농민에게 분배하며 그 분배의 방법, 소유의 한도, 소유권의 내용과 한계는 법률로써 정한다.

87조 중요한 운수, 통신, 금융, 보험, 전기, 수리, 수도, 가스 및 공공성을 가진 기업은 국영 또는 공영으로 한다. 공공필영公共必營을 특허하거나 또는 그 특허를 취소함은 법률의 정하는 바에 의하여 행한다.

이 조항들은 매우 중요한 의미가 있다. 대한민국이 비록 자본주의 체제를 기본으로 하지만, 소유권의 무차별적인 확대를 제한하기 때문이다. 경제 질서의 가장 중요한 원칙을 사회정의의 실현과 균형 있는 국민경제의 발전에 두고 있다는 점이다. 이를 위해 중요 자원을 국유화하고, 국민 생활의 기초가 되는 기업을 국영이나 공영으로 한다고 규정한 것이다. 당시 전체 국민의 80퍼센트에 달한 농민의 가장 큰 숙원이던 농지개혁도 헌법에 분명하게 규정하고 있다. 지금 이런 주장을 편다면 보수 세력은 당장 사회주의라고 비난하겠지만, 이는 엄연히 초대 헌법에 규정된 내용이다.

이는 대한민국임시정부의 약장約章 : 헌법과 같은 성격의 것에 규정된 내용을 계승한 것이라고 할 수 있다. 당시 사회적 추세가 경제적 평등과 균형 있는 발전, 농지분배를 자연스러운 것으로 받아들였기 때문이기도 하다. 이런 바탕에는 북한의 토지개혁과 중요 산업 국유화 정책 등 사회주의적 경제개혁이 남한에 미친 영향도 무시할 수 없다.˙

■ 보수주의자들은 이 부분에 대해서도 비판적이다. 현실을 감안하지 않은 이상론에 치우쳤고, 사회주의적 냄새가 난다는 것이다. '다만 이때(1954년 사사오입 개헌—지은이) 함께 개정된 '국가 통제적 내용을 상당히 완화한 경제 조항'에 대해서는 오늘날에도 평가가 엇갈린다.

헌법에서 퇴보를 경험한 현대사 •

7장 재정은 90조부터 95조까지, 8장은 지방자치(96~97조), 9장은 헌법 개정(98조), 부칙은 99~103조로 구성된다. 여기에서 101조가 매우 중요하다.

> 101조 이 헌법을 제정한 국회는 단기 4278년 8월 15일 이전의 악질적인 반민족 행위를 처벌하는 특별법을 제정할 수 있다.

국회는 이 제헌 헌법 부칙 101조에 근거해 반민족행위자처벌을위한특별법(반민특위법)을 제정한다. 반민특위법에 따라 반민특위가 만들어지고 친일 행위자 처벌에 나서지만, 이승만과 친일파의 준동으로 실패하고 말았다. 안타까운 일이 아닐 수 없다. 그 때문에 반세기가 훨씬 지난 2005년 친일반민족행위진상규명위원회가 만들어진다.

대한민국 초대 헌법을 개략적으로 살펴보았다. 우리가 살펴본 것처럼 대한민국 초대 헌법은 정치체제와 국민의 기본권, 권력 구조, 경제 운영 원칙 등 여러 측면에서 진보적이다. 그대로 시행되면 상당히 괜찮은 헌법이라고 할 수 있다. 보수주의자들은 현실과 동떨어진

한편에서는 미국 측의 강력한 요구가 배경이 되었다는 점과 더불어 상당히 진보적이던 제헌 헌법 조항이 크게 개악됨으로써 이후 파행적 개발 정책의 길을 열었다는 비판이 있다. 반면에 근로자의 이익 균점권과 같이 세계 헌법사상 그 유례를 찾기 힘든 조항을 특징으로 하는 등 당시 국가의 성격과 상황적 여건을 뛰어넘는 제헌 헌법의 내용을 바로잡은 것이었으며, 이후 발전 국가를 예비하는 올바른 방향 설정이었다는 주장도 있다." 윤여준, 앞의 책, 230쪽.

이상에 치우친 헌법이며 사회주의적이라고 비판하지만, 훌륭한 내용이라는 점은 부인할 수 없을 것이다.

하지만 헌법 정신은 이승만에 의해 여지없이 뭉개지고, 박정희와 전두환 정권을 거치면서 헌법은 엉망이 되고 말았다. 권력 구조뿐만 아니라 기본권 조항과 경제 조항도 대폭 손질되면서 초대 헌법 정신이 크게 훼손된 것이다.

우리 현대사는 헌법의 측면에서 퇴보를 거듭한 역사다. 제헌 헌법 정신을 살리되, '87년 체제'를 넘어 오늘의 현실에 맞는 헌법을 고민할 때다.

11

국가보안법

헌법 위에 군림하면서
한국 사회를 지배하다

한국 현대사에서 괴물과도 같은 존재 •

법이 무미건조해 보여도 꼭 그런 것만은 아니다. 사실 법 조항 자체
는 딱딱하다. 법 조항을 해석할 때는 자구字句 하나도 꼼꼼하게 따지
지 않을 수 없다. 그 때문에 많은 문학작품에서 법률가를 법률 조문
이나 따지는 재미없는 인간으로 묘사하고, 심한 경우 냉혈한의 대명
사처럼 표현하기도 한다.

  그런 차원에서 보면 법 이야기는 재미없는 것이지만, 한 꺼풀 벗겨
보면 재미있는 이야기가 될 수도 있다. 법이 만들어지는 배경과 과
정, 법을 둘러싸고 벌어지는 인간 사이의 대립과 갈등, 나아가 투쟁
을 보는 것도 재미가 될 수 있다. 갈등과 투쟁은 주로 정치 · 사상적
투쟁의 성격을 띤다. 우리가 보는 딱딱한 법률의 바탕에는 인간 사회
의 정치 · 사상적인 배경이 있다는 이야기다. 더욱 중요한 사실은 그
바탕에 인간의 기본 감정인 희로애락과 삶의 모든 것, 즉 일상까지

깔려 있다는 점이다.

국가보안법이 있다. 지금은 그 영향력이 많이 약해졌지만 국가보안법은 한국 사회, 특히 현대사와 관련된 이야기에서 빼놓을 수 없는 존재이며 헌법 위에 군림한 괴물 같은 존재다. 우리는 국가보안법의 출발점과 역할을 알아보고, 국가보안법이 한국 현대사에 어떤 영향을 미쳤는지 살펴볼 것이다.

헌법보다 중요한 의미가 있는 법 •

국가보안법이 처음 만들어진 것은 1948년이다. 11월 20일 국회에서 통과되고, 12월 1일 공포되었다. 그러니까 대한민국 정부가 수립된 지 석 달 정도 지난 뒤의 일이다. 그 시점에는 아직 많은 법률이 만들어지지 않았다. 겨우 헌법을 제정하고, 국가의 기본 골격이 되는 국회법과 정부조직법 등을 만들어 나라 운영을 시작하는 상황이었다. 그 시점에서 왜 국가보안법이 만들어졌을까? 국가보안법은 그토록 급하게 만들지 않으면 안 될 정도로 중요한 내용을 담고 있을까? 하고많은 법률 가운데 군이 국가보안법 이야기를 해야 할까?

국가보안법은 정말 중요하다. 어떤 의미에서 국가보안법은 헌법보다 중요한 법이기 때문이다. 한 나라의 기본을 규정한 것이 헌법이다. 그런데 대한민국에서는 국가보안법이 60여 년 동안 헌법 위에 군림했다. 헌법은 한 나라의 기본 질서와 정치 · 사상적 테두리를 규정한 최고의 국가 규범이지만, 그 헌법의 규정조차 무력하게 만든 것

154

이 국가보안법이다.

　헌법 1조는 '대한민국은 민주공화국이다'라고 규정한다. 이 조항은 제헌 헌법 이래 여덟 차례 헌법 개정에서 한 번도 바뀐 적이 없을만큼 대한민국이라는 국가의 정체성을 규정하는 내용이다. 하지만 국가보안법은 여러 번 개정 과정을 거치면서 헌법 1조를 무력하게 만들었다.* 나아가 국가보안법은 헌법 1조의 규정 위에 군림하면서 대한민국에 새로운 질서를 강요했고, 아무도 거기에 저항할 수 없는 시대가 오랫동안 계속되었다.

　냉전 시대가 끝난 지 20년이 넘었지만, 대한민국에는 국가보안법이 시퍼렇게 살아 있다. 그 위력이 많이 감소되었다고 해도 언제든지 다시 칼춤을 출 수 있는 기반이 사라지지 않고 있다. 국가보안법이 존재하는 상황에서 선진 대한민국이 가능할지 모르겠다는 의문이 든다. 국가보안법을 두고 그것을 추구할 자격이나 있는지 궁금하다.

국가보안법 제정의 계기가 된 여순 사건 •

국가보안법이 만들어진 직접적인 계기는 여순 사건이다. 여순 사건은 앞에서 언급했으므로 그 여파만 간략히 언급하고 넘어가겠다. 여순 사건은 이승만 정부에게 큰 충격이었다. 4·3사건으로 대한민국

■ 국가보안법은 여러 차례 개악 과정을 거치면서 자유민주주의의 기본인 '사상의 자유'를 사실상 부정할 수 있는 형태로 바뀌었다.

정부 출범 자체가 상당한 타격을 받은 상황에서 군대가 반란을 일으켰으니 큰일 아니겠는가. 군대는 한 나라를 지키는 물리력의 마지막 보루인데, 이게 흔들리면 국가 안위 자체가 위태로운 상태라고 할 수 있다. 이런 상황에 대응하기 위해 만든 것이 국가보안법이다.

여순 사건 이후 국회에서 국가보안법 제정을 논의하고, 정부는 군부 숙청 작업을 진행했다. 군에서 반란이 일어나면서 사건이 확산되었으니 군부의 위험 세력을 제거하는 것은 당연한 일이다.

여순 사건은 4·3사건과 마찬가지 성격을 띤다. 반란 주동자는 남로당이라는 좌익정당의 당원들이지만, 여순 사건이 삽시간에 번진 것은 지역 주민들이 호응했기 때문이다. 주민들이 반란군에 호응한 것은 이승만 정부에 반감이 컸다는 방증이다. 특히 주민들은 경찰에 반감이 컸고, 군의 병사들도 민중의 몽둥이가 되어 설치는 친일 경찰을 무척 싫어했다. 그래서 군에서 반란이 시작되었고, 주민들이 호응하면서 급속히 확산된 것이다.

사태가 확산되자 이승만 정부는 군대 정화 작업에 나선다. 군대에 침투한 좌익 성향 병사들을 찾아내기 위해 모든 노력을 기울인 결과, 4800여 명이 총살과 징역, 파면 등으로 축출되었다. 그 과정에서 무고한 사람들도 피해를 보았다. 민족주의적 성향을 띠는 장교와 병사들이 제거되었고, 좌익 연루 혐의로 억울하게 사형을 당한 사람도 있다. 물론 좌익정당과 관계된 인물도 상당수 숙청되었다. 그 가운데는 나중에 대한민국을 18년 동안 통치하는 박정희도 있었다.[*]

■ 《대한민국사 1945~2008》(임영태 지음, 들녘, 2008) 128쪽.

악용의 소지 많은 국가보안법 논란 •

국가보안법 초안이 국회에 처음 상정된 것은 1948년 11월 9일이다. 국가보안법은 본래 9월 29일 '내란행위특별조치법'으로 제출됐다가 형법상 내란죄와 명칭이 중복된다고 해서 이름을 바꾼 것이다. 국가 보안법이 제출되자 많은 사람들이 반대하고 나섰다. 무엇보다 공산 주의에 대한 정의와 처벌 규정이 모호해서 정치적으로 악용될 소지 가 있었기 때문이다.

모름지기 법이란 처벌 대상과 형량을 분명히 규정해야 한다. 그렇 지 않으면 힘 있는 놈이 힘없는 놈을 잡아다가 아주 작은 범법 행위 에도 엄청난 처벌을 받게 할 수 있다. 정치적인 반대자나 세력을 애 매하게 옭아맬 수도 있다는 이야기다. 조헌영 의원은 다음과 같이 주 장하면서 국가보안법을 반대했다.•

> 속담에 고양이가 쥐를 못 잡고 씨암탉을 잡는다는 격으로 이 법률을 발표 하고 나면 안 걸릴 사람이 없을 것입니다. ……일본 놈 시대와 같이 잡아 다 물 먹이고 "이놈 자식이 그랬지" 하면 "예, 예 그랬습니다" 이래서 거 기 다 걸려들 수 있습니다. 정치적 행동하는 사람은 다 걸려들 위험도 있 으니까 우리가 신중히 고려해야 할 것입니다. 약을 꼭 써야 하면 분량을 맞추어 써야 하는데 이 법안은 분량이 맞지 않습니다.

■ 《국가보안법 연구 1》(박원순 지음, 역사비평사, 1995) 29쪽.

이 말은 나중에 그대로 맞아떨어진다. 국가보안법은 실제로 공산주의자를 잡아들이는 일보다 정치적 반대 세력을 탄압하고 억압하는 데 많이 활용되었다. 대한민국에서 국가보안법만큼 악용과 남용이 심한 법은 없었다.

논란 끝에 국회를 통과한 국가보안법 •

이런 가능성을 알았기 때문에 많은 의원들이 반대했다. 이옥주 의원은 다음과 같이 말했다.•

> 국가보안법은 포악무도한 일제 침략주의의 흉검兇劍이라고 할 치안유지법과 똑같은 비민주적 제국주의의 잔재라고 볼 수 있습니다. 우리가 민주 독립국가를 재건하는 이 마당에…… 제국주의 잔재를 용납할 수 없습니다.

사실이다. 국가보안법은 일제가 독립운동가와 진보적 인사들을 탄압하기 위해 써먹던 법률을 이름만 바꾼 채 내용을 그대로 빌려다가 내놓은 것이다.

국가보안법 제정에 찬성한 사람들도 남용 가능성은 인정했다. 김인식 의원은 "우리가 항상 먹는 쌀을 정성껏 일어도 돌이 하나둘 섞일 때가 있습니다. 국가보안법을 발동하면 우리 애국자가 그 안에 섞

■ 강준만, 앞의 책, 185쪽에서 재인용.

이리라는 염려도 있겠습니다만……"이라고 했다.* 국가보안법 제정에 찬성한 박순석 의원은 다음과 같이 주장했다.**

농사를 짓다 보면 피 대신 벼를 뽑을 수도 있습니다. 간혹 피 한 포기씩 뽑는다고 피 뽑는 일을 그만두면 나락(벼)을 거둘 수 없을 정도가 되고 맙니다.

그럴듯한 주장처럼 들리는가? 그렇지 않다. 벼를 재배하는 일은 그럴 수 있지만, 인간의 생명과 권리를 다루는 문제를 이런 시각에서 보는 것은 말이 안 된다. 인권은 무엇과도 바꿀 수 없다. 국가보안법 때문에 얼마나 많은 사람들이 억울하게 죽고, 감옥에 가고, 삶이 파괴되었는지 모른다. 이런 논리에 현혹된다면 정말 비논리적인 사고를 하는 증거라고 할 수 있다. 제헌 헌법 기초 전문위원과 반민특위 특별검찰부장을 지냈으며, 나중에 법무장관이 된 권승렬은 말했다.***

지금 우리는 건국을 방해하는 사람하고 건국을 유지하려는 사람하고 총칼이 왔다 갔다 하며 피를 많이 흘립니다. 즉 국가보안법은 총하고 탄환입니다. ……이것은 물론 평화 시기의 법안은 아닙니다. 비상 시기의 조치니까 인권 옹호상 조금 손상이 있다 해도 불가불 건국에 이바지하지 않으면 안 되리라고 생각합니다.

■ 박원순, 앞의 책, 29쪽.
■ ■ 박원순, 앞의 책, 29쪽.
■ ■ ■ 박원순, 앞의 책, 30쪽.

국가보안법으로 인권침해가 있으리란 사실을 분명히 알고 인정하면서도 비상시국의 논리를 내세워 이 법을 밀어붙였다는 것을 의미한다. 결국 국가보안법은 1948년 11월 20일 국회를 통과하고, 12월 1일 공포와 함께 발효되었다.

국가보안법(1948년 12월 1일, 법률 10호)

1조 국헌을 위배하여 정부를 참칭하거나 그에 부수하여 국가를 변란할 목적으로 결사 또는 집단을 구성한 자는 좌左에 의하여 처벌한다.

1. 수괴와 간부는 무기, 3년 이상의 징역 또는 금고에 처한다.
2. 지도적 임무에 종사한 자는 1년 이상 10년 이하의 징역 또는 금고에 처한다.
3. 그 정을 알고 결사 또는 집단에 가입한 자는 3년 이하의 징역에 처한다.

2조 살인, 방화, 파괴 또는 운수, 통신 기관, 건조물 기타 중요 시설의 파괴 등의 범죄행위를 목적으로 하는 결사나 집단을 조직한 자나 그 간부의 직에 있는 자는 10년 이하의 징역에 처하고, 그에 가입한 자는 3년 이하의 징역에 처한다.
범죄행위를 목적으로 하는 결사나 집단이 아니라도 그 간부의 지령 또는 승인 하에 단체적 행동으로 살인, 방화, 파괴 등의 범죄행위를 감행한 때에는 대통령은 그 결사나 집단의 해산을 명한다.

3조 전 2조의 목적 또는 그 결사, 집단의 지령으로서 그 목적한 사항의 실행을 협의, 책동 또는 선전하는 자는 10년 이하의 징역에 처한다.

4조 본 법의 죄를 범하게 하거나 그 정을 알고 총포, 탄약, 도검 또는 금품을 공급, 약속, 기타의 방법으로 자진 방조한 자는 7년 이하의 징역에 처한다.

5조 본법의 죄를 범한 자가 자수를 할 때에는 그 형을 감경 또는 면제할 수 있다.

6조 타인을 모함할 목적으로 본법에 규정한 범죄에 관하여 허위의 고발, 위증 또는 직권을 남용하여 범죄 사실을 날조한 자는 당해 내용에 해당한 범죄 규정으로 처벌한다.

부칙 본법은 공포한 날로부터 시행한다.

좌익과 반대 세력을 탄압하는 수단이 된 법률 •

당시 이 법이 이렇게 오래가리라고 생각한 사람은 아무도 없었을 것이다. 찬성한 사람이나 반대한 사람이나 마찬가지다. 대다수 사람들은 비상시국이니 특별법을 필요악 정도로 받아들이는 분위기였다. 나라가 정상을 되찾으면 없어져야 할 법이라고 여긴 것이다.

왜 그랬을까? 법조문을 보면 비상시국의 법이라는 것을 금방 알수 있다. 국가보안법은 6개 조와 부칙으로 된 아주 짧은 법률이다.

우선 1조에서 규정한 처벌 대상이 모호하다. "국헌을 위배하여 정부를 참칭하거나 국가를 변란할 목적으로 결사 또는 집단을 구성한자"라고 했는데, 이게 너무 포괄적이고 애매하다. 이렇게 포괄적으로 규정하면 자기 마음에 안 드는 사람을 잡아다가 족쳐 여기다 끼워맞출 소지가 있다.

2조도 마찬가지다. "살인, 방화, 파괴 또는 운수, 통신 기관, 건조물 기타 중요 시설의 파괴 등의 범죄행위를 목적으로 하는 결사나 집단을 조직한 자나 그 간부의 직에 있는 자"가 처벌 대상이고, "범죄행위를 목적으로 하는 결사나 집단이 아니라도 그 간부의 지령 또는 승인 하에 단체적 행동으로 살인, 방화, 파괴 등의 범죄행위를 감행한때" 대통령은 해산을 명한다고 되어 있다. 2조는 지금 보면 테러방지법이나 조직폭력범죄방지법에 어울리는 이야기 같다. 모두 공산주의자나 좌익 세력을 겨냥한 것이지만, 특정 세력을 지목하면 사상의 자유를 억압한다는 비난에서 자유롭지 못할 테니 모호하게 규정하고 좌익 세력을 탄압하는 데 써먹은 것이다.

그러나 대한민국은 시간이 흐르면서 특정 사상, 즉 공산주의를 노골적으로 탄압하는 법률을 마음껏 제정한다. 반공법을 만들고, 다시 반공법과 국가보안법을 통합해서 좌익 사상을 포괄적으로 탄압한다. 말이 좌익 사상이지 반정부나 정적에 대한 탄압으로 그 영역을 계속 확장했다.

한국인을 테두리에 가둔 법 •

국가보안법이 제정되고 1년 사이에 10만 명 이상이 처벌받았는데, 그들은 모두 남로당이나 중간정당과 관련해 활동한 사람들이다. 이 법이 무엇을 노리고 만들어졌는지 알 수 있는 대목이다. 국가보안법은 처음에는 좌익 세력을 탄압하는 데 주로 쓰였지만, 시간이 흐르면서 정치적 반대 세력에게 올가미를 씌우는 데도 사용된다.

국가보안법은 민주주의와 양립할 수 없는 법이지만, 괴물이 되어 60년 이상 한국 사람들의 사고와 행동반경을 결정한다. 테두리를 정해놓고 사람들이 그 밖으로 나가면 가차 없이 처벌했다. 한국 사회를 반공이라는 테두리에 가두고 사람들의 사고와 행동방식을 우물 안 개구리로 만든 법이다. 그 법이 아직도 살아서 먹잇감을 찾고 있다. 대한민국은 지금도 비상시국인가?

12

이승만과 김구

역사에는 현실과 다른
반전이 있다

역사에는 반전이 있다 •

역사란 무엇일까? 과거와 현재의 끊임없는 대화? 과거에 일어난 사건과 사실의 종합? 여러 가지 이야기를 할 수 있을 것이다. 역사를 한 마디로 정의하기는 거의 불가능하다. 어떻게 설명하더라도 장님 코끼리 만지기에 지나지 않을지 모른다. 하지만 역사에 대한 다각적인 접근이나 조망 자체는 의미가 있다. 그 자체가 역사의 한 부분을 반영할 테고, 거기에는 역사의 본질과 어떤 식으로든 연결된 내용이 존재할 것이기 때문이다.

우리는 역사를 무엇이라고 생각해야 할까? 장님 코끼리 만지는 식으로 표현하면 '역사는 반전이다'. 반전? 뒤집는다? 무엇을? 역사를. 바꾼다? 무엇이? 역사의 평가가. 역사는 뒤집기가 가능하다는 이야기다. 당대와 다른 해석과 평가가 가능한 것이 역사라는 무대다. 그래서 역사에는 반전이 있다.

이번에는 '역사의 반전'과 관련된 이야기를 해보려고 한다. 해방 후 대한민국 초창기 정치 지도자들에 대한 이야기다. 해방 후 많은 정치 지도자들이 등장하는데, 이 가운데 현실에서 성공한 사람과 실패한 사람이 있다. 현실에서 성공한 사람이 반드시 역사에서도 성공한 사람이 되지는 않는다. 반대로 현실에서 실패한 사람이 반드시 역사에서도 실패한 사람이 되지는 않는다. 그러니까 현실과 역사에서 역전 현상이 일어나는 사람들에 관한 이야기다.

역사와 현실의 승자와 패자의 역전 •

한국 현대사에서 많은 사람들의 역전이 있지만, 가장 극적인 인물은 이승만과 김구일 것이다. 두 사람은 현실과 역사에서 평가가 극단적으로 엇갈린다. 이승만이 당대 현실에서 정치권력을 얻는 데 성공했다면, 김구는 암살되어 현실 정치 무대에서 퇴장당하는 비운의 인물이다. 현실에서 이승만은 승리자고, 김구는 패배자다. 하지만 두 사람에 대한 역사의 평가는 정반대다. 현실의 승자 이승만은 국민이 권좌에서 끌어내린 독재자가 되었고, 현실의 패자 김구는 민족의 분단을 막기 위해 자기를 희생한 순교자이며 민족의 영웅이 되었다. 역사의 반전이다.

이승만과 김구에 대한 역사의 평가가 완전히 끝난 것은 아니다. 최근 이승만과 김구에 대한 평가가 잘못되었다면서 문제를 제기하는 사람들이 있기 때문이다. 특히 이명박 정부가 들어선 뒤 이 문제는 민감한 사안이 되었다. '건국의 아버지國父' 이승만을 복원하려는 움직임은 그전부터 있었으나 아주 작은 움직임에 불과했다. 하지만 김대중과 노무현이라는 진보·개혁 정권을 '잃어버린 10년'이라고 매도하며 정권 탈환에 성공한 보수 세력은 이명박 정부에서 노골적으로 이승만 복권 운동을 추진했다. 이를 위해 대한민국역사박물관도 급조해서 문을 열었다. 박근혜 정부에서는 어떤 일이 일어날지 지켜봐야겠지만 기대할 것은 없어 보인다.

'뉴라이트'로 표현되는 신보수주의 세력이 한국 현대사 재평가를 시도하는데, 그 핵심적인 내용 가운데 하나가 이승만과 김구에 대한 평가다. 이승만의 공이 과소평가되고, 김구에 대한 평가가 잘못되었다는 것이다. 그야말로 역사적 평가 뒤집기다. 이들의 주장처럼 다시 역사의 반전이 일어날 수 있을까?

국가가 역사를 독점하는 시대는 끝났다 •

역사는 관점에 따라 다양한 평가가 가능하기 때문에 이들의 주장도 하나의 입장으로 인정해야 한다. 하지만 이들이 일방적으로 옳다고 주장하는 것을 그냥 수용할 필요는 없다. 다양한 시각이 있을 수 있으니 상대의 시각과 입장을 존중하면서 합리적인 토론이 필요하다. 역사 문제를 두고 어느 한쪽의 주장을 국가가 나서서 편든다면 심각한 문제다. 그런데 이명박 정부에서 교육과학기술부(현 교육부)가 고등학교 근현대사 검인정교과서의 수정을 강요하는 일이 벌어졌다.

수정을 요구한 내용 가운데 이승만과 김구에 대한 평가와 관련된 부분도 포함되었다.

이런 정부의 모습을 보면서 유신 시절의 '국가관 교육'이 떠올랐다. 나중에 다시 이야기하겠지만, 박정희와 전두환 등 군부 정권에서 국사는 국정교과서만 인정되었다. 역사를 한 가지 시각(관제 사관)에서 바라볼 수밖에 없었다. 그 시절로 돌아가는 것은 역사의 퇴보를 의미한다. 이승만과 김구에 대한 엇갈린 평가는 학문적 연구와 논쟁으로 해결할 문제지, 국가가 나서서 일방적 관점을 강요할 문제가 아니다.

이승만과 김구에 대한 평가는 한국 현대사를 관통하는 핵심적인 내용 가운데 하나라고 할 수 있다. 한국 현대사를 제대로 이해하기 위해서는 두 사람을 정확히 이해해야 한다. 이승만과 김구는 일제강점기 항일 독립운동을 대표하는 인물이자, 해방 후 정부 수립 과정에서 다른 견해를 보인 정치가다. 두 사람은 우익 민족주의자라는 점에서 닮은 점이 있지만, 독립운동과 해방 후 정치 과정에서 보인 행적은 다르다.

이승만의 외교 노선 비판받다 •

이승만은 대한제국 시절 독립협회에서 활동하다가 반정부 활동 혐의로 감옥살이했고, 출옥한 뒤에는 기독교 계통(경성 YMCA)에서 일했다. 이승만은 1904년 YMCA의 지원을 받아 미국 프린스턴대학교

Princeton University에서 정치학 박사 학위를 받았다. 한국인 최초의 미국 박사다. 프린스턴은 미국 동부의 명문 대학이고, 최초의 미국 박사 출신이다 보니 이승만의 별칭이 '이 박사'가 되었다.

미국에 정착한 이승만은 외교적 방법으로 독립운동을 벌였다. 미국의 정계 인물들과 사귀는 한편, 교포들을 기반으로 정치적 입지를 다졌다. 그의 정치적 기반이 된 곳은 하와이다. 이승만은 한때 정치적 동지였던 박용만과 치열한 권력투쟁을 거쳐 하와이에서 주도권을 쥔다. 그 과정에서 이승만의 독선적인 태도가 문제 되기도 했다. 그는 도산 안창호와도 사이가 좋지 않았다.

이승만이 한국 독립운동사에서 이름을 크게 떨친 것은 상하이임시정부의 초대 대통령이 되었기 때문이다. 1919년 3·1운동 후 독립운동 세력은 상하이에서 대한민국임시정부를 세웠는데, 이승만이 초대 대통령으로 선출되었다. 독립협회 시절부터 활동한 경력과 미국 박사 출신이라는 점, 1차 세계대전 이후 강국으로 떠오른 미국에서 활동하는 점 등이 고려되었다.

하지만 이승만은 얼마 뒤 탄핵을 당해 임시정부 대통령에서 물러났다. 임시정부의 대통령이면서도 미국에 머무르며 책무를 소홀히 했고, 미국에서 모금한 자금을 상하이임시정부에 보내지 않고 자기 마음대로 써버린 게 문제가 되었다. 또 이승만은 미국 정부에 '조선

■ 이승만의 학위 취득 과정에는 납득하기 어려운 부분이 있다. 불과 5년 만에 석사와 박사 학위를 땄는데, 정상적인 과정에서는 미국인이라도 불가능한 일이다. 이화여대 정병준 교수는 짧은 기간 동안 석·박사 학위를 동시에 취득한 것은 이례적인 경우로, 종교적·정치적 이유 때문에 가능했으리라고 보았다. 자세한 내용은 《우남 이승만 연구》(정병준 지음, 역사비평사, 2005) 87~91쪽 참고.

을 미국의 한 주가 될 수 있도록 해달라'는 청원서를 냈는데, 신채호
는 이것을 매국 행위로 규탄했다.

　이승만은 외교 활동, 특히 미국의 힘에 의지하여 나라의 독립을 얻
고자 했다. 그러다 보니 중국이나 러시아 등에서 일제와 직접 부딪치
면서 투쟁을 벌이던 독립투사들에게 비판을 받았다. 이승만은 미국
에서도 자신이 중심이 되지 않으면 상대를 헐뜯고 비판하는 패권적
인 태도를 보여 문제가 되었다.* 이런 태도는 해방 정국이나 대통령
이 된 다음에도 그대로 드러난다.

김구, 중국에서 목숨 걸고 투쟁하다 •

김구는 많은 점에서 이승만과 달랐다. 이승만이 기독교를 비롯한 외
래 세력과 관계를 가지고 사회 활동을 시작했다면, 김구는 동학에서
시작했다. 일본군의 탄압으로 동학농민운동이 파괴되자 소년 접주
출신 김구는 한때 승려가 되려고도 했고, 의병 운동에 가담하기도 했

■ 이승만의 독립운동에 대해서는 평가가 엇갈린다. 보수 세력은 이승만이 폭넓은 학식을 바
탕으로 국제정치의 흐름을 정확히 보고 현실적인 독립운동을 펼쳤다고 평가한다. 반면 진보
세력은 이승만의 외교 노선은 독립운동이라기보다 강대국 청원 운동에 불과했고, 그의 패권
적이고 분파적인 행동으로 독립운동에 심각한 분란을 초래했다고 평가한다. 심지어 이승만
은 미국에서 자기 생활하고 기독교 운동을 하며 지낸 것에 불과하다는 저평가도 있다. 이와
관련해서는 정병준, 앞의 책;《'독부' 이승만 평전 : 권력의 화신, 두 얼굴의 기회주의자》(김삼
웅 지음, 책보세, 2012);《이승만과 제1공화국―해방에서 4월혁명까지》(서중석 지음, 역사비
평사, 2007);《이승만의 삶과 꿈》(유영익 지음, 중앙M&B, 1996);《이승만과 김구 1~3》(손세일
지음, 나남, 2008);《이승만의 삶과 국가》(오인환 지음, 나남, 2013); 다큐멘터리〈백년전쟁〉(민
족문제연구소 제작, 2012) 등을 참고할 수 있다.

다. 그는 을미사변(민비시해사건)이 나자 나라의 원수를 갚기 위해 일본군 장교(사실은 민간인이었다)를 맨손으로 때려죽이고 감옥에 갇혔지만, 고종의 사면으로 간신히 출옥한다. 이후 농촌 운동과 계몽운동에 참여했고, 3·1운동이 끝나고 상하이임시정부에서 일했다.

김구는 철저히 일선 현장에서 목숨 걸고 독립운동을 벌였다. 이승만이 미국에서 외교 활동이라는 이름으로 정계의 인물들과 선을 대기 위해 노력한 반면, 김구는 중국에서 일본군과 경찰을 상대로 싸웠다. 김구가 상하이임시정부에서 처음 맡은 직책은 경무국장(경찰 책임자)으로, 일본군 첩자를 잡아내고 처형하는 일을 했다. 그 뒤 내무총장이 되었으며, 다시 임시정부 주석이 되었다. 그러면서 김구는 윤봉길, 이봉창, 나석주 등의 의거 활동을 일선에서 지휘했다. 그의 목에는 일본군의 현상금이 걸려 있었다.

1919년에 출발한 상하이임시정부는 1920년대 중반 이후 독립운동 세력의 정파 간 노선 갈등과 파벌 싸움으로 거의 해산 위기에 처하지만, 김구는 포기하지 않고 임시정부를 끝까지 지켜냈을 뿐만 아니라 윤봉길 등의 의거 활동을 조직하면서 일제와 싸움을 계속했다. 그 뒤 충칭 임시정부 시절에는 김원봉 등 좌익과 연합하여 광복군을 조직하는 등 좌우 연합에도 노력했다.·

■ 김구의 독립운동 과정은 《백범일지》에 잘 기록되었다. 《백범일지》는 여러 판본이 있지만, 창원대 도진순 교수가 주해를 단 《백범일지》(김구 지음, 도진순 옮김, 돌베개, 2002)가 가장 원본에 가깝다. 일부 책들은 원본에 가필하거나 쉽게 이해할 수 있도록 교열을 봐서 그 표현이나 의미가 다소 다르게 전달될 수 있는 것도 있다. 대표적인 것이 이광수가 교열을 본 《백범일지》로 문장은 매끄럽지만, 백범이 쓴 본래 의미는 미세하게 다를 수도 있다.

다른 길을 걸은 이승만과 김구 •

이처럼 김구와 이승만은 독립운동 과정부터 서로 달랐다. 해방 후 김구와 이승만은 신탁통치반대운동에서 이해가 일치해 힘을 합쳤다. 그러나 이승만이 남한의 단독정부 노선을 주장하면서 두 사람은 다른 길을 걷는다. 두 사람이 결별하는 과정에는 다소 복잡하고 미묘한 문제들이 얽혀 있다. 정세와 흐름을 읽는 현실 인식부터 권력에 대한 사고와 접근 방식 등 두 사람의 개성과 독립운동의 경험, 정치가로서 예지 등 생애 전체를 관통하는 정체성의 차이가 드러나는 과정이라고 할 수 있다.

단순화할 때 나타날 수 있는 문제점을 감안하고 이야기하면 핵심은 다음과 같다. 이승만은 공산주의자들과는 대화나 타협이 불가능하므로 남한이 단독정부를 수립하는 것이 옳다고 했지만, 김구는 단독정부는 분단을 가져올 것이고 결국 전쟁의 참화를 피할 수 없으리라고 보았다.

김구는 이념에 대해서도 이승만과 생각이 달랐다. 철저한 민족주의자 김구는 사상과 이념은 민족을 넘어설 수 없다고 보았다. 그는 사상과 이념이 달라도 민족적 대의를 위해 협상하고 타협할 수 있다고, 그렇게 해야 한다고 생각했다. 또 그는 통일국가를 수립하는 것이 현실적으로 가능한가 아닌가의 문제가 아니라 해야 하는가 아닌가의 문제라고 말했다. 그는 현실적으로 어렵고 손해가 되는 일이라도 당위성이 있다면 해야 한다는 입장이었다.

김구는 이런 관점에서 통일 정부를 세우기 위해 남북 정치 지도자

회의를 열자고 북한에 제의했다. 북한이 이에 답하여 남북연석회의[**]에 참석해달라는 초청장을 보내자, 그는 삼팔선을 넘어 북한에 가서 김일성과 김두봉을 만났다. 남북협상은 결과적으로 성공하지 못했지만, 통일 정부를 세우기 위한 김구의 노력은 그를 한국 민족주의의 상징으로 만들었다.[***]

　　당시 분단은 미국과 소련으로 대표되는 자유민주주의 진영과 사회주의 진영의 세계적인 대결과 관계가 있었다. 외부에서 한반도의 분단을 강제하는 힘이 작용했기에 우리 힘으로 해결하기는 쉽지 않았다. 이승만은 이런 흐름이 불가피하기 때문에 남한만이라도 자유민주주의 진영에 적극 가담해 자유민주주의 체제를 북한 지역까지 확대해야 한다고 보았다. 반면 김구는 그렇게 되면 한반도는 영구적으로 분단될 것이며, 결국 남과 북은 민족 간에 피를 흘리는 싸움을 벌일 것이라고 보았다.

[■] 김구의 이런 입장을 잘 보여주는 것이 〈나의 소원〉과 〈삼천만 동포에게 읍고함〉이라는 글이다. 특히 〈나의 소원〉은 한때 중·고등학교 교과서에도 실렸고, 그의 민족주의적 사고를 보여주는 명문으로 널리 알려졌다.

[■■] 정확한 명칭은 '전조선제정당사회단체대표자연석회의'인데, 일반적으로 '남북정당사회단체연석회의' 혹은 '남북연석회의'라고 부른다. 남북연석회의가 김구와 김규식의 제안에 답변 형식으로 나온 것은 아니다. 북한에서 독자적으로 추진한 남북한 정당과 사회단체 대표자들의 연석회의에 김일성이 김구와 김규식을 초청하는 형식을 취했고, 이에 고민하던 김구와 김규식이 방북을 결정함으로써 성사되었다. 김구와 김규식은 정당 사회단체 연석회의보다 남북 정치 지도자 회담에 관심을 기울였다. 이와 관련된 내용은 《한국 민족주의와 남북 관계》(도진순 지음, 서울대학교출판부, 1997)를 참고할 수 있다.

[■■■] 김구는 그 일이 반드시 성공하리라고 생각하지는 않았지만, '삼팔선을 베고 쓰러지는 한이 있더라도 통일을 위한 노력을 포기할 수 없다'는 심정으로 북한에 갔다. 그런 사고가 한국인들의 가슴에 김구를 민족주의의 상징으로 만든 것이다.

분단을 막기 위해 삼팔선을 넘다 •

김구도 분단을 막는 것이 현실적으로 쉽지 않은 일이라는 사실을 몰랐을 리 없다. 하지만 김구는 '현실적이냐 비현실적이냐가 문제가 아니라, 옳은 일이냐 그른 일이냐가 중요하다'고 생각했다. 그는 분단이 옳지 않은 일이므로 그것을 막는 일이 비현실적이라도 두고 볼 수 없었다. 그는 자신의 안일이나 정치적 이해득실보다 민족의 이익을 중요하게 여겼다.

결국 김구는 김규식과 함께 옳은 길을 찾아 남북협상에 참가했다. 1948년 4월 19일 북한을 방문한 김구는 5월 5일 돌아왔다. 남북협상은 크게 두 가지 차원에서 진행되었다. 하나는 남북의 여러 정당과 사회단체 연석회의고, 다른 하나는 남북 정치 지도자 회담이다. 전자는 남북에 있는 여러 정당과 사회단체들이 오랫동안 준비해온 것이고, 주로 남한에서 단독정부가 수립되는 것을 막기 위해 어떻게 할지 논의했다.

김구가 관심을 기울인 것은 남북 정치 지도자 회담이다. 김구는 김일성, 김두봉 등 북한의 정치 지도자들과 회담을 통해 남북문제를 풀어야 한다고 생각했다. 즉 당장 남한에서 단독정부가 수립되는 것을 막을 수는 없겠지만, 북한이 남한과 같이 분단 정부를 세우지 않고 통일 정부를 위해 노력한다면 앞으로 통일할 가능성은 있다고 본 것이다. 그는 남북 정치 지도자 회담을 통해 이런 방향을 확인하고, 협상 결과를 바탕으로 통일 정부를 위한 노력을 계속하겠다고 생각했다.

김구는 북한을 방문한 동안 김규식, 김일성, 김두봉과 함께한 4김회담을 비롯해 남북 정치 지도자 15명이 참가한 남북지도자협의회 등에 참석했다. 회담에서는 통일 정부를 세우기 위해 남북 정치 지도자들이 노력하기로 합의하는 등 일정한 성과를 거두었다.

그러나 남한에 돌아온 뒤 일은 뜻대로 진행되지 않았다. 김구와 김규식이 돌아오자 우익 세력의 테러 위협이 계속되었고, 미군정 당국과 이승만, 한민당의 공격과 중상모략도 이어졌다. 공산당의 모략에 말려든 결과라는 식으로 선전 공세를 편 것이다. 그렇지만 김구는 굴하지 않고 자신의 입장을 고수했으며, 통일 운동을 계속하겠다고 다짐했다.

현실 정치에서 패배한 김구 •

그런 가운데 남한에서는 대한민국 정부가 수립되었다. 북한도 이에 대응하여 조선민주주의인민공화국 정부를 수립했다. 남북에 두 나라가 세워졌고, 분단이 공식화되었다. 하지만 김구는 통일 운동을 멈추지 않았다. 충분히 예상한 일에 실망하고 주저앉을 수 없었다. 분단은 현실이 되었지만 옳은 길이 아니기에 하나로 합치는 운동이 필요하다고 본 것이다. 그는 한반도에서 외국군(미군과 소련군)이 철수해야 하며, 남북은 통일을 위한 협상에 나서야 한다고 주장했다.

하지만 김구의 주장과 달리 남북 대결은 점점 격렬해졌다. 삼팔선

■ 《북한 50년사 1》(임영태 지음, 들녘, 1999) 191~192쪽.

에서는 연일 남한군과 북한군이 충돌했다. 남북한은 각기 게릴라 부대를 파견해 상대를 흔들려고 했다. 남한에서 좌우의 대결이 심해졌고 정국은 혼란스러웠다. 여순 사건이 일어나고, 국가보안법이 제정되었다. 4·3사건과 여순 사건을 무력으로 진압하는 과정에서 수많은 민간인이 학살되었다. 토지개혁과 친일파 청산을 두고도 개혁 세력과 극우 세력의 갈등이 깊어졌다.

김구는 이런 갈등과 대립에서 자유로울 수 없었다. 외국군 철수, 토지개혁, 친일파 청산 등 주요 개혁 과제에서 그가 국회 내 소장 개혁 세력과 같은 입장을 취했기 때문이다. 이승만과 한민당, 친일 세력은 그 대척점에 있었다. 극우 세력은 김구를 개혁적이며 진보적인 모든 활동의 배후로 인식하고 증오하기 시작했다. 이때부터 극우 세력은 '김구 포비아phobia'라 할 정도로 적대적 태도를 보였고, 결국 그를 암살하고 말았다.

김구는 1949년 6월 26일 자신이 거처하던 경교장에서 육군 소위 안두희에게 암살되었다. 그의 나이 73세였다. 평생 민족의 독립을 위해 싸운 투사는 파란만장한 생애를 이렇게 끝마쳤다. 김구를 암살한 배후를 밝히기 위해 그동안 많은 노력이 있었다. 그 결과 구체적인 실행 과정과 거기에 가담한 사람들의 이름이 확인되었지만, 이승만과 미국이 어느 정도 어떻게 개입했는지 명확하게 밝혀지지 않았다. 다만 김구 암살에 미국과 이승만, 당시 권력기관이 총체적으로

■ 김구 공포증. 포비아는 '병적 공포증'을 의미하는데, 우익 세력이 김구에게 느끼는 공포와 적대감이 병적이라는 의미다.

개입한 것은 분명한 사실로 확인되었다.* 그만큼 김구는 분단 정부 세력에게 위협적인 존재였다.**

시민이 깨어 있어야 한다 •

김구는 현실의 권력을 쥐지 못했고, 자연의 수명도 다하지 못했다. 그가 주장한 통일 정부도 세워지지 않았다. 한반도는 분단된 지 70년이 다 되어가지만 통일국가는 여전히 꿈으로 남아 있다. 그가 그토록 염려하던 남북의 전쟁도 막지 못했고, 외국의 간섭과 배제에서 완전히 자유롭지도 못하다. 이렇게 보면 김구는 현실에서 철저히 패배한 인물이지만, 역사에서는 패배하지 않았다. 그는 한국 민족주의를 상징하는 인물이며, 사람들의 가슴속에 살아 있는 신화로 존재한다. 그런 점에서 역사의 승자는 김구라고 할 수 있다.

그런데 김구를 역사의 승자 자리에서 밀어내려는 도전이 시작되고 있다. 이명박 정부에서 벌어진 한국 근현대사 교과서 수정 파동도 그

■ 김구 암살 사건에 대해서는 《패배한 암살》(김삼웅 지음, 학민사, 1992); 《백범 김구 : 암살자와 추적자》(박도 지음, 눈빛, 2013); 《백범 김구 평전》(김삼웅 지음, 시대의창, 2004)을 참고할 수 있다.
■ ■ 극우 혹은 보수 세력이 김구에게 혐오증을 보이는 가장 중요한 내용은 공산주의자와 손잡았다는 점이다. 김구는 정부 수립 이후에도 그런 입장을 버리지 않았고, 미군 철수를 주장하는 등 외세와 단절을 추구함으로써 그들의 증오를 병적인 차원으로 나아가게 만들었다. '외국군 즉시 철수 주장'은 의회 내 소장파 의원들의 주장이기도 했는데, 이를 보고 우익 세력은 김구가 공산주의자와 손잡고 급진파 의원들을 사주하며 대한민국 정부를 전복하려 한다는 극단적 사고를 했다. 미국의 인식도 이와 대동소이했다. 이런 판단이 김구 암살이라는 극약 처방을 불러왔다고 볼 수 있다.

런 시도 가운데 하나다. 10만 원권 화폐 초상화 문제도 있다. 참여정부 시절 정부는 10만 원권 화폐와 5만 원권 화폐를 발행하기로 하고, 그 화폐에 들어갈 인물의 초상화를 각각 김구와 신사임당으로 결정했다. 그러나 이명박 정부는 10만 원권 발행을 중지했다. 정부는 그 이유를 명확하게 밝히지 않았는데, 초상화를 이승만으로 교체하기 위한 준비 때문이 아니냐는 의심을 샀다. 한국 우익 세력의 김구 포비아와 적대적 태도가 드러나는 장면이다.

다시 현실에서 패배해 역사의 승리마저 뒤집히는 상황을 막기 위해서는 깨어 있는 시민 의식이 필요하다는 생각이 드는 대목이다. 우리가 역사를 배우고 돌아보는 이유도 여기에 있다.

13

농지개혁

혁명의 예방,
사회구조 변화의 출발이 되다

한국 부자는 대부분 땅 부자다 •

요즘 젊은 세대에게는 땅보다 집이 중요할 것이다. 도시 생활을 하는 현대인은 대부분 집의 중요성을 절감한다. 특히 자기 집 없이 여기저기 이사 다녀야 하는 사람에게는 내 집 마련이 무엇보다 소중한 꿈이다.

도시에서는 집이 그 사람의 신분을 결정한다. 집이 있는 사람과 없는 사람, 아파트에 사는 사람과 연립주택에 사는 사람, 넓은 집에 사는 사람과 좁은 집에 사는 사람이 구분되는 세상이다. 서울에 사는 사람과 외곽에 사는 사람, 서울도 강남에 사는 사람과 강북에 사는 사람, 서울 외곽 신도시에 사는 사람과 구도시에 사는 사람…… 이런 것들이 오늘날 그 사람의 생활수준을 보여주는 결정적 징표가 된다. 요즘 전원주택에 사는 것을 꿈꾸는 사람, 귀농을 생각하는 사람들이 늘어나면서 땅에 대한 관심이 높아지는 추세지만, 아직은 땅보다 집에 관심이 많다.

그러나 땅보다 집을 생각하는 사람들은 일반 서민이고, 부자들은 다르다. 부자들한테는 지금도 땅이 집 못지않게 중요하다. 땅이야말로 재산을 불려주는 중요한 수단이었고, 앞으로도 그럴 것이기 때문이다. 돈이 많은 사람들에게는 집보다 땅이 투자 가치가 크다. 덩치가 크다 보니 이득도 크고, 우리처럼 국토가 좁은 나라에서는 땅값 폭락 위험성도 거의 없기 때문이다. 더욱이 이제는 집을 투기 대상으로 삼아 돈 벌 가능성은 제로인 세상이 되고 있다. 땅이야말로 재산을 불려줄 결정적인 물건이다.

우리나라 부자들은 대부분 땅 부자다. 재벌들은 모두 부동산 재벌이다. 중소기업이나 돈이 제법 있는 재력가도 땅이나 빌딩이 재산의 주요 부분을 차지한다. 한국 자본주의 발전사는 땅 투기의 역사라고도 할 수 있다. 특히 개발이 본격화되는 1960년대 후반 이후 그런 점이 명확하게 드러난다. 그 때문에 웬만큼 사는 부자들, 여윳돈이 조금이라도 있는 사람들은 대부분 땅을 가지고 있다.

땅은 재산 증식의 주요한 수단이다 •

지금 대한민국에서 그 사람이 부자인가 아닌가는 대부분 수도권을 중심으로 투자 가치가 있는 개발 지역에 땅을 얼마나 가지고 있는가에 따라 결정된다고 할 수 있다. 특히 수도권의 개발 지역은 금싸라기 땅이다. 비록 이런 곳이 아니라도 살 만한 사람들은 조금씩이라도 땅을 가지고 있다. 총리, 장관 등 고위 공직자의 인사 청문회에서는 항상 부동산 투기 문제가 불거지고, 그 때문에 낙마하는 사람들이 부지기수다. 부동산이 아니라도 불투명하고 편법적인 재산 증식과 탈세, 전관예우에 따른 부패의 사슬에서 부를 축적한 사람들이 문제가 되는 경우가 많다.

부자들은 땅뿐만 아니라 건물도 많다. 당연히 증권이나 현금 자산도 풍부하다. 땅과 건물과 현금 자산이 하나로 어우러져 재산을 증식하는 것이다. 그래서 부자는 더 부자가 되고, 가난한 사람은 도무지 가난에서 벗어나지 못한다. 아무튼 우리나라 부자들은 현금 자산에만 돈을 묻어두지 않는 것이 특징이다. 유동성 자산이 많아도 반드시 땅과 건물, 집 등 부동산을 보유한다.

어느 나라나 이런 현상이 있지만, 유독 우리나라 사람들은 부동산에 집착하는 편이다. 왜 그럴까? 땅이 좁다 보니 소유할 수 있는 땅이 제한된 것도 한 가지 이유다. 그러나 더 중요한 이유는 경험을 통해 부동산이 가장 돈이 되는 물건이란 걸 터득했기 때문이다. 지금까지 땅에 투자해서(투기인지 투자인지 헷갈리지만) 손해를 본 경우가 거의 없었다. 짧은 기간에 일시적으로 손해를 보는 경우는 종종 있지만, 수십 년을 놓고 보면 그런 경우는 거의 없다고 해도 무방할 것이다. 1960년대 후반부터 개발 지역의 땅값과 집값은 물가보다 훨씬 빠르게 뛰어올랐다. 특히 1990년대 이후에는 정말 무섭게 올랐다.

정부 수립 직후의 농지개혁 •

모든 지역의 땅값이 오른 것은 아니다. 땅값이 무섭게 오르는 와중에 오히려 떨어진 곳도 있기 때문이다. 특히 농촌에서 그런 일이 숱하게 벌어졌다. 1990년대 이후 농촌 지역, 그 가운데서도 논은 땅값이 하락한 곳이 많다. 이런 상황은 과거와 정말 비교가 된다. 대한민국 정부 수립 직후에는 논을 가장 귀하게 쳤다. 농사짓는 토지가 사람의 명줄이었기 때문이다.

지금까지 집값, 땅값 이야기를 장황하게 한 것은 농사짓는 땅 이야기를 하기 위해서다. 농사짓는 땅을 나눠주는 '농지개혁農地改革'에 대한 이야기다. 농지개혁은 간단히 말하면 땅을 많이 가진 사람에게서 땅을 거둬들여서 땅이 없거나 적은 사람들에게 나눠주는 일종의 사회 개혁 프로그램이다.

땅이 전부인 호랑이 담배 피우던 시절 이야기 •

1940년대 후반 우리나라의 가장 중요한 산업은 농업이었다. 옛날에는 공산품을 취급하는 공장이 지금처럼 많지 않았다. 그러니 자연에서 수확을 얻는 농업이 가장 중요한 일이었다. 우리나라에서 공장이 본격적으로 생겨나고 산업사회로 넘어가기 시작한 것은 1960년 이후다. 그러니까 대한민국 정부가 막 수립된 1948년 전후에는 농업이 가장 중요했다는 말이다.

농업 사회였으니 농민도 많았을 것이다. 얼마나 됐을까? 농민이 전체 인구의 80퍼센트 가까이 되었다.* 열 명 가운데 여덟 명이 농민이었다는 말이다. 농촌은 말할 것도 없고 대한민국의 수도 서울에도 농민이 가장 많던 시절이다. 어업·공업·상업에 종사하는 사람들 일부, 공무원, 교사, 일반 회사원, 지식인을 제외하면 모두 농부라고 할 수 있다. 그렇다면 농민들에게 가장 중요한 것이 무엇일까? 그렇다, 땅이다. 농민에게 땅은 명줄이었다. 아니 농민뿐만 아니라 모든 사람들이 땅에 목숨을 걸었다.

농민들이 땅에 명줄을 걸었으나, 실제로 땅을 가진 사람은 많지 않았다. 왜 그랬을까? 그 이유는 간단하다. 소수 사람들이 땅을 많이 가졌기 때문이다. 땅을 많이 가진 사람을 땅주인, 즉 지주地主라고 한다. 하지만 지주의 경제사회적 의미는 그보다 훨씬 깊은 내용을 담고 있다. 당시 지주는 단순히 땅 주인이 아니라 그 사회의 지배 세력을 대표하는 집단이었다.

지주는 경제적 지배계급이면서 정치적 영향력이 가장 강력한 집단이라고 할 수 있다. 지금의 부자들, 즉 재벌을 비롯한 자본가와 비슷한 집단이었다. 물론 지주라고 다 같은 지주가 아니다. 땅이 엄청나게 많은 대지주가 있는가 하면, 자기가 먹고 얼마간 남길 만한 소지주도 있었다. 대지주는 지금으로 치면 재벌과 같은 위상이었고, 소지주는 중소 자본가라고 보면 될 것이다.

■ 1945년 "8·15 직후 전 국민의 77퍼센트가 농업에 종하고 있었"다. 《한국사 18 : 분단 구조의 정착 2》(강만길 지음, 한길사, 1995) 89쪽.

땅에서 자유롭지 못한 사람들 •

지주들이 땅을 많이 차지하다 보니 대다수 농민들은 땅을 제대로 갖지 못했다. 자기 땅이 한 평도 없는 사람이 전체 농민의 48.9퍼센트나 되었고, 입에 풀칠하기도 힘들 만큼 적은 농토를 가진 소농민이 34.6퍼센트였다. 그러니까 85퍼센트 가까운 농민들이 땅이 없거나 아주 적은 땅을 가졌을 뿐이다.•

그럼 이 사람들은 어떻게 살았을까? 농산물이 전부인 농업 사회에서 자기 땅이 없으면 어떻게 될까? 굶었을까? 그렇다. 농사를 짓지 못하면 굶는 수밖에 없었다. 그럼 어떻게 해야겠는가? 굶지 않기 위해서는 땅을 빌려야 했다. 남의 땅을 빌려서 농사짓는 사람을 '소작농'이라고 한다. 땅이 없는 사람들은 지주에게 땅을 빌려서 농사짓는 소작농으로 사는 것이다. 남의 집에서 고용살이하는 방법도 있다. 보통 '머슴'이라고 불렀다. 머슴은 남의 집에서 농사를 지어주고 궂은 일을 해주며 살았다.

머슴살이하면서 받는 곡식을 '새경' 혹은 '사경'이라고 했다. 새경은 보통 1년에 두 번 벼와 보리로 받았다. 지금으로 치면 노동자들이 받는 연봉과 비슷하지만, 엄밀히 따지면 새경은 연봉과 다르다. 머슴이 지금의 노동자와 다르기 때문이다.

노동자는 신분상 자유롭다. 회사에서 일할 때 고용자의 눈치를 보고 상사의 업무 지시에 복종해야 하지만, 신분이 구속되지는 않는다.

■ 《통계로 본 광복 전후의 경제 · 사회상》(통계청, 1993) 26쪽.

하지만 머슴은 달랐다. 머슴은 남의 집에 살면서 하인처럼 일했다. 농사 외에도 집 안의 모든 일을 하고, 신분상으로도 봉건적 주종 관계나 마찬가지였다. 노동자는 단지 업무 관계에서 제약을 받지만, 머슴은 신분적 제약까지 받았다. 물론 노동자도 실제로는 더 많은 제약을 받는다. 업무 외적으로도 오너(회사 소유주)나 경영주, 관리자의 눈치를 봐야 하는 형편이다. 그래서 노동자를 '현대판 노예'라고 말하는 사람도 있다.

어쨌든 머슴이 받은 새경으로 식구들을 먹여 살리기에는 턱없이 부족했다. 그래서 늙은 부모와 아내, 자식은 가장이 남의집살이를 하는 동안에도 먹을 것을 구하기 위해 궂은일을 해야 했다. 가장이 머슴살이하면 가족 전체가 그 집에 종처럼 매여 사는 경우가 많았다.

농민들의 땅에 대한 열망 •

소작농도 고달프기는 마찬가지였다. 무엇보다 농사를 짓는 대신 내는 소작료가 문제였다. 70퍼센트는 보통이고˙ 심한 경우 지주가 수확량의 80퍼센트까지 소작료로 가져갔다. 그 때문에 일제강점기 농민

■ 일제 후기에는 소작료가 70퍼센트 이상이었으나 해방 후 미군정은 3·1제를 규정했다. 3·1제란 소작료를 수확량의 3분의 1 이상 가져가지 못하게 한 것이지만, 농민들은 이를 거부했다. 소작가 3분의 1이라도 농사에 필요한 종자와 비료, 농약 대금 등을 소작인이 부담했기 때문에 실제 소작료는 그보다 훨씬 높았다. 그래서 미군정 시기 농민들은 소작료가 30퍼센트를 넘지 못하게 하는 3·7제를 주장하며 소작료 인하 운동을 벌인다. 강만길, 앞의 책, 228~230쪽.

들은 소작료를 내리기 위해 지주와 끊임없이 싸웠다.

소작농이 싸워야 할 상대는 지주뿐만 아니었다. 경찰이나 관이 지주 편을 들었기 때문이다. 일제는 지주와 소작농이 싸우면 항상 지주 편을 들어 농민들을 억눌렀다. 농민들이 지주를 누르고 기를 펴면 통치하는 데 문제가 생긴다고 본 것이다. 그러다 보니 일제강점기 농민들의 소작료 인하 투쟁은 종종 정치적인 성격으로 발전해 이를 통해 민족의식을 고취했고, 1930년대 이후에는 일제 식민지 통치를 반대하는 독립운동의 성격을 띠었다.

일제강점기에 가장 중요한 산업은 농업이었다. 조선의 농업은 조선 사람뿐만 아니라 일본 사람의 식량도 일정 부분 담당했다. 조선에서 식량 공급이 원활해야 일본 사람들의 생활이 안정되고, 대륙(중국)으로 진출하려는 일제의 확장 정책도 힘을 받을 수 있었다. 그러니 조선 농민들의 소작료 인하 투쟁은 일제의 식민지 통치를 위협하는 요소 가운데 하나였다. 소작료 인하 투쟁이 경제적 이해관계의 성격을 넘어선 것도 이 때문이다.

농민들은 땅을 끔찍이 사랑한다. 평생을 땅과 함께 농부로 산 우리 조상들은 대부분 그랬다. 기성세대는 시골 출신이 많다. 이들은 어릴 때부터 농부의 땅에 대한 열망을 직접 보며 자랐다. 농부들은 땅을 자기 생명처럼 여겼다. 땅이 모든 것을 생산하는 수단이었기 때문이다. 농부들이 땅과 더불어 살면서 하나로 동화되었기 때문이기도 하다.

농지개혁이 시대적 요구로 등장하다 •

일제강점기의 가혹한 사회·경제적 상황은 농민들의 땅에 대한 갈망과 연결되어 농지개혁의 필요성을 낳았지만, 그런 요구를 공개적으로 분출할 수 없었다. 일제의 억압이 심했기 때문이다. 농민들의 의식이 거기까지 발전하지 않은 것도 이유라고 할 수 있다.

그런데 일제가 패망했다. 어떻게 됐을까? 당연히 농민들의 요구가 분출했다. 농민들은 처음에 소작료를 낮춰달라고 요구했고, 그것이 받아들여지자 땅을 분배하라는 요구로 발전했다. 농지개혁은 농민들의 절대적인 요구이자 시대적 요구였다. 지주와 소작인이라는 사회적 관계가 지배하는 반봉건적 사회·경제 구조를 바꾸지 않고는 사회가 제대로 발전할 수 없었다. 따라서 농지분배(농지개혁)가 시대의 가장 중요한 사회문제로 등장했다.

일제강점기 많은 농지가 일본인 소유였고, 삼림은 대부분 국유림으로 조선총독부 소유였다. 그렇다면 해방된 상황에서 그 땅은 누가 가질까? 원래 그 땅은 조선 정부나 조선인 소유였으니 농민을 비롯한 조선인들이 땅을 돌려달라고 요구하는 것은 당연하다. 그러나 쉬운 일이 아니었다.

일제 치하에서 잘 먹고 잘살던 친일파도 대지주가 되었다. 이들의 땅은 어떻게 해야 할까? 이 사람들이 정상적인 방법으로 그 많은 땅을 소유한 것은 아니다. 나라를 팔아먹은 대가로 땅을 받은 사람들도 있고, 농민을 가혹하게 수탈하여 배를 불린 사람들도 있다. 그러니 이들의 토지를 거둬들여서 빈농들에게 나눠주어야 한다.

돈을 주고 거둘지(유상몰수) 돈을 주지 않고 거둘지(무상몰수) 방법적인 면에서 논란이 되었지만, 지주들의 땅을 토지가 없는 사람에게 나눠주는 것에는 아무도 이의를 제기하지 않았다. 시대의 흐름이 그랬다. '해방'이라는 말에 담긴 의미를 상기해보면 금방 이해가 될 것이다. 해방은 일제의 지배에서 벗어난 것뿐만 아니라, 새로 만들어야 할 세상에 대한 희망까지 포함했다.

정부 수립 후 우여곡절 끝에 단행된 농지개혁 •

해방과 함께 농지개혁이 가장 중요한 문제로 등장했지만, 이 문제는 미군정 기간 동안 해결되지 않았다. 군정청이 농지개혁에 소극적이었기 때문이다. 농지개혁을 막기 위한 지주들의 로비도 치열했다. 지주 출신이 중심이 된 한민당이 그 주역이었다. 한민당과 지주 출신들은 군정청의 요직에 있으면서 계속 농지개혁을 반대했다. 이승만도 다른 이유에서 미군정이 농지개혁을 시행하는 것을 반대했다.• 농지개혁은 대한민국 정부 수립 때까지 미뤄졌다.

　대한민국 정부가 수립된 이상 농지개혁은 피할 수 없는 일이 되었다. 앞에서 말한 것처럼 제헌 헌법 86조에 "농지는 농민에게 분배하며 그 분배의 방법, 소유의 한도, 소유권의 내용과 한계는 법률로써

■ 이승만이 농지개혁을 반대한 이유는 한민당과 달랐다. 그는 정부가 수립되면 그때 농지개혁을 해야 한다는 입장이었다. 자신이 대통령이 될 것이 분명한 마당에 정부 수립 후 농지개혁을 실시함으로써 중요한 정치적 성과를 차지하겠다는 생각이었다.

정한다"고 되어 있으니, 헌법을 지키기 위해서라도 농지개혁을 실시해야 했다. 의회에서 세력을 형성하던 한민당이 지주의 이익을 최대한 대변하기 위해 사실상 개혁 효과를 거둘 수 없는 주장을 내놓았지만, 거대한 시대의 흐름까지 막지는 못했다.

한민당의 공작으로 시간이 상당히 지체되고 내용도 물 타기가 되었으나, 1949년 6월 21일 농지개혁법이 국회를 통과했다. 이 법안은 이듬해 4월에 개정되었다. 개정 과정에서 농지 상환대금이 12.5할(125퍼센트)에서 15할(150퍼센트)로 약간 높아졌다. 지주에게 보상해야 할 대금과 농민이 지불해야 할 대금이 맞지 않았기 때문이다. 농민이 지불해야 할 대금을 지주에게 지불할 대금인 15할에 맞춰서 개정한 것이다.

남한의 농지개혁은 '유상몰수有償沒收 유상분배有償分配'를 원칙으로 했다. 종종 북한의 토지개혁이 '무상몰수無償沒收 무상분배無償分配'였던 것과 비교되지만, 남한의 농지개혁안 또한 상당히 진보적인 내용이었다. 남한 농지개혁안의 주요 내용을 간략히 정리하면 다음과 같다.

1. 유상으로 몰수하여 유상으로 분배한다.
2. 토지 소유 상한선은 3정보(9000평)로 한다.
3. 지주에게 보상하는 지가(땅값)는 5년 평균 생산고의 15할(150퍼센트)로

■ 농지개혁법의 보다 자세한 내용은 《사료로 보는 20세기 한국사》(김삼웅 편저, 가람기획, 1997) 202~204쪽 참고.

하고, 5년 동안 균등하게 분할하여 지불한다.

4. 농민이 지불해야 할 토지 대금은 5년 평균 생산고의 15할로 하고, 매년 3할(30퍼센트)씩 제공한다.

남한 농지개혁에 자극제가 된 북한 토지개혁 •

남한에서 농지개혁법이 통과된 데는 북한의 영향도 컸다. 북한은 해방되고 1년이 채 안 된 1946년 3월에 토지개혁을 실시했다. 북한은 지주에게서 농지를 무상으로 빼앗아 농민들에게 무상으로 나눠주었다. 북한의 토지개혁에 농민들은 감격하며 '천지개벽'이라고 표현했다. 농민들의 감격을 소설가 이기영은 단편소설 〈개벽〉에서 다음과 같이 묘사한다.•

토지를 농민들에게 값없이 나눠준다니 세상에 이런 일도 있을까? 실로 이것은 고금에 처음 듣는 말이다.

하지만 사실로 그렇다는데야 어찌하랴! 그것도 내년이나 그 후년의 일이 아니라 바로 지금 당장 실행을 하여서 올해 농사부터 짓도록 한다니 더욱 희한한 노릇이다. 이게 과연 정말일까. 참으로 그들은 황홀한 심정을 걷잡을 수 없었다.

■ 〈개벽〉은 《한국 소설문학 대계 10 : 이기영 편》(동아출판사, 1995)에 실렸다.

토지개혁 소식에 빈농들은 '열광'했지만, 지주들은 "침통한 기색으로 만세의 아우성이 일어날 때마다 움찔움찔 가슴을 죄었다". 그러면서도 설마 그런 일이 진짜 벌어질까 했는데, 그게 사실로 드러나자 세상이 '개벽'한 모양이라고 생각한 것이다. 이기영은 같은 작품에서 농지개혁으로 세상이 변함에 따라 지주가 겪는 충격을 다음과 같이 묘사한다.

> 그러나 세상이 아무리 변한다 하더라도 땅덩이가 떠나갈 줄은 몰랐다. 천지개벽을 하기 전에야 그런 일이 없을 줄 알았는데, 토지개혁이란 정말 눈에 안 보이는 개벽을 해서 하룻밤 사이에 이 세상을 뒤집어엎었다.

북한에서 무상몰수 무상분배 원칙에 따라 토지개혁이 실시되었다는 소식이 전해지면서 남한 사회에 적지 않은 파장을 몰고 왔다. 그것을 흔히 '북풍'이라고 표현했는데, 북풍은 남한 사회를 휩쓸 정도로 큰 영향을 미쳤다. 태풍과도 같았다고 해야 할 것이다.

1946년 10월에 벌어진 민중 항쟁은 상당 부분 농지개혁이 미진한 상태에 따른 농민들의 불만에서 비롯되었다고 해도 지나친 말이 아니었다. 농지개혁은 농민에게만 감격적이고 놀라운 일이 아니라 해방 정국과 정부 수립 직후 정치, 경제, 사회 전반의 핵심 이슈였다.

농지개혁으로 자본주의 발전의 길이 열리다 •

좀 늦기는 했지만 남한에서도 농지개혁이 실시되었다. 농지개혁법은 1950년 4월에 확정되었고, 농지가 본격적으로 분배된 것은 한국전쟁 이후다. 그러나 일부 지역에서는 그전에 분배되었다. 설령 분배되지 않았다 해도 전쟁 전에 농지개혁 대상과 분여지, 대상자가 확정된 상태였다. 때문에 한국전쟁 발발과 함께 인민군이 점령한 상태에서 농지개혁을 실시해도 농민들에게는 새로운 것이 아니었다. 오히려 이전에 분배에서 제외된 고농雇農: 머슴 등에게 좋은 토지가 분배되어 다수 농민들의 불만을 사는 경우도 적지 않았다. 어떻게 보면 전쟁 전 농지개혁이 확정된 것은 한국전쟁에서 대한민국이 살아남을 결정적인 대중 기반을 확보한 셈이라고 말할 수 있다.˙

남한에서 실시된 농지개혁은 한민당 등 지주 세력이 저항함에 따라 애초보다 내용이 상당 부분 후퇴했고, 지체되는 동안 지주들이 땅을 팔아넘기는 부작용이 생기기도 했다. 농지개혁은 이처럼 여러 가지 문제가 있었지만, 중요한 의미가 있는 일이었다. 특히 사회 · 경제적 의미가 컸다.

농지개혁으로 지주들이 몰락하고 산업자본가들이 생겨날 수 있는 조건이 마련되었다. 대다수 지주는 산업자본가로 전환하는 데 실패하지만, 일부 지주는 지가 상환대금을 밑천 삼아 산업자본가로 자리 잡기도 했다. 지주층이 몰락함으로써 향후 자본주의 발전에 중요한

■ 이와 관련해 《한국 1950 전쟁과 평화》(박명림 지음, 나남, 2002) 263~293쪽을 참고할 수 있다.

길이 열린 것이다. 반봉건적인 사회·경제 구조가 자본주의적 사회·경제 구조로 바뀌었다고 할 수 있다. 간단히 자본주의가 발전할 기반이 마련되었다고도 할 수 있다.

농민들이 땅을 소유함으로써 농업생산력이 높아지고, 소작농이 사라진 것도 의미 있는 일이다. 물론 소작농은 나중에(1950년대 후반부터 1970년대까지) 부활한다. 땅을 분배받은 농민들이 지가 상환 과정에서 빚을 지고 생활이 어려워지면서 땅을 팔고, 다시 빈농이 된 것이다. 하지만 이때 생겨난 소작농은 이전 반봉건적 소작농과는 의미가 다르다. 자본주의 발전에 장애가 될 정도는 아니었고, 한국 농업 발전의 저해 요소라는 점에서 사회문제가 되었을 뿐이다.

농업을 생명 산업으로 보는 시각이 필요하다 •

우리는 먹고사는 문제를 간단히 '경제'라고 이야기하는데, 지금의 경제는 상당히 복잡하다. 우리 경제에서 농업이 차지하는 비중이 매우 낮아지다 보니 이제 농업은 주된 산업이 아니다. 그럼에도 농업은 여전히 중요한 산업 가운데 하나다. 농업은 먹는 문제를 책임지는 '생명 산업'이기 때문이다. 지금은 먹는 문제가 건강 문제와 연결되어 그 의미가 각별하다.

하지만 산업으로서 농업의 비중은 그다지 높지 않다. 국민총생산GNP이나 국민순생산NNP에서 농업이 차지하는 비중은 2003년 기준으로 3.5퍼센트에 불과하다. 지금(2013년)은 3퍼센트 미만으로 떨어졌을 것이다. 1948년 농지개혁이 실시될 무렵과 지금 농업의 위치는 하늘과 땅 차이다.

그러나 이것이 정상적인 현상이라고 보기는 어렵다. 우리나라의 형편을 생각할 때 농업보다는 첨단산업과 제조업, 금융, 서비스업 등 다른 산업을 중시해야 하지만, 그렇다고 농업을 서자庶子 취급해서는 문제가 생길 수밖에 없다. 자연의 일부인 인간이 자연과 조화를 이루며 살아가기 위해서는 농업이 지금 같은 대접을 받아서는 안 된다는 이야기다. 자연과 생명을 존중하는 일은 농업을 살리는 데서 시작되어야 한다. 한국의 농업을 바라보는 시각도 이런 점이 고려되어야 할 것이다.*

■ 이를테면 논의 가치는 쌀 생산 외에도 홍수조절과 자연재해 대비, 생물자원의 보고 등 다양한 측면에서 볼 필요가 있고, 이런 관점으로 농업을 보면 여러 가지 새로운 가치가 평가될 수 있다. 국제 식량 시장을 몇몇 곡물 메이저 국가가 장악하는 것이라든지, 광우병 파동에서 볼 수 있는 먹거리 안전성 문제 등 여러 가지 문제가 농업과 관련되었다.

14

한국전쟁 1

평화의 중요성을 일깨우다

6 · 25전쟁인가, 한국전쟁인가 •

우선 전쟁의 명칭을 어떻게 해야 할지 이야기해보는 것이 좋겠다. 보통 우리가 배우는 교과서에는 '6 · 25전쟁'이라고 나온다.˙ 과거에는 '6 · 25사변'이라고 했다. 6월 25일에 일어난 전쟁이라는 의미로, 전쟁이 일어난 날짜를 강조한 명칭이다. 전쟁이 일어난 날짜를 강조한다는 것은 전쟁을 시작한 주체를 강조한다는 뜻이기도 하다. 그러니까 6 · 25전쟁이라고 할 때는 북한이 전쟁을 시작했다는 사실을 은연중에 강조하는 것이다.

북한이 침략함으로써 일어난 전쟁이라는 가치판단이 내재되다 보니 침략자(북한 공산주의자)를 향한 미움과 증오가 배어 있다고 할 수 있다. 냉전 시대에는 전쟁의 의미가 그렇게 규정되었다. 지금은 꼭

■ 고등학교 한국 근현대사, 한국사 교과서는 모두 6 · 25전쟁으로 표기하고 있다.

그렇지 않다 해도 6 · 25전쟁이라고 할 때 일정한 가치판단이 내재된 것은 부정할 수 없다.

학자들이나 외국에서는 일반적으로 '한국전쟁'이라고 부른다. 말 그대로 한국에서 일어난 전쟁이라는 의미지만, 한국에서 일어난 모든 전쟁을 말하는 것은 아니다. 1950년 6월 25일에 시작되어 1953년 7월 27일 휴전협정으로 총성이 멎은 전쟁을 의미한다. 한국전쟁이라고 할 때는 전쟁을 일으킨 주체를 강조한 6 · 25전쟁보다 가치중립적인 의미가 내포된 셈이다.

냉전 시대에는 6 · 25전쟁이라고 불렀지만, 지금은 우리나라에서도 한국전쟁이라고 부르는 사람들이 많다. 우리는 앞으로 이 책에서 6 · 25전쟁과 한국전쟁을 함께 사용할 것이다. 특별한 이유가 있거나 냉전적 사고에서 6 · 25전쟁이라는 말을 사용하는 것은 아니다. 어감의 묘미 때문이다. 한국전쟁보다 6 · 25전쟁이 훨씬 적절한 느낌을 표현할 때가 있다는 말이다.

남침 유도설이 설득력을 잃다 •

전쟁은 왜 일어났을까? 북한이 전쟁을 일으켰기 때문이라고? 이는 가장 쉬운 답이지만, 아주 저급한 답변이기도 하다. 보다 심화된 답은 북한이 전쟁을 일으킨 원인이나 이유를 말해야 한다. 6 · 25전쟁을 누가 먼저 시작했는가 하는 문제도 오랫동안 논란이 되었다. 북한은 남한이 북침했고, 북한군이 남한군을 격퇴하면서 남쪽으로 진격했다고 주장해왔다. 냉전 시대에는 북한을 지지하던 소련이나 중국 등 사회주의국가들이 북한의 입장을 공식적으로 견지했으나, 이제는 아무도 그 의견에 동조하지 않는다. 북한이 전쟁을 일으킨 증거가 명백하기 때문이다.

미국과 남한이 전쟁을 유도했다는 '남침 유도설'도 있다. 한때 외국의 진보적인 학자들 사이에서 이런 주장이 널리 유포됐다. 냉전 시대에 한국 학자들은 '북한의 남침'이라는 남한 정부의 공식 입장 외에 다른 주장을 펼 수가 없었다. 한국전쟁과 관련해서 자유롭게 연구할 수 있는 조건이 아니었기 때문이다. 지금도 이 부분은 완전히 자유로운 상태라고 말하기 어려울 정도로 민감한 주제다. 안보 영역에 들어가면 여전히 성역이 존재하는 것이 세계에서 유일한 분단 국가 대한민국의 현실이다.

학문적 연구조차 제약한 반공·냉전 이데올로기 •

1998년 김대중 정부에서 정책기획위원장을 맡은 고려대학교 최장집 교수가 한국전쟁과 관련된 글 한 편으로 자리에서 물러난 일이 있었다. 〈조선일보〉로 대표되는 냉전 세력이 '해방전쟁'이라는 표현을 문제 삼아 최 교수를 집중 공격하고 나섰기 때문이다. 2005년 동국대학교 강정구 교수는 '통일 전쟁' 발언으로 홍역을 치렀다. 북한의 주장이라는 전제를 달았는데도 마치 최 교수나 강 교수의 주장처럼 공격한 것이다.

반공·냉전 이데올로기가 사회를 지배하고, 시시때때로 매카시
Mccarthy선풍이 몰아치는 한국의 사회 상황과 문화 풍토 때문에 학문
연구조차 제약을 받았다. 그러다 보니 한국전쟁이나 현대사와 관련
해서 진보적인 주장을 피력하는 것은 외국인밖에 없었다. 한국전쟁
과 관련해 전통적인 남침설을 부인하고 북침설이나 남침 유도설을
주장하는 학자를 '수정주의자'라고 불렀다. 북한의 남침을 주장하는
사람을 '전통주의자'라고 부른 것과 대비되는 개념이다.

수정주의 입장의 대표적인 학자로 브루스 커밍스가 있다. 1960년
대 평화봉사단의 일원으로 한국에 왔다가 매력을 느껴 한국 역사를
공부한 사람이다. 그는 미국에 있는 방대한 한국전쟁 관련 자료를 바
탕으로 《한국전쟁의 기원》을 썼다. 이 책은 한국전쟁에 관한 연구 수
준을 한 단계 높인 역작이라고 평가받는다.

브루스 커밍스는 이 책에서 남한군이 옹진반도 쪽에서 먼저 북한
을 공격했고, 북한이 이에 반격하면서 전면전으로 발전했다는 주장
을 폈다.* 이 주장은 한때 설득력이 있는 듯 보였지만, 지금은 아니라
는 것이 대세다. 한국 학자들의 연구에 의해 잘못된 주장임이 밝혀진
것이다.**

■ 브루스 커밍스의 《한국전쟁의 기원》은 1권과 2권이 있다. 1권은 한국어판으로 번역·발간
되었으나, 2권은 번역되지 않았다. 《한국전쟁의 기원》(김자동 옮김, 일월서각, 1986); 《The
Origins of the Koreans War 1–Liberation and Emergence of Seperate Regimes 1945~1947》(브
루스 커밍스 지음, 역사비평사, 2003); 《The Origins of the Koreans War 2–The Roaring of the
Cataract 1947~1950》(브루스 커밍스 지음, 역사비평사, 2003)을 참고할 수 있다.
■■■ 《한국전쟁의 발발과 기원 1, 2》(박명림 지음, 나남, 1996); 《한국전쟁 : 38선 충돌과 전쟁의
형성》(정병준 지음, 돌베개, 2006)을 참고할 수 있다.

'남한 해방'을 목표로 일으킨 전쟁 •

한국전쟁 발발과 관련된 이야기를 하면 한없이 길어지기 때문에 이 정도로 끝내자. 북한이 전쟁을 시작했다는 점은 분명해졌다. 그러면 북한은 왜 전쟁을 일으켰을까?

이 문제에 답하기 위해서는 북한의 주장부터 살펴볼 필요가 있다. 북한은 한국전쟁이 남한의 북침 공격을 격퇴하면서 남한을 해방하기 위한 전쟁으로 바뀐 것이라고 한다. 북한은 남침설을 부인하지만, '남한을 해방하기 위해' 전쟁을 시작했다는 주장이다.

남한을 해방한다는 이야기가 무슨 뜻일까? 우리는 앞에서 '해방' 의 의미를 살펴보았다. 해방은 '굴레나 억압에서 벗어나게 하다'라는 의미다. 그러니까 북한의 주장은 남한 사람들을 억압과 굴레에서 벗어나 새로운 세상에 살게 해주겠다, 간단히 말하면 남한을 북한과 같은 사회로 만들겠다는 이야기다. 북한이 전쟁을 시작한 이유는 이 때문이다.

그렇다면 북한은 왜 남한을 해방해야 한다고 생각했을까? 도대체 당시 북한과 남한이 다른 점은 무엇이었을까? 이를 알기 위해서 먼저 북한이 어떤 사회였는지 살펴보자.

북한은 해방 후 소련군의 후원을 받아 공산주의자들이 권력을 장악했다. 소련군은 처음에 북한 공산주의자들이 민족주의자들과 협력해서 연합 정권을 세우도록 했다. 그래서 힘을 합친 김일성과 조만식은 모스크바협정으로 신탁통치 문제가 터지자 의견이 달라 갈라서고 말았다. 그 과정에서 민족주의자들이 대부분 밀려나고, 기독교 세력도 모두 밀려났다.

이렇게 되면서 북한에서는 공산주의자들이 주도하는 가운데 일부 중도좌파가 연합하여 모든 권력을 장악한다. 공산주의자들이 모인 노동당이 사실상 단독으로 정권을 잡은 것이다. 천도교청우당 등 소수 지분을 보유한 노동당의 우당友黨이 있었지만, 실질적인 의미는 없었다. 이에 따라 노동당이 이끄는 북한에서는 급진적인 사회 개혁이 진행되었다.

사회 개혁 가운데 가장 중요한 것이 토지개혁과 주요 산업의 국유화다. 지주들이 가진 땅을 국가가 몰수해서 땅이 없는 농민들에게 나눠주었고, 일본인들이 남기고 간 적산과 공장, 기업을 모두 국가 소유로 귀속한 것이다. 북한의 토지개혁은 무상몰수 무상분배 원칙에 따라 국가는 농민에게 대가 없이 땅을 주는 대신 매년 농업현물세를 받는 형식으로 진행되었다. 농민들이 그 땅에서 얻은 수확량 가운데 일정량을 국가에 내는 것이다. 세금을 내도 땅이 생겼으니 농민들은 모두 좋아했다.·

■ 북한의 토지개혁에는 진보적인 입장에서도 비판적인 평가가 적지 않다. 농업현물세가 너무 높아 사실상 남한의 유상분배에 버금가는 부담이 되었으며, 토지 분배 자체가 집단화를 전제로 한 것이기에 진정한 의미에서 소유권을 넘겨준 것이 아니라는 점이다. 북한의 토지개혁과 관련해서는 《남북한 경제구조의 기원과 전개 : 북한 농업 체제의 형성을 중심으로》(김성보 지음, 역사비평사, 2000)를 참고할 수 있다.

토지개혁으로 지주들 설 자리를 잃다 •

지주들은 정반대였다. 하루아침에 땅을 빼앗기고 자기가 살던 동네에서 다른 곳으로 옮겨야 했다. 국가에 반기를 들거나 월남한 사람들도 많았다. 월남한 사람 가운데는 지주, 일제강점기 경찰 출신이나 군인, 관리 등이 있었다. 북한에서는 친일파가 철저히 억압당했음을 보여주는 증거다.

월남한 청년들은 남한에서 우익 청년 단체를 만들었다. 이들은 북한에 넘어가 테러나 방화를 저지르기도 했고, 남한에서는 좌익 세력을 공격하는 데 앞장섰다. 4·3사건이나 한국전쟁 당시 민간인 학살에 이들이 큰 몫을 담당한다. 북한을 저주하는 심리가 잘못된 방식으로 나타난 것이다.

북한에서는 토지개혁과 함께 주요 산업을 국유화했다. 당시 남한보다 북한에 산업 시설이 많았다. 일제가 중국을 침략하기 위해 한반도를 배후 기지로 만들고, 북한 지역에 공업지대를 조성했기 때문이다. 해방 이후 북한 지역에 있던 대규모 공장은 모두 국가 소유가 되었다.

북한에서는 주요 산업과 대규모 공장을 국가가 소유하고, 개인은 아주 작은 공장만 가질 수 있었다. 사적私的 소유를 엄격히 제한하는 대신 국가나 사회 공동체의 재산이 늘어난 것이다. 이렇게 북한에서 사회주의가 자리 잡았다.

판이한 체제가 들어서다 •

남한에서는 자본주의가 자리를 잡았다. 남북한은 경제체제와 원리가 다르게 작동하는 사회가 되었고, 사회를 지배하는 집단의 성격 자체가 판이했다.

북한에서는 친일파가 철저히 억압당해서 관리나 정치가가 될 수 없었다. 기술자와 과학자만 과거를 반성하는 선에서 다시 자기 역할을 하도록 인정해주었다. 북한에서 지배 집단을 형성한 사람들은 공산주의자로, 대부분 항일 독립운동에 가담한 이들이다. 국내에서 활동한 사람도 있고, 만주나 중국, 소련에서 활동한 사람도 있다. 남한에서 활약하던 공산주의자도 탄압을 피해 북한으로 넘어갔다. 이들은 모두 남한 사회에 비판적이었으며, 미국과 남한의 지배계급에 증오감과 적대감이 있었다.

반면 남한에서는 친일파가 득세했다. 친일파는 처음에 눈치를 보고 숨죽이며 살다가 이승만 정권이 세워질 때 한 자리씩 차지했다. 특히 경찰과 군대에서는 친일파가 주도권을 잡았다. 법원과 검찰, 일반 행정관리도 마찬가지다. 이들은 반공을 무기로 애국자처럼 행세했다. 북한에서 월남한 사람들도 사회적으로 중요한 지위를 차지하고 영향력을 행사했다.˙ 남한 정치가 중에는 독립운동가도 많지만, 친일 행위를 한 사람들도 포함되었다. 이런 사회적 조건 때문에 친일파 청산을 위한 반민특위 활동이 좌절되고 말았다.

▪ 이와 관련해서 보다 자세한 내용은 임영태, 앞의 책, 97~102쪽을 참고할 수 있다.

이처럼 남과 북에 판이한 체제가 들어섰다. 서로 다른 지배 집단은 미워하고 증오했다. 그와 함께 미소 대립과 냉전이 격화되었다. 미소 대립과 갈등은 남과 북의 대립과 갈등을 부추겼다. 냉전 체제와 더불어 남북통일도 멀어졌다.

북한에서 군사적 급진주의가 팽배하다 •

냉전이 심화되고 남북의 갈등이 깊어지면서 한반도에는 단독정부 두 개가 들어섰다. 대한민국과 조선민주주의인민공화국이다. 두 정부가 세워지면서 남북의 대결도 차원이 달라졌다. 갈등과 분쟁이 국가 수준으로 발전한 것이다. 남북은 외교 무대에서, 삼팔선에서 안팎으로 대립했다.

특히 남북한 군대가 삼팔선 경비를 맡은 뒤로는 무력 충돌이 끊이지 않았다. 거의 매일 전투가 벌어졌다. 전투는 소대 규모에서 연대 규모까지 다양했다. 어느 때는 함정이 동원되고 비행기가 떴다. 남북은 휴전했지만, 삼팔선에서는 국지적 충돌을 넘어 '작은 전쟁'이 벌어지는 사실상 전쟁 상태였다.

삼팔선에서 무력 충돌이 심하게 벌어진 이유가 있다. 남한군 지도부는 대부분 일본군 출신인 반면, 북한군 지도부는 항일 무장투쟁 경력이 있는 인물들이었다. 이들은 일제 치하에서 싸웠는데 해방된 뒤에도 싸워야 했다. 북한군은 최고 지도부에서 하급 장교까지 항일운동 출신이 장악하고 있었다. 이들에게 남한은 아직 해방되지 않은 땅으로 보일 수밖에 없었다. 친일파가 친미파로 변신해 남한 사회를 장악하고 있으니 사실상 식민지 상태에서 벗어나지 않았다고 본 것도 무리가 아니다.

북한 사회에서는 무력을 이용해서라도 남한을 해방해야 한다는 군사적 급진주의 사고가 팽배했다. 남한을 무력으로 해방하고 남북을 통일해야 한다고 생각한 것이다. 그래서 전쟁이 일어났다.[*]

국제 상황, 북한의 전쟁 결정에 영향을 미치다 •

북한 지도부가 전쟁을 결정한 배경에는 중국에서 공산당이 승리한 것도 크게 작용했다. 전쟁의 최종적인 결정은 당시 국제 공산주의 세력의 수장이던 소련 스탈린의 동의가 있었기에 가능했다. 처음에는 반대하던 중국의 마오쩌둥도 결국 지원을 약속했다.

북한 지도부는 남한을 무력 통일하기로 마음먹었지만, 미군이 주둔하는 상황에서는 불가능하다고 보았다. 그런데 미군이 남한에서 철수하고 전쟁이 일어나도 개입하지 않을 듯한 태도를 보였다. 이에 북한은 본격적으로 남침 준비를 시작했고, 1950년 6월 25일 기습을 감행했다. 북한은 한 달 안에 전쟁을 끝낼 생각이었다. 설령 미국이 전쟁에 개입하려고 해도 여유를 주지 않을 작정이었다.[**]

■ 북한에서 군사적 급진주의가 대두함에 따라 한국전쟁이 발발한 점에 대해서는 박명림, 앞의 책을 참고할 수 있다.
■ ■ 북한의 군사적 준비와 계획에 관해서는 정병준, 앞의 책을 참고할 수 있다.

206

그러나 그 판단은 잘못된 것이었다. 전쟁이 시작되자마자 미국은 마치 기다리고 있었다는 듯 신속하게 개입했다. 미국이 전쟁에 개입함으로써 남북한의 전쟁은 북한 대 미국과 남한의 전쟁으로 발전했다. 물론 미군은 유엔군이라는 모자를 쓰고 있었다. 미국은 한국전쟁을 침략자 북한과 자유를 지키기 위한 국제연합군(유엔)의 전쟁으로 보이도록 포장했다.

전쟁을 통해 평화의 중요성을 배우다 •

전쟁의 결과는 새삼 이야기할 필요가 없을 것이다. 한반도는 초토화되었고, 통일은 더욱 멀어졌다. 남북의 적대감은 전쟁 전과 비교할 수 없을 정도로 커졌다. 남한에서는 공산주의가, 북한에서는 미국과 매판 세력이 악마가 됐다.

김일성과 박헌영을 비롯한 북한 지도부는 '통일을 위해'˙ 전쟁을 벌였지만, 결과는 정반대였다. 전쟁은 그들의 생각과 달리 3년이나 계속되었다. 남북이 초토화되고 말할 수 없이 참혹한 상처를 남겼지만, 우리는 전쟁을 겪으면서 평화의 중요성을 절감했다.

중요한 것은 총소리는 1953년 7월 27일 멈췄지만, 전쟁은 끝난 게 아니라는 사실이다. 전쟁을 잠시 멈췄을 뿐이다. 그런 상태가 60년이나 지속되고 있다. 한국전쟁은 아직도 법적으로 종결되지 않았다.

▪ 북한의 주장이 그렇다는 것이다.

전쟁을 완전히 끝내기 위해서는 정치적 · 법적인 종결 행위가 필요하다. 휴전협정이 아니라 평화협정이 체결되어야 한반도에 진정한 평화가 찾아온다.[*]

한반도의 진정한 평화를 되찾기 위해서는 총부리를 겨누던 당사자들이 신뢰와 믿음을 회복하고 화해하는 방법을 찾아야 한다. 휴전 상태를 지속하면서 전쟁을 통해서라도 한쪽이 다른 쪽을 굴복시키겠다는 생각을 버려야 한다. 김대중 · 노무현 정부에서 이 문제를 진지하게 논의하고 진척시켰지만, 결과를 내놓지는 못했다. 이명박 정부에서는 역사의 시계가 냉전 시대로 퇴보했다. 박근혜 정부는 어떨까. 한반도에 진정한 평화가 정착되기 위해서는 시간이 필요하겠지만, 선택의 여지가 없어 보인다.[**]

■ 전쟁의 종결은 평화협정이라는 점에는 대부분 동의하지만, 평화협정의 구체적인 당사자와 방법 등에 대해서는 다양한 견해가 제기되고 있다.

■ ■ 북한의 경제적 어려움 등을 근거로 북한의 급변 사태(실제는 북한 붕괴)를 들면서 남한에 의한 흡수통일을 말하는 사람들이 있지만, 이는 가능성이 낮고 현실적이지도 않다는 것이 전문가들의 의견이다. 현재 한반도에 다시 긴장 상태가 고조되면서 전쟁의 위기가 거론된다. 전쟁을 방지하기 위해서는 전쟁을 하겠다는 각오가 필요하지만, 전쟁 없이 평화적으로 해결하는 방법이 가장 현명하다는 것은 아무리 강조해도 지나치지 않다.

15

한국전쟁 2

한반도에서
미국과 중국이 충돌하다

전쟁은 정치의 또 다른 수단 •

전쟁은 정치의 또 다른 수단이라는 말이 있다. 이는 "전쟁은 다른 수
단에 의한 정치의 연장"이라는 클라우제비츠Carl von Clausewitz의 말을
뒤집은 것이라 할 수 있다.˙ 이는 정치로 해결해야 할 문제를 해결하
지 못할 때 전쟁이라는 수단이 사용된다는 의미다. 무슨 말일까? 친

■ 저 유명한 《전쟁론》을 집필한 클라우제비츠가 이 말을 했을 때 진정한 의미는 전쟁의 정치
적 의미를 정확히 이해하고, 그에 맞게 전쟁을 벌여야 한다는 것이었다. "클라우제비츠는 이
경구를 통해 전쟁은 정치적 목적, 즉 정책 목표를 달성하기 위해 수행되어야 한다는 메시지를
전달하려 했다. 정책 목표가 전쟁 수행을 통제하지 못하고 전쟁이 군사적인 논리로만 전개된
다면 전쟁에서 군사적으로 승리하더라도 정치적으로 패배하는 경우가 발생할 수 있다. 한 나
라의 정책 결정자들은 전쟁을 추진할 때 그것을 통해 달성하려는 정치적 목적을 명확히 설정
해야 하며, 전략과 전술, 전쟁 수행의 세부적 사항까지 정책 목표 달성에 기여할 수 있도록 전
쟁을 관리해야 한다. 그렇다면 정치적 목적 달성에 어떠한 기여를 했느냐가 전쟁의 성패를 평
가해야 하는 기준이 되어야지, 단순히 군사적 측면에서 전쟁의 성패를 평가하는 것은 무의미
한 작업이 될 것이다." 김재천 · 윤상용, 〈클라우제비츠 이론으로 본 '테러와의 전쟁'─독일
통일 전쟁과 이라크/아프가니스탄 전쟁 비교 연구〉,《국가전략》(5권 2호, 2009).

구 사이의 예를 들면 쉽게 이해할 수 있을 것이다. 보통 친구들 사이에도 의견이 다르고, 때로는 심각한 말다툼을 벌인다. 그런데 그것이 말다툼을 넘어 주먹질로 발전하는 때가 있다. 전쟁이란 이런 경우에 해당한다. 국가와 국가 사이에 분쟁이 생겼을 때 정치적 협상이나 타협, 외교적 압력 수단이 아니라 무력을 동원해서 힘으로 해결하겠다고 나서면 전쟁이 되는 것이다.

일반적으로 전쟁은 승산이 없으면 시작하지 않는다. 전략적 승리를 위해 부분적인 전투에서 패배를 감수하는 경우가 있지만, 전략적인 측면에서 승리가 불가능한데도 전쟁을 시작하는 경우는 드물다. 하긴 승리가 불분명한 상황에도 무모하게 전쟁을 벌이는 경우가 없지는 않다. 2차 세계대전에서 일본이 미국에게 반드시 이길 것이라고 확신했는지 의문이다. 힘이 약간 모자라도 선제공격으로 기선을 제압해서 초반에 압도적인 승리를 거두어 전쟁을 빨리 마무리하는 경우도 있다. 러일전쟁에서 일본이 그런 예다.

북한에 자신감을 불어넣은 것은? •

그렇다면 북한이 전쟁을 일으킨 것은 어떻게 봐야 할까? 승리하리라는 확신도 없이 전쟁을 벌이지는 않았을 것이다. 그러나 객관적으로 그런 조건이었는지 의문스러운 상황이다.

한국전쟁에서 북한이 선제공격을 감행한 것은 이런 경우와 다르다. 몇 가지 전제 조건이 있었지만, 북한 지도부는 전쟁에서 승리한다는 확신이 있었다는 이야기다. 그게 뭘까? 북한이 선제공격을 통해 초반에 압도적인 승리를 거두는 것을 전제로 그들이 주장하는 '통일 전쟁' 혹은 '해방전쟁'에서 궁극적으로 승리하리라는 믿음은 어디에서 왔을까?

이는 전문가들도 쉽게 답할 수 없는 문제다. 북한이 전쟁에서 승리하리라고 믿게 만든 요인은 여러 가지가 있겠지만, 가장 중요한 것은 두 가지다.

첫째, 국내적인 요인으로 북한 정권의 자신감이라고 할 수 있다. 북한 정권은 남한 이승만 정권에 대해 자신감이 넘쳤다. 물론 여러 가지 과정을 거치긴 했지만, 1950년 초반에 북한의 상황이 그랬다는 이야기다.

둘째, 국제적인 요인으로 중국 혁명의 성공이라고 생각할 수 있다. 중국 국공내전에서 공산당이 승리하여 사회주의혁명이 성공한 점이다. 중국에서는 '신민주주의 혁명', 북한과 동구 국가에서는 '인민민주주의 혁명'이라고 하며, 남한을 비롯한 서방 세계에서는 '공산화'라고 말하는 그것이다.˙

■ 중국은 이를 새로운 민주주의가 실현된다는 의미에서 '신민주주의 혁명'이라고 했다. 동구나 북한에서는 '인민민주주의 혁명', 베트남 등 일부 제삼세계 국가에서는 '민족·민주 혁명'이라고 표현하기도 했다. 그러나 이것들은 사회주의를 향해 가는 혁명이며, 노동계급의 전위 정당(공산당, 노동당, 인민당 등)이 지도한다는 점에서 본질적으로는 동일한 성격이라 할 수 있다.

남한 사회의 혼란이 위기를 부르다 •

먼저 국내적인 요인이다. 북한은 민주개혁이라 불리는 여러 가지 개혁을 일사천리로 진행했고, 그 과정에서 상당히 안정적인 정치체제를 구축했으며, 남한에 대한 자신감을 확보했다. 또 북한은 개혁 진행 과정에서 체제를 위협할 수 있는 도전 세력을 거의 축출했다. 이점이 중요하다. 북한 체제에 도전적인 이들은 대부분 남한으로 도피해 극우 반공 체제를 구축하는 데 앞장섰지만, 북한에서는 위협 세력으로 존재하지 않았다는 말이다. '북한 혁명'이라고 불러도 좋을 일련의 과정을 통해 북한은 정치적으로 안정되었고, 경제적으로도 성과를 거두었다. 북한은 1948년에 해방 전 일제강점기의 수준을 회복하여 생산이 비교적 원활했다.

　반면 남한은 혼돈 상태에서 벗어나지 못했다. 남한 사회는 친일파 청산, 농지개혁, 통일 문제 등을 둘러싸고 심각한 갈등에 휩싸였다. 4·3사건과 여순 사건, 국회 프락치 사건, 반민특위 와해, 김구 암살 사건 등 대형 사건이 계속 터지고, 산악 지역을 중심으로 남한 곳곳에서 좌익 유격대가 활동하면서 정국이 혼란에 빠졌다.

　1946년 10월 영남 지역을 중심으로 한 남부 지방의 민중 봉기 이후 남로당을 비롯한 좌익 세력이 탄압을 받으면서 일부가 산으로 들어가 야산대 등을 조직했다. 좌익 유격대의 단초다. 1948년 10월 여순 사건에서 패배한 반란군 세력이 토벌군을 피해 지리산 주변 지역으

■ 이와 관련해서 보다 자세한 내용은 임영태, 앞의 책을 참고할 수 있다.

로 들어가면서 무장 유격대 활동이 본격적으로 전개되었다.

이 와중에 북한은 1949년부터 조직적으로 무장 유격대를 남파했다. 탄압을 피해 월북한 남로당이 삼팔선 가까운 곳에 강동정치학원을 세우고 유격대를 양산한 것이다. 무장 유격대가 대규모로 남파되면서 남한 사회의 혼란은 극에 달했다. 지리산, 태백산, 소백산 등 높은 산 주변 지역은 '낮에는 대한민국, 밤에는 인민공화국'이란 말이 돌 정도로 무장 유격대가 맹위를 떨쳤다.

북한은 무장 유격대를 파견해서 남한 사회를 송두리째 흔들려고 했다. 무장 유격대는 1949년 겨울부터 1950년 봄 사이에 벌어진 남한 정부군의 강력한 토벌로 대부분 평정되었지만, 북한 지도부는 혼란이 계속되는 남한 사회에 상당한 자신감이 생겼다. 이런 자신감이 전쟁을 해서라도 통일하겠다는 결심을 부추겼을 것이다.

중국공산당의 승리가 북한을 고무하다 ·

더불어 국제적 요인이 있다. 가장 중요한 변수가 중국의 변화다. 해방 후 우리나라는 남북이 분단되고 남한 내부에서 좌우익의 대립으로 혼돈을 거듭했는데, 중국에서도 이와 유사한 상황이 벌어졌다. 중일전쟁 기간 동안 중국에서는 장제스의 국민당 정부와 마오쩌둥의 공산당 정부 사이에 내전이 일어났고, 일제의 패망 이후 본격화되었다. 장제스 정부는 미국의 대대적인 경제원조와 무기 지원, 군사고문단의 도움까지 받았다. 반면 공산당 정부는 소련의 지원을 일부 받기는 했지만, 미국의 국민당 지원에 비할 바는 아니었다.

중국 내전의 결과는 최대 인구와 광대한 영토, 오랜 역사와 문화를 자랑하는 중국 대륙이 누구의 손에 들어가느냐에 따라 세계의 판도가 바뀔 만큼 중요했다. 국민당 정부가 승리해 중국이 자유 진영에 남는다면 소련을 비롯한 사회주의는 세계적인 힘의 관계에서 계속 수세에 몰릴 수밖에 없었다. 반면 중국에 공산당 정권이 세워진다면 전 세계적으로 사회주의의 물결이 거세게 확산될 판이었다.

중국 내전의 승자는 우리가 알다시피 공산당이다. 중국공산당이 국민당을 몰아내고 거대한 중국 대륙을 차지했다. 1948년 말부터 1949년 초 사이에 승자와 패자가 분명하게 드러났다. 1949년 10월 1일, 톈안먼天安門 광장에서 중화인민공화국 수립이 선포되었다.

중국 혁명으로 아시아의 판도가 삽시간에 바뀌었다. 유라시아 대륙에서 가장 큰 땅덩이와 인구를 자랑하는 소련과 중국이 공산주의 국가가 됐고, 그 주변에 많은 사회주의국가들이 있었다. 북한과 동구의 여러 나라, 그리스를 제외한 발칸Balkan반도의 모든 국가, 몽골이 사회주의국가가 되었다. 그리스도 내전 상황에 직면했다.

세계적으로 자유 진영과 공산 진영이 격돌하는 냉전 체제에서 중국이 공산 진영으로 넘어갔다는 사실이 중요했다. 특히 중국공산당 혁명의 성공은 북한 정권 지도부를 엄청나게 고무했다. 세계적으로 사회주의는 계속 확장되고 자본주의는 위축되고 있다고 생각했을 것이다.

북한에 대규모 전투력이 증강되다 •

세계적으로 혁명 정세가 고조됨에 따라 북한 정권 지도자들을 고무한 사실은 미군 개입과 관련한 것이다. 중국 내전 과정에서 공산주의자들이 자신감을 얻은 것은 공산군이 국민당 군을 밀어붙이는데도 미국이 적극적으로 개입하지 못했다는 점이다. 중국공산당과 소련은 공산군이 황허黃河강을 건너 국민당 군을 대만으로 밀어붙이기 전에 미국이 개입할까 봐 걱정했으나, 미군은 끝내 중국에 발을 들이지 못했다. 미국이 개입할 시기를 놓친 것이다. 그런 상황을 보면서 북한 지도부는 한반도에서도 미군이 개입할 여유를 주지 않고 한 달 안에 전쟁을 끝내겠다는 계획을 세웠다.

　이와 함께 북한 지도부를 고무한 것은 높은 전투력을 자랑하는 군대가 대량으로 보충되었다는 점이다. 중국 국공내전에 참전하여 전투 경험이 풍부한 조선인 부대가 북한으로 대거 들어왔기 때문이다.' 김일성은 전쟁이 끝나기도 전에 승리는 기정사실이니 조선인 병사들을 북한에 넘겨달라고 마오쩌둥에게 요청했다. 중국공산당도 거부할 명분이 없었다. 조선인 병사들은 고향으로 돌아가야 했다. 또 중국공산당 당원으로 있던 사람들이 북한에 돌아가 중요한 위치를 차지한다는 것은 중국공산당의 영향력이 북한에 확대될 수 있다는 의미였다. 중국으로서는 반대할 이유가 없었다.

■ 임영태, 앞의 책, 240쪽.

중국, 한국전쟁에 적극 개입하다 ·

1949년부터 1950년 사이에 중국공산당 소속에서 북한으로 넘어온 조선 출신 병력은 1만 2000여 명에 달한다. 이들은 대부분 항일 빨치산 투쟁 경험이 있고, 중국 국공내전에서 2~3년 이상 전투를 경험했다. 1만 2000명이라는 숫자도 엄청나지만, 이들이 전투 경험이 풍부한 병사들이라는 사실은 자신감을 배가하는 조건이 된다.

국공내전에 참가한 사람들은 하급 전사뿐만 아니라 중간 간부, 고위 간부, 나아가 북한 군부의 최고위급까지 다양하다. 북한 초대 총참모장을 지냈고, 6 · 25전쟁 당시 미군 폭격으로 사망한 강건도 국공내전에 참가한 인물이다. 사단장급 인사 가운데 전투 경험이 풍부한 사람들은 대부분 중국공산당에서 활약했다. 국공내전에 참전하지 않았더라도 많은 사람들이 옌안에서 활동하거나, 중국공산군 연합부대인 팔로군과 함께 항일 투쟁을 벌인 경험이 있었다. 심지어 북한 군부의 최고위층인 김일성, 김책, 최용건, 안길 등도 만주 지역에서 중국공산당 당원의 신분으로 항일 빨치산 투쟁을 벌였다.

중국은 인적인 측면에서 북한 군부와 깊은 연계가 있었을 뿐만 아니라, 한국전쟁에 직접적으로 깊숙이 개입한다. 스탈린은 사실상 전쟁을 최종 승인하는 위치에 있으면서도 자신은 전쟁에 개입하지 않은 것처럼 위장하려고 무척 애를 썼다. 나중에 전세가 역전되어 북한이 위기에 처했을 때도 개입을 주저해서 중국의 원성을 산다.

■ 이 점에 관해서는 박명림, 앞의 책을 참고할 수 있다.

반면 마오쩌둥은 처음에 미군의 군사 개입 가능성을 거론하며 주저했으나, 전쟁을 지지한 다음부터는 적극적으로 책임지려는 태도를 보였다. 1950년 9월 15일 미군의 인천 상륙작전으로 전세가 역전되어 북한이 위기에 처하자, 고민 끝에 중국군을 파견하기로 결정했다. 그렇게 해서 중국군이 한국 땅에서 미군과 전투를 벌인다.

한국전쟁은 원래부터 단순한 내전이 아니라 강대국들 사이에 벌어진 국제전의 성격을 내포하고 있었다. 전쟁의 결정 과정과 발발 원인, 전개 과정 등 모든 측면에서 볼 때 그렇다.* 이런 성격은 중국군 참전으로 확인되었다.

한국전쟁에서 얻은 것과 잃은 것 •

전쟁은 어느 쪽도 결정적 승리를 얻지 못했으니 무승부로 끝난 셈이다. 사실 남과 북은 물론 참전국 모두 패배자로 보는 게 정확할 것이다. 특히 전쟁 당사자인 남과 북은 만신창이가 됐다. 적어도 150만명 이상이 죽었고, 수백만 명이 다치거나 실종되었다. 전쟁 이후 남북 관계는 화해가 불가능해졌다. 총소리가 멈춘 지 60년이 지났건만, 남북의 증오는 아직도 사라지지 않고 있다. 전쟁에서 한국은 얻은 것이 없다. 전쟁은 어떤 경우에도 일어나서는 안 된다는 점, 평화의 중요성을 새삼 깨달았다는 점을 얻었다고 할 수 있을까?

■ 이 문제는 정병준, 앞의 책을 참고할 수 있다.

중국과 미국의 피해도 컸다. 특히 중국군은 사망자 15만 명을 포함해 100만 명에 가까운 사상자가 났고, 중국은 한국전쟁 참전으로 대만을 무력 점령하여 통일할 기회마저 놓치고 말았다. 이제 대만을 점령하기 위해서는 미국과 전면전을 벌여야 할 판인데 이는 불가능한 일이었다. 서방에서 자본을 끌어오는 일도 기대할 수 없고, 자력갱생의 방법으로 경제를 건설해야 했다.

미군도 3만 7000여 명이 사망했고, 부상자를 포함하면 15만 명이 넘는 사상자가 발생했다. 미국으로서는 엄청난 일이었다. 남의 나라, 그것도 극동의 작은 나라 전쟁에서 이렇게 많은 사상자를 낸 것은 미국 역사상 처음 있는 일이었다. 미국이 60년이 지난 지금까지 한국전쟁을 이야기하고, 한국에서 떠나지 않고 버티는 것도 다 이유가 있다.

그러나 미국과 중국은 잃은 것 못지않게 얻은 것도 많다. 미국은 군사적 승리를 거두지 못했을 뿐, 한국전쟁을 통해 자유민주주의 진영에서 지도력이 한층 강화되었다. 전쟁을 치르면서 2차 세계대전과 함께 찾아온 경제 불황의 위기도 넘었다. 또 미국은 한국에 대한 절대적인 영향력이 생겼으며, 극동에 확실한 반소·반공 전략 기지를 확보했다.

중국도 한국전쟁을 통해 국가 위신이 높아졌다. 갓 태어난 중화인민공화국이 세계 최강 미국과 맞붙어 패배하지 않은 것이다. 게다가 중국은 이후 사회주의 진영에서 소련만큼은 아니어도 그 지도력을 인정받았다. 북한에 대한 영향력도 확대되었다. 해방 후 북한에 대한 소련의 영향력은 절대적이었으나, 한국전쟁 이후 중국의 영향력이 소련보다 막강해졌다. 또 중국은 항미원조抗美援朝*를 통해 지주를 비롯한 국내 반혁명 세력을 제압하는 정치적 성과를 거두었다.

지금 우리가 찾아야 할 길은? •

소련과 일본의 이해관계도 따져볼 필요가 있다. 일본은 완전히 횡재한 축에 속한다. 한국에서 전쟁이 일어나는 바람에 톡톡히 재미를 보았다. 물건을 만드는 족족 팔아먹었고, 이렇게 번 돈으로 경제 부흥의 바탕을 마련했다. 게다가 일본은 한국전쟁으로 미국의 가장 중요한 동맹자가 되었다. 미국은 일본에게 과거 전쟁의 책임을 묻지 않았다. 소련이나 중국 등 공산주의와 대결하는 것이 급한 마당에 일본의 민주화를 다그칠 수 없었기 때문이다. 그 결과 일본 우익 중에서도 A급 전범들이 다시 일본 정치와 경제, 사회를 장악했다. 일본이 과거를 반성하지 않고 계속 헛소리하면서 오늘처럼 우경화된 데는 이런 요인들이 작용했다.

일본은 경제적으로도 한국과 관계를 강화할 수 있었다. 반소 · 반공 감정으로 반일 감정이 상대적으로 완화되었고, 일본은 그를 배경으로 박정희 정권이 들어서자 한국과 국교 정상화를 이룬다. 일본은

■ 미국에 대항하여 조선(북한)을 돕는다는 의미다. 중국은 한국전쟁에 참전하는 명분을 항미원조에서 찾았으나, 실제로는 중국과 북한을 순망치한(脣亡齒寒 : 입술이 없으면 잇몸이 시리다. 즉 북한이 망하면 중국이 어려워진다는 의미다)의 관계로 보고, 자국의 이익을 위해 참전했다.

패망과 함께 한국에 대한 영향력을 완전히 상실했으나 한국전쟁으로 반전의 계기를 마련했고, 그것을 바탕으로 1960년대 이후 한국에 대한 영향력을 점차 회복했다. 물론 그런 일은 미국이 뒤에 있는 조건으로 경제적인 것에 한정되었으나, 어부지리임에 틀림없다. 일본에게는 한국전쟁이야말로 호박이 덩굴째 굴러 들어온 것이나 마찬가지다. 우리 민족에게는 엄청난 재앙이 일본에게는 복덩이라니, 이웃의 화가 나의 복이 된 경우다.

소련은 크게 손해 본 것도, 득을 본 것도 없었다. 한국전쟁의 가장 중요한 배후였던 소련의 스탈린은 자신이 전쟁에 책임이 없다는 것을 증명하려고 애쓰면서도 북한에 대한 영향력을 유지하려고 했다. 그러나 전쟁을 거치면서 북한에 대한 소련의 영향력은 상대적으로 축소될 수밖에 없었다.

한국전쟁은 외형적으로 남과 북이 싸운 것처럼 보이지만, 세계의 강대국들이 모두 얽힌 전쟁이다. 강대국의 이해관계가 얽힌 한반도에 사는 우리는 어떤 태도를 취해야 할까? 남과 북이 전쟁의 원한과 상처를 잊고 서로 이해할 수 있는 길을 찾는 것이 아닐까? 휴전협정 60주년이다. 이제는 한반도의 영구 평화를 모색할 단계가 아닐까 싶다.

16

도강파와 잔류파

국민을 버리고 간 정부가
국민을 심판하다

정부를 불신하는 국민들 •

우리나라 사람들은 정부의 말을 불신하는 경향이 있다. 정부가 이야기하는 내용은 거꾸로 받아들이면 된다는 말이 결코 농담만은 아니다. 권력에 대한 대중의 일반적 불신이야 다른 나라에도 얼마든지 있겠지만, 우리나라처럼 심한 경우는 드물지 않을까 싶다.

언제부터 이런 불신이 생겼을까? 간단히 말하기는 쉽지 않지만, 어제오늘의 일이 아닌 것은 분명하다. 멀리 봉건 왕조시대까지 거슬러 올라가야 할지도 모르겠다. 거기까지 가면 우리 의식과 사고를 결정하는 잠재적 요소가 될 수는 있어도 직접적인 계기라고 할 수는 없을 테니, 아무래도 그 시발점을 현대사에서 찾는 게 좋을 듯싶다. 그러다 보니 또 전쟁이 등장한다.

전쟁이 일어났을 때 정부나 군이 중요한 정보와 관련된 사실을 일시적으로 숨길 수는 있을 것이다. 전략 · 전술상의 이유나 극심한 혼란을 방지하기 위해서. 그러나 국민의 생명과 안전에 절박한 위험이 닥쳐온다면 진실을 알리는 게 정부의 책임이자 의무 아닐까. 6·25 전쟁이 일어난 직후 이승만 정부가 취한 행동은 이런 우리의 상식과 거리가 멀었다.*

정부는 진실을 알리기는커녕 계속 거짓말했고, 그 바람에 국민들은 피신할 수 있는 기회조차 박탈당했다. 정부는 국민들 몰래 빠져나갔으면서도 마치 서울에 남아 있는 것처럼 위장했다. 게다가 남쪽으로 피신할 수 있는 유일한 통로인 한강 인도교를 폭파해 국민들이 피난할 수 있는 퇴로마저 차단했다. 그러고는 나중에 왜 너희는 피난하지 않고 적의 수중에 남아 있었느냐고 추궁했다.

이런 정부를 누가 믿겠는가? 차라리 정부 발표를 믿지나 말걸 하는 자책과 후회가 남을 뿐이다. 정부에 대한 국민의 불신이 극단적으로 자리 잡기 시작한 것이 이 사건 때문이라면 지나친 단순화인지 모르겠다. 하지만 이 사건이 정부에 대한 국민의 불신을 초래한 것은 분명하다.

■ 국가권력의 가장 중요한 책무는 국민의 생명과 재산을 지키는 것이다. 국가에 무력으로 강제 집행할 권한을 준 것도 이런 이유에서다. 일차적으로 국가는 전쟁을 방지할 책임이 있다. 그래야 국민의 재산과 생명을 지킬 수 있기 때문이다. 그런 점에서 이승만 정부는 전쟁을 막지 못했다. 물론 전쟁의 일차적인 책임은 북한에 있지만, 국가는 침략을 예방할 책무도 진다. 또 어쩔 수 없어서 전쟁이 발발하는 것을 막지 못했다면 전쟁 상황에 맞게 국민의 생명과 재산을 최대한 보호해야 한다. 비상시국에 지도자와 권력자들이 희생정신과 각오로 전쟁을 수행해야 하며, 국민에게만 죽음을 강요해서는 안 된다. 이 모든 점에서 이승만 정부는 결코 책임을 다했다고 보기 힘들다.

224

국민을 속이고 몰래 도망간 정부 •

1950년 6월 25일 새벽, 삼팔선 전역에서 북한 인민군의 선제공격이 시작되었다. 인민군은 치밀한 계획과 준비로 공격했으나, 한국군은 전혀 대비가 되지 않았다. 한국군은 기본적으로 군사력에서 열세였을 뿐만 아니라, 수뇌부의 상황 인식과 대응도 안이했다.

전쟁 발발 전날인 6월 24일 밤, 육군본부에서는 장교클럽 낙성식을 축하하는 파티가 열렸다. 거기에는 서울에서 가까운 일선 지휘관과 고급 장교들, 미 군사고문단, 육본 수뇌부가 참석했고, 한국군의 핵심 지휘부는 밤늦게까지 만취의 흥에 젖었다. 더욱이 같은 날 농번기라는 이유로 전후방 장병이 절반 이상 휴가를 받아 외출한 상태였다. 육본의 지시였다. 따라서 전쟁이 시작되자마자 한국군은 모든 전선에서 후퇴를 거듭했고, 서울도 곧바로 위험지역에 들었다.

더 심각한 문제는 이런 상황에서 정부가 취한 태도다. 국방장관 신성모는 평소 "대통령의 명령을 기다리고 있으며, 명령만 있으면 하루 안에 평양이나 원산을 완전히 점령할 수 있다"고 입버릇처럼 떠들어댔다. 북한군의 남침으로 이런 말이 얼마나 허황된 것인지 만천하에 드러났는데도 신성모 국방장관과 채병덕 참모총장 등 군 수뇌부는 "국군이 북진 중이니 전쟁은 곧 끝날 것"이라며 허세를 부렸다. 이승만 대통령과 정부 또한 대책은 세우지도 못한 채 '서울 사수'를 외쳤다. 이승만 대통령은 방송을 통해 다음과 같이 말했다.⋅

■《논쟁으로 본 한국 사회 100년》(편집부 엮음, 역사비평사, 2000) 193쪽.

대통령 이하 전원이 평상시와 같이 중앙청에서 집무하고 국회도 수도 서울을 사수하기로 결정했으며, 일선에서 충용 무쌍한 우리 국군이 한결같이 싸워서 오늘 아침 의정부를 탈환하고 물러가는 적을 추격 중이니 국민은 군과 정부를 신뢰하고 조금의 동요함이 없이 직장을 사수하라.

그러나 이 방송이 나갈 때 이승만 대통령과 정부는 대전으로 피신한 뒤였다. 이승만 대통령과 정부 각료를 태운 기차는 27일 새벽 2시경 서울역을 출발했고, 5시간 뒤 대구역에 도착했다가 대전으로 돌아왔다. 이 방송은 대전에서 녹음한 테이프를 서울로 급송한 것이다. 국민들에게 대통령이 서울에 남아 있는 것처럼 거짓말했다.

국민의 피신을 막은 한강교 폭파 •

한편에서는 "맥아더 전진 사령부가 한국에 설치되었다. 미군이 곧 참전하니 인민군은 금방 물러갈 것이다"라는 가두방송을 했다. 그 바람에 정부 말을 믿은 서울 시민들만 바보가 되고 말았다. 서울 시민들은 27일부터 한강 이남으로 피신하기 위해 집을 나섰으나, 정부가 라디오와 가두방송을 통해 '서울 사수'를 외치자 많은 사람들이 돌아온 것이다.

6월 28일 새벽 한강 이남으로 피신할 수 있는 유일한 통로인 한강

■ 앞의 책, 161쪽.

인도교와 철교, 광장교마저 끊어버렸다. 새벽 2시 40분경에 진행된 한강교 폭파는 인민군을 저지하기 위한 작전이라고 했지만, 이해할 수 없는 일이었다. 그때 서울에는 아직 전투 병력 6개 사단이 남아 있었고, 인민군 전차 몇 대가 미아리 방면에 막 침입한 상태였기 때문이다. 이때까지 강을 건너지 못한 서울 시민들은 고스란히 인민군 치하에 남았고, 정부 발표를 믿은 사람들은 비도강파非渡江派 혹은 잔류파殘溜派가 되어 말할 수 없는 고통을 겪었다.

상황이 이렇게 되자 여론이 나빠질 수밖에 없었다. 정부가 국방을 소홀히 해 국민을 전쟁의 소용돌이에 몰아넣었으며, 초기 잘못된 대응으로 혼란을 초래했으니 질책당하는 것은 당연하다. 게다가 거짓 선전과 한강 인도교 폭파로 피난을 막아 시민의 생명과 재산을 고스란히 적군에게 넘겨준 꼴이니, 국민들이 분노하는 것은 당연한 일 아닌가. 책임자 문책이 거론되지 않을 수 없었다.

국민에게 사과할 줄 모르는 대통령 •

6월 30일 대전에서는 피신한 국회의원 50여 명이 모여 이승만 대통령이 국민에게 사과문을 발표해야 한다고 결의했다. 이승만 대통령이 국방을 등한히 하고 정부가 경솔하게 행동해 서울 시민과 국민들을 전란의 회오리에 몰아넣었다는 점을 지적하면서, 최고 책임자인 대통령의 사과를 기대한 것이다.

그러나 국회 결의를 전달하기 위해 충남 도지사 관저로 이승만 대통령을 찾아간 신익희 의장과 장택상·조봉암 부의장은 뜻밖의 말을 들었다. 이승만은 "내가 당唐 덕종德宗이야?"라고 한마디로 거부하더니, "내가 왜 국민 앞에 사과해? 사과할 테면 당신들이나 해요"라며 자리를 박차고 나가버렸다. 이승만의 이런 태도는 우민관愚民觀 : 백성을 어리석다고 생각하는 사고방식에서 나온 것이다.

그는 상하이임시정부 시절부터 자신은 최고 지도자가 아니면 안 된다는 생각을 했고, 해방 후에도 자신이 대통령이나 되는 것처럼 행동했다. 정부 수립 후 대통령이 되어서는 국민을 책임지는 정치가보다 국민 위에 군림하는 통치자라는 의식에 사로잡혀 있었다. 이승만은 항상 자신이 최고의 애국자고, 국민은 자신을 일방적으로 떠받드는 우매한 백성이라고 생각했다. 이승만의 우민관은 1950년대 한국 정치를 파행으로 이끄는 결정적 원인이 되었다. 그의 우민관 때문에 1950년대는 '동원된 민의民意' '관제 민의'가 활개를 쳤고, 이승만의 종신 집권을 위한 파행적 정치 구조가 양산되었다.

이승만은 대국민 사과문 발표는 물론, 수많은 비난 여론에도 신성모 국방장관의 경질 요구를 거부했다. 야당과 국민 여론은 국방을 소홀히 하고 패전과 혼란의 책임을 물어 신성모 국방장관과 채병덕 참모총장의 경질을 요구했지만, 이승만은 6월 30일 채병덕을 정일권으

■ 당나라 9대 황제 덕종 시절에 반란이 자주 일어나 백성들이 고생을 했다. 그러자 덕종은 자기 잘못으로 수많은 백성들이 전란에 휩쓸려 고생한다며 모든 것이 자신의 죄라는 의미의 '죄기조(罪己詔)'를 발표했다. 이승만은 이걸 빗대어 "내가 당나라 덕종이냐"고 한 것이다. 김석영, 〈도강파·잔류파의 유래와 전설〉, 《인물계》(1959년 4월호) 10쪽; 박원순, 〈전쟁 부역자 약 5만 명 어떻게 처리되었나〉, 《역사비평》(9호, 1990년 여름) 184쪽 재인용.

로 교체하는 것으로 답변을 끝냈다. 그나마 채병덕의 교체는 미국의 요구에 따른 결과였다.

이승만은 신성모의 교체 요구에 대해 "말을 타고 물에 들어가기 전이라면 말을 바꿀 수도 있지만, 물속에 들어간 뒤에는 말을 갈아타기 어렵다"는 이유를 내세웠다. 이승만은 초기 혼란의 책임을 물어 7월 14일 내각 개편을 단행했다. 이때 조병옥(내무), 김도연(법무), 허정(사회) 등 야당인 민국당 인사를 대거 등용한 이른바 '전시 내각'을 구성했으나, 신성모는 끝내 교체하지 않았다.·

한강교 폭파의 희생양 만들기 ·

그러나 끓어오르는 여론을 일방적으로 무시할 수는 없었다. 이에 국방부는 8월 28일 한강교 폭파의 책임을 물어 공병감 최창식 대령을 체포했고, 9월 21일 사형선고와 함께 처형했다. '정치적 희생양'이 필요했기 때문이다. 당시 한강교 폭파의 지휘 계통은 신성모 국방장관, 장경근 국방차관, 채병덕 참모총장, 김백일 참모부장, 최창식 공병감으로 이어졌다. 이들 가운데 아무 권한도 없는 말단 현장 책임자에게 책임을 덮어씌운 것은 정말이지 무책임하고 비겁한 행위다.

이승만 대통령 역시 한강교 폭파를 직접 명령하지 않았다 해도 정

■ 이승만 앞에서 감격해 눈물을 흘린다고 해서 '낙루(落淚)장관', 이승만의 말에 무조건 "지당하십니다"를 연발한다고 해서 '지당(至當)장관'으로 불리던 신성모는 이듬해(1951년) 5월 국민방위군사건으로 물러날 때까지 그 자리를 지켰다.

치적 책임마저 면책될 수 있는 것은 아니다. 국민에게 사과하는 것은 너무나 당연한 일이지만, 대통령을 비롯해 한강교 폭파의 명령 계통에 있는 이들 가운데 책임감을 표명한 사람은 아무도 없다.

최창식 대령의 미망인은 12년 뒤 재심을 청구했고, 최 대령은 1964년 무죄를 선고받아 사후 복권되었다. 이로써 한강교 폭파와 초기 혼란의 책임에 대한 법적·정치적 판단은 무산되고 말았다. 이 문제는 역사적 심판으로 남았을 뿐이다.

도망가지 않았다고 국민을 추궁하는 정부 •

문제는 여기에서 끝나지 않는다. 야반도주하며 서울 시민에게 거짓말한 정부가 돌아와서는 강을 건너지 못한 사람들을 추궁하고 나섰다. 인민군에 밀려 대전으로, 대구로, 부산으로 피신한 정부는 9월 28일 돌아왔다. 서울이 수복되고 얼마 지나지 않아 도강파와 잔류파라는 유행어가 생겼다. 도강파는 한강을 건너 남쪽으로 간 사람들이고, 잔류파는 피난하지 못하고 서울에 남아 인민군 치하에 있던 사람들이다.

그런데 도강파는 개선장군처럼 활보하고, 잔류파는 죄지은 사람처럼 주눅 들었다. 도강파가 잔류파를 심사해서 적에게 부역한 죄를 가려내겠다고 나선 것이다. 역사학자 김성칠은 그때의 체험을 꼼꼼히 기록했다. 그는 당시의 정황을 다음과 같이 설명한다.'

인공국人共國 시절에 '계속 남진南進 중'이란 말이 웃음거리로 유행하더니 지금은 '남하'란 말이 세도가 당당하게 쓰이고 있다.

지난 6월 27일 "우리는 중앙청에서 평상시와 다름없이 일 보고 있으며 우리 군은 이미 의정부를 탈환하고 도처에서 적을 격파하여 적은 전면적으로 패주하고 있는 중이니 시민은 안심하고 직장을 사수하라"고 목이 메도록 거듭 되풀이하여 방송하는 사이에 정부는 '남하'하고 모당某黨은 국민을 포탄 속에 속여서 내버려두고 당원끼리만 비밀로 연락하여 '남하'를 권면하였다 하고, 정부의 고관 혹은 모당의 당원이 아니라도 눈치 빠른 사람들은 약삭빠르게 피난하여 정처 없이 나선 것이 그럭저럭 가다 보니 대구나 혹은 부산에서 우연히 정부와 행동을 같이하게 되어 이른바 '정부를 따라 남하한' 것이 되고…… 어리석고도 멍청한 많은 서울 시민(서울 시민의 99퍼센트 이상)은 정부의 말만 믿고 직장 혹은 가정을 '사수'하다 갑자기 적군赤軍을 맞이하여 90일 동안 굶주리고 천대받고 밤낮없이 생명의 위협에 떨다가 천행으로 목숨을 부지하여 눈물과 감격으로 국군과 유엔군의 서울 입성을 맞이하니 뜻밖에 많은 '남하'한 애국자들의 호령이 추상같아서 "정부를 따라 남하한 우리만 애국자고 함몰 지구에 그대로 남아 있는 너희는 모두 불순분자다" 하여 곤박困迫이 자심하니 고금천하古今天下에 이런 억울한 노릇이 또 어디 있을까.

▪ 《역사 앞에서》(김성칠 지음, 창작과비평사, 1997) 251~252쪽.

사상 검사에게도 알리지 않은 도피 행각 •

정부 말만 믿고 피신할 기회를 잃어 서울에서 고통스런 나날을 보낸 사람들은 참으로 어처구니없는 일이었다. 사실은 김성칠의 말처럼 백성들에게 "얼마나 수고들 하였소. 우리만 피난해서 미안하기 비길 데 없소"라고 하는 것이 마땅했다. 그런데도 "심사니 무엇이니 하고 인공국의 입내를 내어 인격을 모독하는 일이 허다하고, 심지어는 자기의 벅찬 경쟁자를, 평소에 자기와 사이가 좋지 않던 동료들을 몰아내려고 하는 일조차" 일어났다. 그래서 김성칠의 일기에서는 "거룩할진저, 그 이름은 '남하'한 애국자로다"라고 비꼬는 말이 절로 튀어나왔다.•

피난 당시 정부가 얼마나 철저히 거짓말을 했는지 국회의원과 정부의 고위 관리, 심지어 보도연맹을 담당하던 사상 검사까지 까맣게 속았을 정도다. 이 시기 공안 검사로 이름을 떨치던 정희택도 그 가운데 한 명이었다. 그는 중앙일보사가 펴낸 연구 보고서 《민족의 증언》에서 다음과 같이 증언한다.••

> 27일 밤 12시 32분쯤 나는 아무래도 이상해 국방부 차관실과 참모총장실에 "어떻게 되는 거냐"고 전화를 걸었더니 "염려 말라"는 겁니다. 이러고서는 한 시간 반쯤 뒤인 28일 새벽 2시 5분에 한강 다리를 끊었어요.

■ 김성칠, 앞의 책, 252쪽.
■ ■ 《민족의 증언 3》(편집위원회 엮음, 중앙일보사, 1983) 41쪽.

나중에 안 일이지만 내가 전화 문의를 했을 때 국방부 책임자와 참모총장 등은 도망갈 준비를 하면서도 계속 거짓말을 했어요. ……가보니 사태가 아주 좋지 않아 돌아서 국방부와 육본으로 갔더니 텅 비었어요. 여기에서 천지가 진동하는 듯한 한강교 폭파 소리를 들었습니다. 이렇게 해서 나는 꼼짝 않고 자리를 지키는 보련 간부들에게는 말 한마디 못한 채 공산 치하에 갇힌 거예요.

그래서 이승만 정부의 이런 행위를 "심지어 제헌 국회의원까지 누락될 만큼 행정부 몇 기구와 극소수 기관원, 시민, 작가가 군부를 추종하면서 진행된 비인도적인 피난"으로, "이조 중기 선조 왕조가 압록강 기슭의 의주로 도주한 임진왜란의 재판再版에 지나지 않는 것"이라고 혹평했다. 서울에 남은 시민들의 불만은 당연하고 정당한 것이나, 이런 항변에도 불구하고 잔류파에 대한 심사는 시작되었다.

부역자 처벌에 앞장선 합동수사본부 •

10월 12일 계엄사령관은 "시내 각 구, 동회를 통하여 적치에 부역한 자는 반원 연대책임 하에 철저히 적발할 것"을 지시했고, "국군 입성 후 행동이 수상한 자는 감시하는 동시에 관헌에 고발해야 하며, 무기 탄약과 역산逆産 물자는 경찰에 제출해야 한다"는 지침을 내렸다. 10월 4일에는 부역자 검거 수사와 처리를 전담할 군·검·경 합동수사본부(합수부)가 설치되어 부역자 처벌을 본격적으로 시작했다.

합수부는 법률적 근거도 없이 설립되어 독자적인 수사권으로 위헌 시비를 불러왔고, 월권행위로 원성이 자자했다. 합수부장에는 친일파 군인 출신의 저 유명한 김창룡 중령이 취임해 전횡을 일삼았다. 그는 재판 과정까지 압력을 행사해서 부역자에게 중형을 선고하도록 했다.

그러나 1951년 5월 2일 '합수부 해체에 관한 결의안'이 국회에서 가결되어 합수부는 해체되었다. 국회는 군·검·경이 수사상 협력하기 위해 발족했으나 이제 협력 기관이 아니라 독립된 관청화하는 등 폐단이 많으므로 이를 해체하여 일반 범죄는 검찰과 경찰에, 군 관계 범죄는 군 수사기관에 이양함으로써 수사기관의 난립을 방지하며, 아울러 인권유린의 작폐를 근절하기 위하여 합수부를 해체하도록 한 것이다.

부역자 처벌은 합수부의 전횡뿐만 아니라 군인과 경찰, 우익 청년단 등에 의한 사형私刑이 만연하면서 사회적인 문제가 되었다. 우익 청년단을 비롯한 민간 사설 단체가 개인적 원한 관계에 따라 보복과 살상 행위를 자행했으며, 군인과 경찰관은 부역 혐의자의 재산을 빼앗는 일도 서슴지 않았다. 부역자에 대한 공식적인 심사와 처벌은 계엄사령부가 맡았지만, 기관이 현저히 부족해 사설 단체의 도움이 절대적으로 필요했기 때문이다.˙

■ 부역자 처리와 관련해서는 박원순, 앞의 글 참고.

한국 사회 파벌 구조 형성의 한 요인이 되다 •

사회 각 분야에서 자체적으로 부역자 심사를 진행하기도 했다. 국회에서도 이 문제가 제기되었지만, 잔류할 수밖에 없던 여건을 감안하여 가급적 관대한 처벌을 해야 한다는 의견이 주류를 이루었다. 이밖에도 학계, 문화 · 예술계 등 각 분야에서 도강파가 중심이 되어 심사 활동을 펼쳤는데, 이 과정에서 적지 않은 앙금과 후유증이 남았다.

부역자 심사와 처벌 자체가 근본적인 문제를 안고 있었다. 국민의 생명과 안전을 책임져야 할 정부와 군대가 국민을 버리고 도망간 사실에는 일언반구 뉘우치지 않고 자의든 타의든 생존을 위해 어쩔 수 없이 인민군에 협조한 대다수 선량한 시민들을 무조건 범죄인 취급하는 것은 '똥 묻은 개가 겨 묻은 개 나무라는 격'이었다.

게다가 이런 심사와 처벌을 개인적인 감정이나 응징, 경쟁자를 처벌하는 데 이용하여 파벌과 갈등을 조장했다. "부역자 심사 작업이 한국 화단畵壇의 파벌 형성에 중요한 계기가 되었다"는 증언이 그 예라 할 수 있다. 이런 문제들은 각 분야의 갈등 이면에 잠복한 경우가 허다했다. 이 시기 부역자 처리를 둘러싸고 배태된 갈등은 한국 사회 전반에서 갈등과 파벌 구조를 형성하는 요인이며, 한국전쟁의 비극성을 더 깊게 만드는 요소가 되었다.

■ 김성칠, 앞의 책, 296~297쪽.

17

민간인 학살

인간의 광기를 확인하다

전쟁에는 대량 학살이 뒤따른다 •

전쟁에서 가장 중요한 문제는 아군과 적군을 구분하는 일이다. 전선 戰線을 긋고 상대편을 죽이는 것이 전쟁이다. 이런 행위는 군인들 사이의 전투로 나타난다. 어느 쪽 군대가 빨리, 많이 죽느냐에 따라 전쟁의 승패가 결정된다. 어느 쪽이든 상대편 군대를 괴멸하면 전쟁은 자동적으로 끝난다.

전쟁에서는 군인뿐만 아니라 민간인도 수없이 죽는다. 도시에 인구가 밀집한 현대사회에서는 더욱 그렇다. 전투행위가 벌어지는 곳과 사람이 사는 곳이 구분되지 않기 때문이다. 전쟁을 위해서는 모든 물자와 인력이 동원되어야 하므로, 그 과정에서 민간인도 많이 희생된다. 전쟁이 일어나면 모든 사람이 어떤 식으로든 관계되고 피해자가 되는 것이다.

전쟁이 일어나면 군인들이 무고한 민간인을 학살하는 일도 부지기

수다. 민간인 학살은 대부분 집단적으로 일어나기 때문에 피해 규모가 매우 크다. 한꺼번에 수십, 수백 명 심지어 수천 명이 희생되는 경우도 있다. 집단 학살은 법을 적용하는 절차나 형식도 없이 학살자가 자의적으로 행한다. 학살자들은 이런 행위가 불법이며 위법이라는 것을 잘 알기에 사실을 은폐하기 위해 은밀하게 진행하고, 증거를 남기지 않으려고 노력하는 경우가 대부분이다.

그렇다고 해서 완전범죄가 되지는 않는다. 아무리 감추려 해도 어떤 식으로든 증거가 남게 마련이다. 양심의 가책을 느낀 가해자가 증언하는 경우도 있고, 천신만고 끝에 살아남은 사람이 존재하는 경우도 있다. 설령 가해자나 피해자의 증언이 없다 해도 사람들을 끌고 간 사실은 남게 마련이다. 그들의 증언과 군대의 움직임을 보면 정황을 추정할 수 있다. 당시에 시체가 발견되거나 수십 년 뒤에 유골이 발견되어 학살을 증언해주기도 한다.

민간인 학살은 전쟁범죄다. 아무리 전쟁 상황이라 해도 적대 행위를 하지 않는 비무장 민간인을 무차별적으로 살해하는 것은 심각한 범죄다. 이는 국제법 규정에도 어긋나는 전쟁범죄이며 처벌 대상이다.' 그런데 전쟁이 있는 곳에서는 이런 일이 거의 예외 없이 벌어진다. 규모나 정도에 차이가 있을지언정 모든 전쟁에서 대규모 학살이 자행된다.

■ 제노사이드 전쟁범죄에 관해서는 《제노사이드 : 학살과 은폐의 역사》(최호근 지음, 책세상, 2005)를 참고할 수 있다.

학살의 바탕에 인간의 광기가 있다 •

한국전쟁에서도 이런 일이 발생했다. 어떤 전쟁보다 심했다고 말할 수 있을 정도다. 얼마나 심했느냐고 묻는다면 그걸 어떻게 설명해야 할까? 우선 희생자 규모로 말할 수 있을 것이다. 지금까지 정확한 숫자는 집계되지 않았지만, 남한에서 수십만 명이 희생되었을 것이라고 본다.• 남북한을 합친 규모는 추산 자체가 불가능하다. 북한 지역에 대한 민간인 희생 관련 조사 보고서나 근거 자료가 거의 없기 때문이다.

그런데 남한의 피해 규모가 왜 이렇게 차이가 날까? 전쟁이 일어난 지 60년이 넘었지만, 이 문제가 제대로 조사되지 못했기 때문이다. 당연히 공식적으로 집계할 수 있는 방법이나 기회가 없었다. 2006년부터 2010년까지 활동한 '진실·화해를위한과거사정리위원회'에서 한국전쟁 전후 민간인 희생에 대해 조사했지만, 신청한 사건만 대상으로 했기에 전체적인 희생 규모를 파악하는 데 한계가 있었다. 그래도 보도연맹과 관련된 조사는 체계적으로 진행되어 상당한 성과가 있었다.••

정확한 숫자를 파악할 수 없지만, 한국전쟁 시기 남한에서 적어도 수십만 명이 무고하게 희생된 것은 분명하다. 왜 이렇게 많은 사람들

■ 한국전쟁 시기 민간인 학살과 관련된 단체에서는 최대 100만 명까지 보고 있지만 이는 과장된 것으로 보이며, 최소 20만 명 이상으로 추론된다.
■■ 〈국민보도연맹 사건〉, 《2009년 하반기 조사 보고서》(진실·화해를위한과거사정리위원회, 2010) 참고.

이 죽어야 했을까? 그 이유 또한 간단하게 말할 수 없다. 발생한 사건마다 희생 이유가 다르고, 지역마다 사건의 성격 또한 다르기 때문이다. 그렇지만 공통점은 있다. 흑백논리에 따른 편 가르기와 인간의 광기狂氣다. 우리 편이 아니면 적이라는 사고와 인간의 광기가 수많은 사람들을 무차별적으로 죽이는 데 기여했다.

보도연맹 사건, 한국전쟁 시기 대표적인 집단 학살 •

남한에서 일어난 민간인 학살은 다수가 국군이나 경찰, 우익 치안대가 벌인 일이다. 일부는 인민군과 좌익 세력이 벌였다. 국군과 경찰이 민간인을 학살한 부분에 대해서는 앞에서 언급했다. 4·3사건과 여순 사건에서 일어난 일이 한국전쟁 때도 벌어진 것이다.

국민보도연맹 사건이 대표적인 경우다. 보도연맹이란 해방 후 좌익 활동을 하다가 전향한 사람들을 모아 만든 조직이다. 전향轉向은 사상을 바꾸는 것을 말한다. 공산주의자나 사회주의자가 자기 사상을 포기하고 대한민국의 법질서 안에서 살겠다고 공개적으로 밝힌 것이다. 그런데 전향이 사실은 약간 웃긴다. 사회주의나 공산주의 이념에 신념을 가지고 좌익 활동을 한 사람들도 있지만, 그것이 정확히 무엇인지도 모르고 휩쓸린 사람들도 있었다.

적지 않은 사람들이 '모든 사람을 평등하게 잘살도록 해준다'니까 동조했다. 친일파가 활개를 치고 일제 때보다 형편이 나아진 것도 없으며, 바라던 농지개혁은 안 되니까 단순히 시국에 대한 불만을 표출한 사람도 있었다. 게다가 물가는 폭등하고, 식량은 없고, 정말 살기 힘든 상황이라 많은 사람들이 좌익에 가담하기도 했다.

정부가 수립되고 나서 좌익에 대한 탄압이 강화되었다. 좌익 조직은 지하로 들어갔으나 곧 깨지고 말았다. 과거 좌익 단체에 가담한 사람들을 감시하고 통제할 조직이 필요했다. 그렇게 해서 만들어진 것이 국민보도연맹이다.

보도연맹 사건의 책임자는 누구인가? •

국민보도연맹에는 좌익에 관계한 사람만 가입한 것이 아니다. 시골에서는 아무것도 모르는 사람들이 보리쌀 준다고 해서 가입하고, 숫자 채우기 위해 가입원에 서명하고, 문맹인 사람이 오면 구장*이 대신 이름을 썼다.

그런데 전쟁이 나니까 이 사람들을 소집해 총살했다. 보도연맹원 처형은 6월 말부터 7월 말까지 전국에서 거의 동시에 벌어졌다. 전쟁이 나자 바로 죽이는 일이 시작된 셈이다. 처형 작업은 주로 군인들이 맡았다. 헌병이 하기도 하고, 일반 군인이 하기도 하고, 때로는 경찰과 우익 청년단이 나서서 도왔다. 이 과정에서 최소한 수만 명이 넘는 사람들이 학살되었을 것으로 추정된다. 전체 보도연맹원이 20만

■ 지금의 마을 이장. 당시에는 일제의 관행이 남아서 경찰과 관공서의 말단 협조자로, 일반 주민들에게 상당한 권한을 행사했다.

명 이상 되었을 것으로 추정되는데, 전국에 걸쳐 조직적으로 학살이 진행되었다.[*]

그러면 누가 이 일을 명령했을까? 고위급에서 지시한 것은 분명하다. 전국적으로 동시에 진행되었으니, 군을 전체적으로 지휘하는 위치에 있는 사람이 아니면 안 되는 일이다. 그런 직위는 대통령이나 국방장관밖에 없다. 지금까지 학살 지령이 어디에서 내려왔는지 정확히 밝혀지지 않았지만, 연구자들은 최고 지도자인 이승만 대통령에게서 나왔을 것으로 보고 있다.[**] 그렇지 않고는 그토록 조직적으로 움직일 수 없다는 판단 때문이다.

보도연맹원 처형은 사람을 마치 AI 바이러스에 감염된 닭이나 오리를 '살처분殺處分'하듯이 진행되었다. 구제역에 걸린 돼지나 광우병에 걸린 소와 같이 '인간을 살처분 해서' 땅에 묻어버린 것이다. 희생자에게 구덩이를 파게 한 다음 대량으로 총살하고 한꺼번에 매장했다. 잔인하지 않은가. 한반도 곳곳이 이 같은 희생자들의 무덤이라고 생각해보라. 참혹한 일이다.

■ 진실 · 화해를위한과거사정리위원회, 앞의 보고서 참고.
■ ■ 《전쟁과 사회 : 우리에게 한국전쟁은 무엇이었나?》(김동춘 지음, 돌베개, 2006) 346쪽. "최근 이도영 박사가 발굴한 문서에는 '처형 명령은 의심할 바 없이 최상층부에서 내려왔다'고 되어 있는데, 이는 이승만 대통령을 비롯한 국방장관 등의 결정에 따라 처형이 진행되었다고 볼 수 있을 것이다."

빨치산 토벌 과정에서 일어난 집단 학살 •

전쟁 와중에도 수많은 학살이 있었다. 인민군이 점령한 지역에서 인민군에 협조(부역)했다고 처형된 사람도 엄청나다. 인민군에 대한 협조도 여러 가지다. 간단하게는 인민군을 환영하는 자리에 참석하는 것부터 식량 제공이나 좌익 단체에 가담해 활동한 것까지. 처형 대상자 대신 그 가족을 죽이는 일도 일어났다. 아버지가 좌익 활동이나 부역을 했는데 사라졌다면 어머니와 자식들을 죽이는 식이다. "빨갱이는 씨를 말려야 한다"면서 그렇게 했다. 이런 대살代殺은 4·3사건이나 한국전쟁 시기 토벌 과정에서 빈번하게 자행되었다. 이 얼마나 끔찍한 일인가.

인민군과 빨치산이 활동하던 주변의 마을 사람들이 무차별적으로 집단 학살된 경우도 적지 않다. 거창군 신원면에서는 700여 명이 한꺼번에 학살당하는 사건이 일어났다. 신원면은 거창군에서도 오지로, 산청 쪽을 통해 지리산과 연결되는 지역이다. 이곳에 빨치산이 자주 출몰하자, 빨치산을 토벌한다면서 들어간 국군이 마을 사람들을 한곳에 모아두고 학살했다. 잡으라는 빨치산은 잡지 않고 애먼 민간인을 잡은 것이다.

이 사건으로 죽은 사람 가운데 노인과 어린아이, 부녀자가 상당히 많았다. 그러니까 이는 명백하게 의도적 살인 행위다. 빨치산 토벌이 제대로 안 되니까 마을 사람들에게 분풀이를 한 것이다. 이제 갓 돌이 지난 아기부터 칠순 노인까지 무고한 인명을 무차별적으로 살상한 다음, 뻔뻔하게도 빨치산을 사살했다고 전공戰功으로 보고했다.

이 사건은 일찍부터 진상이 알려져 국회에서도 문제가 됐다. 그 바람에 거창 하면 신원 사건이라고 할 정도로 유명한 일이 되었다.

이보다 심한 사건도 많다. 특히 남한에서는 지리산을 중심으로 한 전라도와 경상도 산간 지방에서 많이 벌어졌다.* 인민군이 후퇴하면서 지리산으로 숨어들어 빨치산 활동을 하는데, 이들을 토벌하는 과정에서 벌어진 일이다.

집단 학살 이면에 존재하는 인간의 광기 •

민간인 집단 학살은 산간이나 평야, 해안 가릴 것 없이 남한 전역에서 자행되었다. 바닷가에서는 사람들을 수장해 시체조차 찾지 못한 경우가 허다하다. 당연히 유골도 없다. 전국의 어지간한 지역에서는 땅을 파기만 하면 당시의 유골이 나온다고 할 정도로 무차별적인 집단 학살이 곳곳에서 벌어졌다. 우리는 거대한 무덤 위에 사는 것이나 마찬가지다.

우리가 즐겨 찾는 관광지 제주도는 말할 것도 없고, 수도권 가까이 있어 휴식처로 각광받는 강화도 역시 곳곳이 학살지다. 고양의 금정굴, 경산의 코발트 광산, 대전형무소 사건이 일어난 산내 골령골도 집단 학살지다. 우리가 아는 유명 산악 지대도 거의 그런 지역이다.

■ 거창 신원 사건과 거의 동일한 유형으로 '함평 11사단 사건'을 비롯해, '화순 · 담양 · 장성 사건' '산청 민간인 학살 사건' 등이 있다. 이런 학살은 대부분 지리산을 중심으로 한 산간 지역에서 일어났는데, 그 수법이 거의 유사하다.

한국전쟁 시기의 민간인 학살을 보면서 인간의 광기에 대해 생각하지 않을 수 없다. 인간은 모두 조금씩 광기가 있다. 사람마다 차이는 있지만 광기가 없는 사람은 드물다. 평소에는 잠자고 있다가 어떤 조건이 마련되면 나타날 수도 있다. 인간의 광기는 전쟁과 함께 최고의 빛을 발한다. 전쟁은 인간을 미치게 만든다. 온순한 사람도 극단적인 상황에서는 무고한 민간인을 학살하는 살인자가 될 수 있다. 사이코패스 기질이 있는 범죄자들은 이런 조건에서 엄청난 살인마가 될 가능성이 높다.

그렇다고 인간의 광기가 모두 부정적인 것만은 아니다. 이를테면 예술가의 광기는 예술적 천재성을 발휘하는 데 필요한 요소가 된다. 일상적이고 평온한 시대를 살아가는 사람에게 '약간의 광기'는 추진력이 될 수도 있다. 그러나 전쟁 상황에서는 약간의 광기가 집단 학살 행위로 나타날 수 있다.

인간에게 환경이 중요한 것도 이 때문이다. 끊임없는 자기 성찰과 교육이 필요하다. 자기 성찰과 교육을 통해 인간의 길, 생명의 중요성을 아는 훈련을 받지 않으면 인간은 극단적인 상황에서 야수보다 잔혹해질 수 있다. 그래서 민주국가의 군대는 전쟁에서 이기는 훈련뿐만 아니라 인권과 생명을 존중할 줄 아는 인성 교육을 받는 것이 필요하다.

18

국민방위군사건

연옥보다, 지옥보다 심한
참상이 연출되다

사람들을 굶주림으로 몰아넣은 사건 •

전쟁이 비참한 것은 인간의 생명을 쉽게 빼앗는다는 사실이다. 이 세상에서 인간의 생명보다 귀중한 것은 없다. 그런데 전쟁에서는 사람 목숨이 파리 목숨처럼 취급되는 일이 많다. 앞에서도 보았듯이 한국전쟁 기간 동안 숱한 사람들이 대량 학살되었다.

전쟁은 인간의 생명을 가볍게 취급할 뿐만 아니라, 산 사람의 삶도 비참하고 고통스럽게 만든다. 전쟁에서는 항상 죽음이 따라다닌다. 죽음의 공포에서 벗어날 수도 없다. 또 전쟁은 사람을 굶주리게 만든다. 인간의 원초적인 욕구는 먹고, 자고, 배설하는 것이다. 그중에서도 먹는 것이 가장 중요하다. 먹어야 사니까 어찌 보면 당연한 얘기다. 배고픔의 고통은 겪어보지 않은 사람은 모른다고 한다.

전시에는 대다수 사람들이 굶주렸다. 정상적인 사회라도 생활이 쉽지 않은 조건이었는데, 전쟁으로 모든 것이 파괴된 상태에서 먹을 것이 제대로 있을 리 없다. 전쟁의 굶주림에서 사람들을 조금이라도 건져준 것이 구호물자다. 유엔의 이름으로 들어온 구호물자는 많은 사람들을 아사餓死의 위기에서 구해주었다.

당시 전쟁터에 나간다는 것은 죽음을 의미했는데, 차라리 배불리 먹고 죽자며 군대에 간 사람들도 있다. 하지만 군대는 청춘의 허기를 채우기는커녕 배고픔과 구타만 안겨주었다. 그래도 밥은 먹으니 집에서 굶는 가족을 걱정하며 군대 생활을 한 사람들도 많다. 가슴 아픈 일이 아닐 수 없다.

국민을 위한 정치가 펼쳐졌다면 전쟁이라도 덜 고통스러웠을 텐데, 국가는 그렇지 않았다. 멀쩡한 사람을 빨갱이라고 몰아 죽이더니, 이제는 그들에게 가야 할 물자마저 빼돌려 굶어 죽게 만들었다. 한국전쟁 당시 이승만 정권이 저지른 잘못 가운데 으뜸은 민간인을 무차별적으로 학살한 것이다. 그런데 민간인 학살 못지않게 국민들의 신임을 잃게 만든 사건이 있다. 국민방위군사건이다.

제2국민병 동원령이 내리다 •

국민방위군사건 이야기를 하기 위해서는 전쟁 상황을 간단히 짚고 넘어가야 한다. 1950년 6월 25일 전쟁이 일어난 뒤 국군은 패배를 거듭했다. 8월 중순까지 대구와 부산을 중심으로 낙동강 동남쪽 일부를 제외하고는 모든 지역이 인민군에게 장악되었다. 그사이 한국 정부의 임시 수도는 대전과 대구를 거쳐 부산으로 정해졌다.

그런데 9월 15일 유엔군의 인천 상륙작전이 성공하면서 상황이 완전히 바뀌었다. 9월 28일 서울이 수복되었고, 남한 전역이 유엔군과 남한군의 수중에 들어왔다. 10월 이후 삼팔선을 넘은 유엔군과 남한군은 파죽지세로 북진했고, 북한군은 몇 달 전 남한군이 패배한 것과 거의 같은 속도로 패배를 거듭했다. 그러다가 함경북도와 평안도 북부 산악 지역만 공산군 수중에 남았을 무렵, 중국의 '인민해방지원군'*이 참전하면서 다시 상황이 역전되었다. 유엔군과 남한군은 중국군과 인민군의 합동 공세에 밀려 후퇴할 수밖에 없었다.

1951년 1월 4일 서울이 다시 공산군의 수중에 떨어졌다. 1·4후퇴다. 상황이 반전되면서 이승만 정부도 바빠졌다. 무엇보다 전쟁 초기의 쓰라린 경험을 되풀이하지 않기 위해 대책이 필요했다. 전쟁 초기 한국 정부는 겉으로 서울 사수를 외치면서도 서울 시민을 속이고 몰래 도주하는 바람에 대다수 시민들이 피난하지 못했다. 한강을 건너지 못한 서울 시민들은 인민군 치하에서 고생하고도 '잔류파'라 하여 인민군에 부역한 범죄자 취급을 받았다. 청장년은 인민군을 보충하기 위한 '의용군'으로 동원되었다.

서울을 내주고 다시 후퇴하는 마당에 실패한 경험을 되풀이할 수는 없었다. 정부는 부랴부랴 '국민방위군 설치법'을 만들었다. 현역 군인과 경찰, 공무원, 학생을 제외한 만 17세 이상 40세 이하 장정을 제2국민병으로 동원해서 경상도 일대에 설치하는 51개 교육대에서 군사훈련을 한다는 계획이었다.

■ 북한과 중국의 공산군은 중국 공산군을 그렇게 불렀다.

국민방위군의 주된 목적은 청장년 50만 명을 서울 이남으로 이동시켜 인민군 징발을 막는 것이었다. 국민방위군은 지원·보충 병력으로, 일종의 예비군 성격이었다. 하지만 남한군의 병력 보강보다 북한군의 병력 보충을 막는 데 중요한 의미가 있었다.

청장년 후송을 위해 급조된 국민방위군 •

국민방위군 설치법은 1950년 12월 16일 국회를 통과하여 12월 21일 정식으로 공포되었다. 법안이 공포되자 이승만 대통령은 방위군 사령관에 김윤근, 부사령관에 윤익헌, 참모장에 박경구를 임명했다. 이들은 모두 대한청년단 간부 출신이다.

대한청년단은 해방 후 좌우익이 대립하는 과정에서 숱하게 생겨난 우익 청년 단체를 통합해 1948년 12월에 만든 조직으로, 이승만 정권을 떠받치는 친위대였다. 이승만이 직접 지시해 만들었으며, 대통령 이승만이 총재, 국방장관 신성모가 단장이었으니 그 성격을 짐작할 수 있을 것이다.

대한청년단은 6·25전쟁이 일어나자 청년방위대로 이름을 바꾸고, 후방 치안과 군사 지원 업무를 가로맡았다. 청년방위대는 군과 경찰에서 무기를 받아 주요 시설의 경비와 주민 치안 활동을 하는가 하면, 후방 전투에 동원되어 군과 경찰의 민간인 집단 학살을 보조하는 역할도 수행했다. 군의 모병 업무에도 동원되었는데, 이 과정에서 민폐를 끼치는 일이 적지 않아 말썽을 빚기도 했다.

청년방위대의 이런 활동은 아무런 법적 근거가 없었는데, 이승만 대통령과 신성모 국방장관이 '국민방위군 설치법'이라는 법적 근거를 마련해 우익 반공 청년단에게 장정 50만 명을 내맡긴 꼴이 되고 말았다. 문제는 국민방위군이 급조된 조직이라는 점이다. 국민방위군은 엄청난 생명을 책임진 조직이지만, 정부는 예산이나 물질적 지원 대책을 전혀 세워놓지 않고 장정들의 후송만 독촉했다. 방위사령부는 장정들의 후송과 수용, 교육 체계 등 아무런 준비도 갖추지 못한 채 업무를 개시했다. 그러니 어떻게 되었겠는가. 한마디로 개판이었다.

대책 없이 거리로 내몰린 국민방위군 •

일차적으로 문제가 된 것은 대병력을 후송하는 방법이었다. 정부는 아무런 대책도 세우지 않았다. 한겨울에 천 리 길을 걸어서 내려가라는 것이었다. 다만 양곡권을 주어 국민방위군 장정들을 인솔하는 책임자가 남하하면서 현지 군수나 서장 등에게 급식을 요청할 수 있도록 했다.

하지만 전란 중에 행정 체계가 제대로 움직일 리 없다. 행정조직은 마비 상태나 다름없으니 모두 굶주리는 전시에 어느 공무원이 군인도 아닌 일반 장정, 그것도 타향 사람들의 숙식을 책임지겠는가. 처음 일부 사람들에게는 밥도 해 먹이고 잠자리도 제공했지만, 시간이 지나면서 매일 수천 명씩 밀려드는 장정들에게 밥을 해줄 식량도, 그럴 만한 시설과 인력도 없었다.

사람들은 국민방위군을 소집한다기에 군복이 제공될 줄 알고 내복도 입지 않고 홑바지·홑저고리 차림으로 집을 나섰다. 입고 있던 옷을 가족에게 주고 떠난 것이다. 그중에는 고향을 떠날 때 시계도 차고 제법 외투도 입고 담요도 갖고 나선 사람이 있었지만, 두어 달 지나는 동안 갈아입을 옷은커녕 누더기 한 장 걸친 알거지가 되었다. 그동안 속옷에 꿰매어 감춘 알량한 돈도 이리저리 뜯기고, 몸에 가진 것은 다 팔아서 식량과 바꿔야 했다. 그러나 아무리 몸부림쳐도 굶주림을 피할 수는 없었다.

먹는 것뿐만 아니라 잠자리도 문제였다. 엄동설한에 낮에는 걷고, 밤에는 학교 강당이나 교실 바닥에서 잤다. 운동장 맨땅에서 담요 한 장 없이 자기도 했으니 얼마나 심각했겠는가.

목불인견의 참상을 연출하다 •

행군이 계속되자 얼어 죽고 굶어 죽고 병들어 죽는 사람이 속출했다. 대열에서 낙오하거나 이탈하는 사람도 많았다. 이들은 곧 '죽음의 행렬'이 되었다. 당시 육군 중위로 이 모습을 목격한 리영희는 그 처참한 광경을 자서전 《역정》에서 다음과 같이 설명한다.'

■ 리영희, 앞의 책, 168~169쪽.

전국 각지에서 끌려온 예비 병력으로서 국민방위군의 최종 남하 목적지의 하나가 진주였다. 진주에 주둔한 날부터 그야말로 목불인견目不忍見의 국민방위군 청장년들의 행렬이 쇄도하기 시작했다. 얼마나 되었는지 그 수는 지금 기억하지 못하지만, 1만 명은 훨씬 넘었다. 진주시 내외의 각종 학교 건물과 운동장은 해골 같은 인간들로 꽉 들어찼다. 인간이 그런 참혹한 모습이 될 수 있다는 것이 놀라운 발견이었다.

느닷없이 끌려나온 그들의 옷은 누더기가 되고, 천 리 길을 걸어 내려오는 동안에 신발은 해어져 맨발로 얼음길을 밟고 있었다. 혹시 몇 가지 몸에 지닌 것이 있더라도 굶주림 때문에 감자 한 알, 무 한 개와 바꾸어 먹은 지 오래여서 몸에 지닌 것이라곤 아무것도 없었다. 인간을, 포로도 아닌 동포를 이렇게 처참하게 학대할 수 있을까 싶었다. 6·25전쟁의 죄악사에서 으뜸가는 인간 말살 행위였다. 이승만 정권과 그 지배적 인간들, 그 체제 그 이념의 적나라한 증거였다.

중학교와 각급 학교 교실에는 가마니도 제대로 없었다. 다 깨어진 창문을 막을 아무것도 지급되지 않았다. 그 후의 '국민방위군사건' 재판에서 밝혀졌듯이, 예산과 식량은 전액 전량이 지급된 것으로 되어 있는데, 그들은 내의 한 벌 받은 일이 없었고, 꽁보리밥 한 그릇을 몇이서 나누어 먹어야 했다.

교실 안에 수용된 사람들은 그나마 다행이었다. 교실이 작은 틈도 없이 채워진 뒤에 다다른 형제들은 엄동설한에 운동장에서 몸에 걸친 것 하나로 새워야 했다. 누운 채 일어나지 않으면 죽은 것이고, 죽으면 그대로 거적에 씌워지지도 않은 채 끌려 나갔다. 시체에 씌워줄 거적이 어디 있단 말인가! 얼마나 많은 아버지가, 형제와 오빠가, 아들이 죽어갔는지! 단테의 연옥도, 불교의 지옥도 그럴 수는 없었다. 단테나 석가나 예수가 한국의 1951년 초 겨울의 참상을 보았다면 그들의 지옥을 차라리 천국이라고 수정했을지도 모를 일이었다.

잠자리도 마련되지 않은 교육대 •

국민방위군 병사들은 처음 서울이나 경기도에서 소집됐을 때는 입성이나 건강 상태에 큰 문제가 없었을 것이다. 당시 사람들의 영양 상태가 지금처럼 좋지는 않았다는 점을 감안하더라도 말이다. 하지만 시간이 흐를수록 이들의 모습은 거지 중에서도 상거지가 됐고, 건강도 계속 나빠졌다. 이들은 내려오는 동안 배가 고프니까 온갖 짓을 했다. 먹을 것을 안 주니 훔쳐 먹을 수밖에 없었다. 도둑이 된 것이다. 그렇게 해서라도 살아남은 사람은 다행이었다.

도대체 얼마나 많은 사람이 죽었는지도 정확히 알 수 없는 상황이었다. 육군본부가 보고한 바에 따르면 1951년 2월 말까지 남하하다가 행방불명, 동상, 질병 등으로 낙오된 장정이 27만 3000명이나 된다. 목적지에 무사히 도착한 38만여 명 가운데서도 20퍼센트는 환자였다고 할 정도다.

문제는 거기에서 끝나지 않았다. 교육대에 도착한 다음에도 장정들에게 지급된 것은 두 명에 가마니 한 장이 고작이라, 그걸로 깔고 덮고 자야 했다. 전쟁 통에 깨진 창문을 막을 것도 없었다. 그나마 교실 안에 들어가면 다행이었다. 교실이 채워지면 운동장에서 걸친 옷

그대로 밤을 지새워야 했다. 당시 국민방위군 8교육대 장교(중위) 홍사중은 다음과 같이 썼다.[*]

> 내가 있던 진주교육대는 나중에 알고 보니 그래도 좋은 편이었다. 무엇보다 네 기둥이 멀쩡한 진주여고 교사가 있었다. ……진주의 또 한 가지 고마운 것은 가까운 곳에 남강이 흐르고 있었다는 사실이다. 일주일에 한 번꼴로 날씨가 포근한 날을 골라서 기간 사병들이 장정들을 남강으로 데리고 가서 몸을 씻고 이를 잡게 했다. 이는 손으로 한 마리 두 마리 잡는 게 아니었다. 발가벗긴 다음에 몸을 빗자루로 쓸어내리는 것이었다. 옷을 털어내고.

예산을 마음대로 써버린 방위군 간부들 •

사람들이 왜 이렇게 되었을까? 국민방위군으로 끌려온 사람들이 이런 상황에 내몰린 것은 이들에게 주어야 할 옷과 식량을 누군가 떼어먹었기 때문이다. 여론이 들끓을 수밖에 없었다. 문제가 심각해지자 국회가 나섰다.

국회는 1951년 3월 29일 '국민방위군의옥疑獄사건특별조사위원회'를 구성하고 조사 활동을 개시했다. 위원회는 4월 25일 중간보고에 이어, 5월 7일 사건의 전모를 발표했다. 발표에 따르면 국민방위

■ 《민족의 증언 4》(편집위원회 엮음, 중앙일보사, 1983) 103~104쪽.

군 간부들은 105일 동안 70억 원 이상을 부정한 방법으로 빼돌려 착복한 것으로 드러났다. 지금 들어도 어마어마한 액수다. 예를 들면 국민방위군 부사령관 윤익헌이 기밀비로 사용한 액수가 3억 원인데, 이는 당시 감찰위원회(감사원의 전신) 1년 총예산의 30배를 웃도는 금액이다.*

이들은 이렇게 빼돌린 돈을 어디에 썼을까? 쉽게 생각할 수 있는 것이 유흥비다. 방위사령부 간부들은 유흥비를 흥청망청 썼다. 국회 특별조사위 서민호 의원이 진술한 내용을 보면 그런 사실을 금방 알 수 있다.**

> 김 사령관에게 영달된 현금이 얼마 남았느냐고 물었더니, 사령부 안의 한 칸만 한 방에 데리고 가는데 500원권과 1000원권 새 지폐가 가득 차 있어요. 모두 10억 원인데, 1억 원쯤 쓰고 9억 원 정도 남았다는 거예요. 김 사령관이나 윤 부사령관이 액수도 세어보지 않고 손에 잡히는 대로 들고 나가 요정에 마구 뿌렸다는 게 거짓말이 아닌 모양입니다.

수십만 장병이 얼어 죽고 굶어 죽고 병들어 쓰러지는데, 간부들은 주지육림酒池肉林에서 놀아난 것이다.

■ 《비화 임시 수도 천 일 (상)》(부산일보사 기획연구실 지음, 부산일보사, 1983) 179쪽.
■ ■ 중앙일보사, 앞의 책, 119~120쪽.

정치자금과 상납금으로 빠져나간 돈 •

유흥비가 전부는 아니었을 것이다. 아무리 술 퍼먹고 기생집에서 뿌려댔다고 해도 그 많은 돈을 다 쓸 수는 없다. 그럼 국민방위군 간부들이 그 돈을 착복해 자기 재산 불리는 데 빼돌렸을까? 지금까지 알려진 바로는 김윤근이 축재한 것은 별로 없다. 나머지 아래 간부들이 해 먹어봐야 '새 발의 피'라고 할 수 있다. 그럼 어디에 썼을까? 이 돈은 정치권과 관계에 뿌려졌다. 이 사건을 처음 수사한 101헌병대장 송효순은 다음과 같이 말했다.

> 횡령한 수십억 원의 행방이나 용도에 관한 이야기는 당시 관련자들이 대부분 현존하고 있어 밝히기 곤란하군요. 돈이 흘러간 곳이 아주 광범해서 각계 요로에 거의 다 미쳤다는 것만은 말할 수 있지요. 그 죄상은 천인공노할 만했습니다. 조사 결과 사령관 김윤근 준장이 그 돈을 횡령해서 개인적으로 축재한 것은 별로 없었어요.

사병들이 얼어 죽고 굶어 죽게 만들어서 빼낸 돈 가운데 많은 부분이 정치자금이나 상납금으로 나갔다는 이야기다. 일부 밝혀진 사실에 따르면 현금 27억 원 가운데 3분의 1은 국회의원들(이승만을 지지하던 신정구락부)에게 정치자금으로, 3분의 1은 관계에 뿌려졌다는 것이다. 군 장성 가운데서도 많은 사람들이 상납금을 받았다. 그러니 국회가 그 사용처를 제대로 밝히는 것은 사실상 불가능했다. 결국 국회는 국민방위군 간부들의 부정 조사와 달리 흐지부지되고 말았다.

최소한의 희생양이 필요했다 •

그러나 국민들의 비난 여론이 워낙 거세서 사건을 그냥 덮어둘 수 없었다. 반드시 희생양이 필요했다. 국민방위군 간부들에 대한 재판은 일사천리로 진행되었다. 워낙 국민들의 관심이 높은데다가 여론의 지탄을 받아서 피해 갈 도리가 없었다. 1951년 7월 5일 재판이 시작되었다. 군사재판은 원래 비공개가 원칙이었으나 이 사건은 일반에게 완전히 공개했다. 그만큼 정부가 부담을 안고 있었다는 이야기다. 재판이 시작되고 3일 뒤 결심공판이 있었고, 7월 19일에 언도공판이 열렸다.

예상대로 김윤근, 윤익헌, 강석한, 박창원, 박기환에게 사형이 선고되었다. 재판관들 사이에서도 김윤근 사령관의 형량에 대해서는 이견이 많았다. 그는 자신이 얼마나 엄청난 죄악을 저지르는지 몰랐을 정도로 무식하고 무능해서, 부사령관의 농간에 놀아난 허수아비에 불과했다는 것이다. 김윤근은 일제 지원병 출신으로 유명한 씨름꾼이었는데, 국민학교 졸업 학력으로 어쩌다 이승만의 눈에 들어 청년단 단장을 거쳐 별(준장)까지 단 인물이다.

김윤근은 입으로 '애국, 반공, 군인과 군대의 신성한 의무'를 외쳤지만, 병사들을 개 패듯이 때려잡는 일본군의 잔영에서 한 치도 벗어나지 못한 사람이다. 그는 청장년 수십만 명의 생명과 교육을 책임진 국민방위군 사령관으로서 소양과 자질은 물론, 책임감도 모르는 형편없는 인간이다. 김윤근이 말했듯이 "행정도 정치도 모르는 씨름꾼이었는데 어쩌다 중책을 맡아 일을 저지른 것"이다. 엄밀하게 따지면

책임 소재는 이승만 대통령과 신성모 국방장관에게 있었다.

하지만 당시 여론은 김윤근에게 '눈곱만한 동정심'도 허락하지 않았다. 횡령한 돈을 받아먹은 사람들도 김윤근이 살아서 입을 열면 어쩌나 두려워했다. 따라서 재판은 가급적 신속하게 끝내고, 최소한의 희생자로 사건을 마무리해야 했다. 김윤근도 정치적 제물이라고 할 수 있다.

국민의 불신과 기피 대상이 된 이승만 정부 •

뇌물을 받아먹은 정치인과 장성들은 조사 한 번 제대로 받지 않았고, 사건의 진실은 많은 부분이 어둠 속에 묻혔다. 박순천 의원은 뇌물을 받아먹은 사람들에게 다음과 같이 질타했다.

"알고 먹었든, 모르고 먹었든, 직접으로 먹었든, 간접으로 먹었든 먹은 것은 사실 아니야? 불의를 보면서 은폐하려는 것은 불의와 다름없다. 양심이 있거든 내가 먹었노라고 자백하라!"

이것은 허공을 향한 외침이었을 뿐이다. 반면 국민들의 불신은 말할 수 없는 지경에 이르렀다. 국민의 불신이 얼마나 컸는지 사형 집행도 공개적으로 해야 했다. 세간에는 사형선고는 내렸지만 집행하지 않을 것이며, 심지어 범죄자들을 해외로 빼돌릴 것이라는 이야기가 공공연하게 나돌았다. 결국 8월 13일 대구에서 약 10킬로미터 떨어진 화원에서 사형이 집행되었다. 그것도 기자들이 지켜보는 앞에서 공개적으로.

국민방위군사건은 많은 내용을 어둠 속에 묻어둔 채 발단 8개월 만에 막을 내렸다. 그러나 이 사건으로 국민들은 아물 수 없는 상처를 받았다. 그렇지 않아도 불신하던 정부와 군대는 국민들이 기피하는 대상이 되었다. 직접 끌려간 사람들은 분노와 수치심을 가눌 수 없었고, 장교들은 씻기 어려운 공범 의식에 시달렸다. 국민방위군사건의 망령은 아직도 사라지지 않고 있다. 정부에 대한 국민들의 불신으로.

19

부산 정치 파동

한국 민주주의,
시궁창에 빠지다

땃벌 떼가 부산 시내를 휘젓다 •

'땃벌'이 무엇인지 아는지 모르겠다. 땃벌은 강원도에서 '땡벌'(인기 트로트의 그 '땡벌'이다), 평안도에서 '땃버리', 경상도 일부 지방에서는 '땡삐'라고 부르는 땅벌을 말한다. 땅벌은 주로 땅속에 집을 짓고 사는데, 어쩌다 잘못 건드리면 정말 고생한다. 녀석들은 떼거리로 달려들고, 한번 공격 목표를 정하면 끝까지 쫓아온다. 그래서 성격이 모나거나 팍팍한 사람을 경상도에서는 '땡삐 같다'고 한다.

벌을 피하는 가장 좋은 방법은 가만히 있는 거라고 한다. 도망가면 더 달려든다는 것이다. 땅벌한테는 이 방법도 통하지 않아 마지막으로 물속에 숨는다. 그런데 이 녀석들은 사람이 물속에서 나올 때까지 기다렸다가 쏜다고 할 정도로 끈질기다. 침을 쏘면 자기 생명이 끝나는데도 땅벌은 무서운 투혼을 발휘해서 기어코 침입자에게 징벌을 가한 뒤 장렬한 최후를 맞이한다.

이런 '땃벌'이 대낮에 떼거리로 부산 시내에 나타났다. 땃벌 떼는 부산 거리를 휘젓고 다니며 사람들에게 마구잡이로 침을 쏘아댔다. 땅속에 있어야 할 땃벌 떼가 왜 도심에 나타났느냐고? 이 땃벌 떼는 사람들이다. '땃벌떼'라는 깡패들이 거리를 활보하면서 공포 분위기를 조성한 것이다.

관제민의가 동원되다 •

이승만의 정치적 야심을 위해 야당 정치인과 일반 백성을 협박하는 조직이 땃벌떼다. 이승만의 야심은 헌법을 바꾸는 것이었다. 앞에서 이야기했듯이 우리나라 초대 헌법에서는 대통령을 국회의원들이 간접선거로 뽑도록 되어 있었다. 그런데 이승만의 인기가 떨어졌다. 특히 국회와 대통령 사이가 나빴다. 이승만의 권위적이고 독선적인 행태에 국회의원들이 넌더리가 난 것이다. 국회에서 대통령을 뽑으면 이승만은 도저히 당선될 수 없는 상황이었다.

이승만은 헌법을 개정하기로 마음먹었다. 국민 직선제로 바꾸려고 한 것이다. 그런데 국회에서는 아예 대통령제를 의원내각제로 개정하려 했고, 이에 서명한 국회의원들이 적지 않았다. 이승만으로서는 큰일이었다. 직접 국회의원들을 설득해도 안 되니까 이번에는 관제민의官制民意를 동원했다.

민의는 국민의 뜻을 말하며, 국민들이 스스로 표출한 의견이어야 한다. 그런데 이승만의 사주를 받은 경찰과 군대가 민의를 조작했다.

'국부 이승만 박사'를 위해 헌법을 개정하라는 데모대를 동원한 것이다. 국회의원들에게 '국제공산당'이라는 협박까지 해댔다.' 그 과정에서 등장한 것이 땃벌떼다.

민중자결단과 백골단이 동원되다 •

땃벌떼 말고도 민중자결단과 백골단이 있었다. 이름만 들어도 무시무시하지 않은가.

민중자결단民衆自決團부터 보자. 민중은 인민대중의 줄임말로, 역사·사회적 의미가 있다. 즉 역사와 사회의 주인이지만 그 역할을 하지 못하는 사람들을 일컫는다. 지금은 그렇지 못하지만 언젠가는 역사의 주인 노릇을 하리라는 사람들의 지향과 희망이 담긴 말이라고도 할 수 있다. 하지만 민중자결단에서 민중은 일반 국민, 대중을 뜻한다. 사전에 따르면 자결은 '의분을 참지 못하거나 지조를 지키기 위해 스스로 목숨을 끊는 것' '다른 사람의 도움이나 간섭을 받지 않고 자기와 관련된 일을 스스로 결정하고 해결하는 것'이다. 둘 다 협박의 의미가 있다. 목숨 걸고 싸우는 사람들이라는 이야기다.

■ 국제공산당 사건이다. 1952년 5월 26일 이승만 정부는 대통령 직선제를 강행하기 위해 의원내각제를 주장하는 야당 의원 50여 명을 연행했고, 이 가운데 정헌주, 이석기, 서범석, 임흥순, 곽상훈, 권중돈 등 12명은 국제공산당 관련 혐의로 구속했다. 물론 날조된 사건이다. 이들은 나중에 강제 동원된 투표 과정에 나와서 기립 투표를 한다. 이 사건을 계기로 부통령 김성수는 5월 29일 이승만 대통령을 탄핵하고 사표를 제출한 뒤, 부산 앞바다의 외국인 병원선으로 피신했다.

백골단白骨團도 그렇다. '하얀 해골'이 무리 지어 다닌다. 무시무시한 느낌이 들지 않는가? 이것 역시 국민을 협박하는 의미가 담긴 말이다. 재미있는 사실은 30년이 지난 1980년대에 백골단이 다시 등장한다는 점이다. 1980년 5·18민주화운동을 총칼로 짓밟고 들어선 전두환 정권은 정통성이 없었다. 집권 기간 동안 민주화 투쟁이 계속되자, 전두환 정권이 민주화 운동을 진압하기 위해 만든 체포 전문 경찰 부대가 백골단이다. 청바지와 청재킷 차림에 하얀 헬멧을 쓰고 시위대를 향해 돌진하던 모습이 지금도 눈에 선하다.

정치 파동이 아니라 이승만의 친위 쿠데타다 •

땃벌떼, 민중자결단, 백골단은 모두 이승만의 사주를 받은 정치 깡패다. 이들은 국회를 둘러싸고 관제 데모를 벌였으며, 나중에는 국회의원들을 하루 종일 국회의사당에 감금하기도 했다. 이승만의 요구를 거부하는 국회의원들을 공산당이라고 협박하는 일도 서슴지 않았다. 임시 수도인 부산 전역에 온갖 공고문과 협박문을 붙이며 공포 분위기를 조성하고, 심지어 재야인사와 야당 정치가들의 회의장을 습격하고 파괴하는 일도 벌였다.˙

■ 국제구락부 사건이다. 정치 파동에 대해 국제적인 비난 여론이 쇄도하자, 이승만 대통령은 6월 4일 국회 해산을 보류한다고 표명했다. 그러나 6월 20일 부산 국제구락부에서 야당과 재야인사들이 반독재호헌구국선언을 하는 회의장에 괴한이 습격하는데, 이를 국제구락부 사건이라고 부른다. 6월 25일에는 이승만 대통령 암살 미수 사건이, 6월 30일에는 민중자결단이 국회의사당을 포위하고 국회의원 80여 명을 감금하는 일이 벌어졌다.

정치 깡패들의 협박으로 끝나지 않았다. 전국에 계엄령을 선포하고, 국회의원 50여 명이 탄 버스를 헌병대에 끌고 갔으며, 야당 국회의원 12명을 국제공산당과 관계된 혐의가 있다며 구속했다. 상황이 얼마나 험악했는지 부통령 김성수는 사표를 던지고 유엔군이 보호하는 부산 앞바다의 함정으로 피신했다. 국회의원들도 경찰과 군인, 땃벌떼를 비롯한 정치 깡패들을 피해 다니느라 활극을 연출할 지경이었다. 이들에게 잡힌 국회의원들은 하루 종일 국회의사당에 감금된 채 화장실도 못 갈 정도로 시달렸다. 심지어 경찰관에게 뺨을 맞으면서도 항의를 못 한 때도 있다. 살벌한 상황이었다.

결국 도망하거나 피신한 국회의원들이 모두 잡혀왔고, 1952년 7월 4일 경찰과 군인들이 국회의사당을 포위한 가운데 헌법 개정안이 통과되었다. 골자는 대통령 직선제에 양원제를 비롯한 의원내각제 요소를 가미한 내용이었다. 이를 발췌 개헌,* 이런 일이 벌어진 일련의 과정을 '부산 정치 파동'이라고 한다.** 전쟁 중 임시 수도 부산에서 일어난 '큰 정치적인 사건波動'이다. 실제로는 파동이 아니라 이승만

■ 발췌 개헌은 이승만의 요구인 대통령 직선제와 야당의 요구인 의원내각제 요소를 가미한 국무총리 신설과 양원제를 받아들였다고 해서 붙은 이름이다. 이 안은 전쟁을 수행하기 위해 이승만을 권좌에 두기로 결정한 미국이 낸 것이라고 알려진다. 미국은 이때 군을 동원해 이승만을 제거하는 계획을 검토하지만, 전쟁을 수행하기 위한 다른 대안을 찾지 못해 포기한 것으로 알려진다. 이를 계기로 미국은 무력을 동원한 이승만 제거 계획인 '에버 레디 작전(Ever Ready operationt)'을 작성, 필요한 시기마다 검토했다고 한다.
■■ 부산 정치 파동은 이승만이 집권하기 위해 국민 직선제에 의한 대통령 선출을 골자로 개헌을 시도하면서 일으키는 연속된 과정을 말한다. 1951년 11월 30일 정부가 직선제 개헌안을 국회에 제출하면서 시작되어 이듬해 7월 4일 군과 경찰이 부산의 임시 의사당을 포위한 가운데 국회의원들이 기립 투표로 발췌 개헌안을 통과시키기까지 과정을 포괄적으로 설명하는 용어다.

의 '친위 쿠데타'라고 해야 정확한 표현이다. 한국 정치사와 헌정사에 길이 남을 사건이다.

시궁창에서 꽃피운 한국 민주주의 •

이 사건이 나자 〈런던타임스〉는 "한국 땅에서 민주주의를 기다리는 것은 시궁창에서 장미꽃이 피기를 기다리는 것과 같다"고 혹평했다.• 장미는 물이 잘 빠지는 토양에서 자라기 때문에 시궁창이 아니라도 물기가 많은 곳을 싫어한다. 한국에서는 민주주의가 꽃피우는 게 불가능하다는 이야기를 이런 식으로 표현한 셈이다. 수천 년 역사와 문화 민족의 긍지를 자랑하는 우리나라가 이런 이야기를 듣는 것은 부끄러운 일이다. 영국은 민주주의 역사 측면에서 우리보다 역사가 길지만, 역사와 문화적 전통을 따지면 우리보다 나을 게 없는 나라다.

당시 몰상식적인 상황을 보면 외신의 주장이 일리가 있다. 하지만 우리는 그 기간이 좀 길었어도 민주주의를 이뤄냈다. 이런 점에서는 자부심을 느껴도 될 것이다. 경제 발전 못지않게 민주주의와 정치발전을 이뤘다는 것이 우리가 자랑할 일이다. 물론 이는 수많은 사람들이 희생한 덕분에 가능했다. 많은 사람들이 감옥에 가고, 고문을 당하고, 그 과정에서 죽고, 개인적인 삶을 희생하면서 고통 받고…….

부산 정치 파동이 일어났을 때는 아직 전쟁이 끝나지도 않은 상태

■ 《만물상 1》(조선일보사, 1979) 43쪽.

였다. 국민들은 언제 죽을지 모르고, 고향에도 돌아가지 못한 채 고통스럽게 피난살이하고 있었다. 하루하루 넘기기도 버거운 상황인데, 이승만은 전쟁으로 고통 받는 민중의 삶을 조금이라도 개선하기 위해 노력하기는커녕 정권 연장에 집착했다. 이승만은 전쟁을 자신의 권력 기반을 다지는 기회로 이용한, 인정머리 없고 잔혹한 지도자다.

이승만 정권이 오래간 것은 전쟁 때문이다 •

전쟁이 아니었으면 이승만이 다음에 대통령이 되기 어려웠을 것이다. 한국전쟁이 일어나기 직전인 1950년 5월 국회의원 선거에서 중간파와 진보적인 인사들이 많이 당선되었다. 이승만과 한민당의 정치적 기반이 약해진 것이다. 그런데 전쟁이 나는 바람에 이승만이 다시 살 기회가 주어졌다. 야당도 이승만을 노골적으로 공격할 수 없는 상황이었다.

이승만은 정말 심했다. 전쟁이 일어나자 국민들에게 서울을 사수할 것이라고 거짓말하고 정부를 몰래 대전으로 옮겼으며, 국민방위군사건과 같은 부정부패를 저질렀다. 그뿐인가. 국민의 생명을 지켜야 할 국군이 무고한 백성들을 마구잡이로 처형하는 어처구니없는 일이 곳곳에서 벌어졌다.

정부에 대한 국민의 신뢰는 땅에 떨어졌다. 이승만의 정치 기반이 취약해진 것이다. 그러나 한국 정치에 가장 큰 영향력을 행사하는 미국으로서는 전쟁을 끌고 가기 위해서 문제가 많아도 이승만 체제를 유지하는 수밖에 없었다. 전쟁이라는 급박한 상황, 관제민의와 총칼을 동원한 협박 앞에서 야당 의원들도 손들고 말았다.

클라우제비츠는 《전쟁론》에서 "전쟁은 정치의 또 다른 수단"이라고 했다. 간단히 이야기하면 전쟁은 단순한 싸움이 아니라 '정치적 목표를 강제하기 위한 폭력'이라는 의미다. 여기에서 정치적 목표는 여러 가지가 있겠지만, 한국전쟁이 일어난 원인을 생각하면 '통일'이라는 문제다. 그러니까 한국전쟁은 남북통일이라는 정치적 목표를 전쟁이라는 폭력적 수단으로 해결하려고 한 것이다. 이는 남과 북의 문제이자, 전쟁의 가장 근본적인 문제였다.

전쟁과 정치의 관계를 다른 측면에서도 살펴볼 수 있다. 전쟁이 나지 않았다면 이승만은 다음 대통령이 될 수 없었을 것이다. 전쟁이 이승만의 정권 연장을 도와준 셈이다. 정상적인 상황이었다면 이승만이 정치권력을 유지하기 어려웠고, 전쟁 상황이 아니었다면 미국도 그런 방식을 용납하지 않았을 것이다. 전쟁이 아니었다면 이승만은 4·19혁명 같은 상황을 1960년보다 훨씬 전에 맞았을지도 모른다. 그런 점에서 전쟁은 비정상적인 정치권력을 유지하도록 하는 수단이 되기도 한다. 한국전쟁과 이승만의 관계에서 그 사실을 확인할 수 있다.

20

민의 대통령과 산골 대통령

산골 대통령이
한국 사회를 지배하다

두 대통령이 존재하던 시절 •

이승만 대통령이 통치하던 1950년대는 한국에 두 대통령이 있었다. 1950년대 한국 사회를 두 대통령을 통해 진단해보자.

한 나라에 대통령이 여러 명 있다면 정상적인 나라는 아니다. 나라가 두 쪽 나서 내전 상태라면 모를까, 정상적인 나라에서 대통령이 한 명 이상 존재할 수는 없다. 그런데 우리나라에 그런 비정상적인 시절이 있었다.

자유당 정권 시절 대한민국에는 두 대통령이 있었다. 하나는 '민의 대통령', 다른 하나는 '산골 대통령'이다. 민의 대통령은 정치적으로 필요할 때마다 민의民意를 들먹이며 민의대(관제 데모대)를 동원한 이 나라 최고 권력자 이승만이다.

산골 대통령이 산골을 지배하던 시절 •

그러면 산골 대통령은 누구일까? 한 가지 힌트를 주면, 여기에서 말하는 대통령은 지역 대표나 주민의 의사를 대변한다는 의미와 거리가 멀다. 오히려 그 반대로, 산골 지역에서 주민 위에 군림하며 권력을 행사하는 존재라는 의미를 내포한 말이다. 풍자와 해학을 담은 표현이자, 시대 상황을 정확하게 반영한 말이다. 떠오르는 것이 없는가?

경찰은 이승만 정권의 중요한 기반이었다. 그 이야기는 경찰이 국민 위에 군림하는 가장 강력한 권력이었다는 의미다. 여기에서 말하는 산골 대통령은 당시 어느 신문의 표현을 빌리면 "버스가 하루에 한두 번이나 들어올까 말까 하는 촌구석에서 어쩌다 주민들의 도장이 필요해 거둬 오라고 하면 한 시간보다 늦었다고 이장들의 뺨을 갈기며 대통령에 버금가는 권력을 휘두르던"• 지서 주임을 말한다.

과거에는 군 단위에 경찰서가, 면 단위에 지서가 있었다. 지서에서 가장 계급이 높은 경찰관이 주임으로, 주임의 계급은 보통 경사다. 당시 경찰 계급은 순경-경장-경사-경위-경감-경정-총경-경무관으로 8단계였는데,•• 아래에서 세 번째니까 그리 높은 계급은 아니다. 하급 간부라고 할 수 있지만 그 위세는 대단했다. 산골에서는 대통령보다 막강한 파워를 자랑하는 '산골 대통령'이었다.

■ 조선일보사, 앞의 책, 77쪽.
■ ■ 지금은 '순경-경장-경사-경위-경감-경정-총경-경무관-치안감-치안정감-치안총감' 등 경찰 계급이 훨씬 많다.

정부와 여당의 충견 노릇을 한 경찰 •

이승만 정권 시기는 '경찰국가'라고 해도 틀린 말이 아닐 정도로 경찰의 위세가 대단했다. 거기에는 이유가 있다. 이승만이 권력을 장악하는 데 친일 경찰의 도움을 많이 받았다는 것은 앞에서 이야기했다. 경찰은 이승만이 권력을 유지·연장하는 데 결정적인 역할을 했다.

경찰의 임무가 무엇인가? 범죄를 예방하고 범죄가 일어났을 때 범인을 잡고, 국민이 편안하고 안전하게 생활할 수 있도록 질서를 유지한다. 데모도 막고, 간첩도 잡는 치안과 방첩 활동이다. 그런데 이승만 정권에서 경찰의 업무는 정권 지키기였다. 경찰은 공무원으로서 정치적 중립을 지켜야 하지만, 이승만 정권에서는 정부와 여당의 종노릇을 하기에 여념이 없었다. 예를 들면 선거 때 경찰은 여당 후보의 선거운동을 지원하는 전위부대가 된다.

야당 후보를 감시하고 탄압하는 일도 주요 임무 가운데 하나다. 주민들에게 여당 후보를 찍으라고 노골적으로 압박·강요하고, 야당 후보의 선거 유세를 공공연하게 방해했다. 심지어 야당 후보의 후보 등록 용지를 탈취해서 후보 등록 자체를 가로막는 일도 부지기수였다. '곤봉 선거'라는 말이 나온 것도 이 때문이다.˙ 선거 뒤 여당 표가 적게 나온 마을 사람들은 어김없이 보복을 당했는데, 이런 일에 앞장선 것이 경찰이다.

■ 《대한민국 선거 이야기 : 1948 제헌 선거에서 2007 대선까지》(서중석 지음, 역사비평사, 2008) 82~84쪽.

무소불위의 권력을 행사한 산골 대통령 •

경찰의 행패는 도시보다 시골이 더했다. 도시에서는 경찰이 선거에 개입하면 금방 언론에 노출되게 마련이다. 아무리 자기들 멋대로 하는 세상이라지만, 언론에 보도되면 골치가 아팠다. 도시에서는 노골적으로 여당을 탄압하는 데 한계가 있으나, 시골은 달랐다. 특히 산골 지역은 외부 세계와 거의 격리되어 웬만한 일은 세상에 알려지지 않았다. 산골에서 경찰이 권력을 마음대로 휘두르며 선거에 개입한 것도 이 때문이다.

산골에서 경찰의 역할은 선거에 개입하는 수준을 넘어섰다. 말 그대로 '무소불위'의 권력을 행사하면서 주민들 위에 군림했다. 당시 경찰(특히 지서 주임)의 권한은 막강했다. 반공 교육, 시국 강연회, 관제 데모 따위를 위해 주민들을 동원할 때, 가끔 정치적인 이유로 주민들의 도장이 필요할 때도 경찰이 개입했다. 혹시 제대로 동원되지 않거나 지시한 시간보다 조금이라도 늦게 가져가면 동네 이장의 따귀를 사정없이 올려붙이고 발길질을 해댔다. 이장이 아무리 나이가 많아도 개의치 않았다.• 경찰은 이렇게 주민들을 감시·통제하면서 이승만 정권을 지탱하는 충견 노릇을 했다.

지금 사람들은 이런 일이 이해가 안 될 것이다. 이는 법을 집행하고 민중을 지켜주는 경찰이 할 일이 아니다. 깡패나 할 수 있는 행동이니 지금 세대가 어떻게 이해하겠는가. 당시 경찰이 휘두른 폭력은

■ 1950년대는 말할 것도 없고, 1960년대까지 이런 일이 비일비재했다.

274

법이라는 이름을 등에 업은 합법적인 폭력이라고 할 수 있다. 그래서 경찰의 이런 행태를 '합법적인 국가 폭력'이라고 한다. 법은 있지만 그 법을 지켜야 할 경찰과 행정기관이 법의 이름으로 국민에게 폭력을 행사한 것이다. 법이 아니라 깡패들의 주먹과 같은 것이었다. 그래서 "법은 멀고 주먹은 가깝다"는 말이 유행했는지도 모르겠다. 사실 그 의미는 좀 다르지만 실제 상황은 유사하다.

경찰을 상전으로 모시고 살던 사람들 ·

지서 주임이 산골 대통령 행세를 한 것은 반공의 위력 때문이다. 한국전쟁을 거치면서 빨갱이는 남한 사회에서 씨를 말려야 할 존재가 되었다. 그 바람에 전쟁 전후 무고한 민간인이 수없이 학살당했다. 주민들은 빨갱이로 찍히는 것을 가장 두려워했다. 지서 주임의 비위에 거슬리는 행동을 하면 위험해진다. 지서에 잡아다가 "너, 빨갱이지?"라고 족치면 큰일이다.

설령 좌익과 아무 상관없다고 해도 그걸 증명하기 쉽지 않았다. 막무가내로 몰아붙이고 위협하면 어떻게 될지 모를 일이기 때문이다. 잘못하면 생명이 위태로울 수도 있다. 빨갱이 혐의에서 벗어난다고 해도 온몸에 피멍이 드는 것은 피할 수 없었다. 경찰에 잘못 찍히면 자기 몸이 괴로운 것은 물론 집안이 풍비박산할 수도 있으니, 경찰의 비위를 거스르지 않는 것이 상책이었다.

산골에서는 지서 주임 바로 아래 차석과 그 아래 경찰들의 위세도

대단했다. 지서 순경들이 떴다 하면 마을 사람들이 전부 나와 비위를 맞췄을 정도다. 사람들은 혹시 트집이라도 잡힐까 봐 전전긍긍했다. 없는 살림에 술을 바치고 닭을 잡아 내놓고⋯⋯. 잘못 찍혀 밉보이면 온 동네가 두고두고 괴로운 일을 당했기 때문이다.

민주주의 발전과 함께 달라진 경찰 ●

지금으로서는 상상이 되지 않는 일이다. 지구대에 근무하는 경찰관들은 취객에게 욕먹고 멱살잡이를 당하는 일이 흔하고, 폭행도 심심찮게 당한다. 아무 이유 없이 지구대에 칼을 들고 와서 위협하고, 화가 난다고 지구대를 차로 들이받아 화염에 휩싸이는 일도 벌어진다. 그래도 꾹 참아야 하는 것이 지금의 경찰이다. 화가 난다고 시민을 한 대 쳤다가는 그 장면이 고스란히 CCTV에 잡혀 전국에 중계방송될 수도 있다.˙ 폭력 경찰로 낙인찍히면 그날로 옷을 벗어야 하는 것은 물론, 운이 나쁘면 기소까지 당할 수도 있다.

　그러나 반세기 전만 해도 상황은 완전히 달랐다. 시골 지서 주임은 그 지역의 최고 권력자, 산골 대통령이었다. 당연히 경찰은 '민중의 몽둥이'였다. 경찰의 위세는 1960년대까지 계속되었다. 1950년대 정

■ 가끔 TV 뉴스에서 볼 수 있는 광경이다. 성석제의 콩트집 《번쩍하는 황홀한 순간》에 수록된 〈당부 말씀〉에는 파출소 차석이 농민들에게 하소연하는 이야기가 있다. 열 받는다고 차로 파출소 담벼락을 받고 도망친 차가 누구 차인지 안다는 이야기와 제발 음주운전 좀 하지 말아 달라는 읍소가 계속된다. 1950년대 경찰과 비교하면 격세지감이 드는 광경이다.

도는 아니지만 주민들에게 경찰은 여전히 공포의 대상이었다. 주민들은 경찰서(혹은 지서) 앞을 지나가는 것조차 두려워했다. 실제로 기성세대는 경찰에게 주민들이 마구잡이로 뺨 맞는 장면을 목격한 경험이 있다. 기성세대에게 산골 대통령이라는 말이 실감 나게 다가오는 것도 이 때문이다.

박정희, 전두환 군부 정권 시절에도 경찰의 위력은 상당했다. 하지만 1987년 6월 항쟁을 거치면서 경찰의 위세가 많이 약해졌다. 한국 사회의 민주화와 함께 경찰도 상당 부분 민주화되었다. '민중의 몽둥이'에서 '민중의 지팡이'로 변신하려고 노력했다고 할 수 있다.

그러나 국민의 정부와 참여정부를 거치면서 민주화된 경찰이 이명박 정부에서 옛날의 근성을 드러냈다. 정권의 종노릇하기에 여념이 없고, 다시 민중의 몽둥이가 되겠다고 설치는 형국이었다. 경찰의 이런 모습은 식민지와 분단, 전쟁의 유산이라고 할 수 있는데, 민주 사회에서는 용납되지 않는 일이다. 박근혜 정부에서는 어떨지?

우는 아이도 그치게 만든 일제 경찰 •

조선 시대에도 포도청은 무서운 권력기관이었다. 백성들은 털벙거지를 쓴 포졸만 봐도 괜히 가슴을 졸였다. 그렇다고 포도청이 백성들을 무조건 옥죄는 기관은 아니었다. 범법자를 다스리고 질서를 유지하는 차원에서 강력한 권력기관이나, 백성의 일상생활에서는 그렇게 억압적인 기관이 아니었다. 일제강점기 상황은 완전히 달라진다.

일제는 조선의 국권을 강제로 빼앗은 뒤 헌병 경찰 제도를 시행했다. 헌병은 간단히 말하면 군인을 단속하는 경찰이다. 군인 경찰이 일반 주민을 통제했으니 세상이 항상 계엄령 상태나 다름없었다. 일제 경찰은 하는 일도 많았다. 독립운동가 색출부터 마을의 위생 상태 점검, 미풍양속 단속까지 주민 생활을 일일이 감시하고, 간섭·통제했다. 누구네 집 숟가락이 몇 개인지, 누구네 집에 어떤 손님이 다녀갔는지도 훤히 꿸 정도였다.

일제 경찰의 주민 통제 방식은 가혹하기 짝이 없었다. 말보다 주먹과 발길질이 먼저고, 툭하면 채찍질이었다. 채찍 끝에 납덩이가 붙어 있어 살점이 뚝뚝 묻어났다. '쇠좆매'라고 했다. 일제 경찰은 즉결 처분권도 있었다. 독립운동가로 의심되면 그 자리에서 쏘아 죽일 수 있었다는 이야기다. 그러니 일제강점기 경찰은 말 그대로 백성의 생살여탈권을 쥔 존재였다. 오죽하면 우는 아이도 "순사 온다"고 하면 뚝 그쳤을까. 조선 시대에 곶감이 있다면, 일제강점기에는 순사가 있었다.

일제의 경찰상을 이어받은 이승만 시절의 경찰 •

문제는 해방된 뒤에도 경찰의 행태가 달라지지 않았다는 점이다. 친일 경찰이 미 군정청의 경찰이 되었고, 다시 대한민국의 경찰관이 되었다. 친일 경찰은 해방 후 처음에는 숨을 죽이고 있었지만, 미군이 들어오면서 사정이 달라졌다. 미군이 좌익에 대항하기 위해 친일 경찰을 다시 등용한 것이다. 민주공화국 대한민국이 수립되고, 이승만 정권에서 경찰의 위세는 날로 더해갔다.

특히 일제강점기 독립운동가를 탄압하는 데 앞장선 정보 사찰 계통의 경찰들이 중용되었다. 독립운동가를 잡던 경험을 좌익 세력을 색출하는 데 써먹으라는 것이다. 이들 반공 경찰은 '빨갱이를 잡는다'는 명목으로 민주주의를 탄압했으며, 국민의 정당한 요구를 억눌렀다. 일제강점기 잔인한 고문 기술도 고스란히 전수되었다.

반공 경찰로 변신한 친일 경찰은 친일파 청산을 방해하며 반민특위를 없애는 데 앞장섰다. 4·3사건과 한국전쟁에서는 군대와 더불어 민간인을 학살하는 데 한몫을 담당했다. 자유당 정권에서는 이승만과 자유당에 반대하는 정치 세력과 인물을 탄압하는 '권력의 충견' 노릇을 했다.

이 시절 경찰은 이승만 정권의 친위대이자 돌격대였다. 이승만 정권은 일종의 경찰국가였다. 산골 대통령이 생긴 것도 이 때문이다. 우리는 산골 대통령의 위세를 통해 1950년대 한국 사회의 단면을 볼 수 있다.

21

원조 경제와 관료 자본주의

천민자본주의가
한국 경제를 장악하다

원조 경제로 지탱한 대한민국 •

1950년대 한국 경제를 적절하게 설명해주는 단어가 있다. 바로 '원조 경제'다. 경제가 무엇인가? 간단히 말하면 사람들이 먹고사는 것이라고 할 수 있다. 사람이 먹고살기 위해서는 물건을 생산해야 한다. 우리가 먹는 쌀, 보리, 밀부터 입는 옷, 생산하는 기계에 이르기까지 모두 물건이다. 경제가 굴러가기 위해서는 사람들이 일해야 하고, 일을 하려면 공장이 있어야 한다. 공장뿐만 아니라 원료와 재료가 필요하다.

그때 우리나라에는 이런 것들이 없어서 누군가에게 도움을 받아야 했다. 모든 물자를 남이 주는 것에 의존하지 않을 수 없었다. 우리가 의존한 것이 바로 미국이다. 당시 우리나라는 미국의 원조 없이는 경제를 움직이기도 어려웠다. 그래서 '원조 경제'란 말이 생겼다. 부끄러운 이야기지만 불과 60년 전 이야기다.

우리가 미국에게 받은 물자는 소비재가 대부분이다. 그중에도 밀가루, 설탕, 면화(목화솜)가 많았다. 전쟁 기간과 전후 우리나라의 산업은 이 세 가지를 받아서 배분하거나 가공하여 판매하는 것이 전부라고 할 정도였다. 세 가지가 모두 흰색이다 보니 사람들은 이와 관련된 일을 '삼백三白 산업'이라고 불렀다. 또 시멘트, 설탕, 밀가루는 모두 가루라 '삼분三紛 산업'이라고 했다. 삼백 산업과 삼분 산업은 1950년대 우리나라 산업의 중심이었다.

1950년대 한국 정부는 미국에서 원조 받은 밀가루와 설탕, 면화를 시중에 팔아서 국가 재정을 마련했다. 원조 물자를 팔아서 만든 돈을 '대충자금'이라고 하는데, 이 돈은 한국 정부가 마음대로 쓸 수 없었다. 1952년 5월 '대한민국 정부와 유엔사령부의 경제 조정에 관한 협정'(일명 마이어협정)이 맺어졌는데, 이때 한미합동경제위원회(한미경제위원회)가 설치되었다. 원조 물자의 배분과 판매, 판매 자금 관리 등을 한미경제위원회에서 심의·결정했다. 대충자금은 한국은행에 예치했다가 한미경제위원회의 통제를 받으면서 정부 재정으로 활용했다.

■ 한미경제위원회와 관련해서는 〈1950년대 미국의 대한 경제 정책과 한국의 사회·경제 구조〉, 《한국 현대사 2 : 1950년대 한국 사회와 4월 민중 항쟁》(한국역사연구회 현대사연구반 엮음, 풀빛, 1991)을 참고할 수 있다.

국가 경제에서 재정투융자의 중요성 •

이 대충자금의 사용처가 상당히 중요하다. 먼저 대충자금 가운데 상당 부분이 국방비로 쓰였다. 1954~1960년 전체 대충자금의 34.8퍼센트가 국방비로 사용되었을 정도다. 다음으로 정부의 재정투자와 재정융자로 사용되었다. 대충자금의 43.7퍼센트는 경제 부흥 특별회계, 18.7퍼센트는 재정융자로 쓰였다. 그러니까 이 둘을 합친 62.4퍼센트가 한국 정부의 재정투융자財政投融資로 사용된 것이다.˙

이것만 봐도 대충자금이 한국 정부 예산에서 중요한 역할을 한다는 것을 금방 알 수 있다. 1953~1960년 한국 정부 예산에서 재정투자와 재정융자로 사용된 돈의 69.1퍼센트가 대충자금에서 나왔다. 국내에서 조달한 자금은 30.9퍼센트에 불과했고, 그마저 반 이상이 산업부흥국채로 채워졌다. 국채國債란 국가 채무, 빚을 말한다. 산업부흥을 위한 국채, 그러니까 빚이다. 이런 상황이었으니 한국 정부의 재정은 한미경제위원회에 좌지우지될 수밖에 없었다. 한국은 안방 살림을 내준 것이나 마찬가지다. 경제 주권을 내맡긴 채 형식적으로 독립국가 행세를 했다고 해도 과언이 아니다.

국가 경제에서 재정투융자의 의미를 간단히 살펴볼 필요가 있다. 재정투융자는 간단히 말하면 국가 재정에서 사용하는 투자와 융자다. '재정과 금융의 접점'이 되는 재정투융자는 재정 기구를 통해 조

■ 공제욱, 〈50년대 국가 정책과 자본 축적〉,《청년을 위한 한국 현대사》(박현채 엮음, 소나무, 1992) 161쪽.

성된 자금이나 정부의 영향력 아래 놓인 자금을 일정한 계획에 따라 투자·출자 혹은 융자하는(빌려주는) 정부의 재정 금융 활동이다. 1929년 대공황 이래 자본주의국가에서도 케인스John Maynard Keynes의 경제 이론을 받아들여 혼합경제 방식을 이용하는 나라가 많아졌는데, 이들 나라에서는 재정투융자가 중요한 수단이 되었다.

재정투융자는 정부의 자본축적은 물론, 민간의 자본축적을 보완하는 역할을 할 수 있다. 그 때문에 재정투융자는 경기를 조절하고, 경제성장과 발전을 계획적으로 이룩하기 위한 재정 정책으로 이용된다. 결국 재정투융자는 공공경비, 조세, 예산, 공채 등과 밀접한 관계가 있으면서 국민경제의 안정과 성장을 달성하려는 재정 정책의 목표를 성취하기 위한 수단이 되는 것이다. 2차 세계대전 이후 정부는 공공 부문과 민간 부문의 자원 배분, 소득의 재분배, 국민경제의 안정과 발전을 도모함으로써 재정과 국민경제의 결합 관계를 강화·보강하는 역할을 적극적으로 수행했다.

재정투자를 통한 사회자본의 확충 •

재정투자는 사회자본 형성을 주목적으로 한다. 국가의 자본은 성격에 따라 생산자본과 사회자본으로 나뉜다. 생산자본은 공장 설비, 기계, 운반 기구, 구축물 등 기업의 생산 활동에 직접적으로 관계되는 자본이다. 반면 사회자본은 철도, 항만, 공항, 전신 전화 등의 운수·통신 시설과 전기, 가스, 상하수도 시설, 농업용 시설에서 주택, 학교, 병원, 공원, 박물관 등 문화적 시설에 이르기까지 생산 활동에 간접적으로 이바지하는 공공성 있는 간접 자본을 말한다.

사회자본은 산업의 생산 환경 기반이나 일반 국민의 생활환경 기반을 조성하기 위해 간접적인 역할을 수행한다. 하지만 이런 간접 자본 없이는 기업 활동이나 국민 생활이 발전할 수 없다. 즉 사회자본이 충실한 사회에서는 구성원이 싼값으로 충분한 재화를 소비하고 생산 활동도 원활하게 추진될 수 있으나, 이것이 부족한 사회에서는 경제의 안정과 성장을 저해한다. 따라서 국가 경제가 발전하려면 사회자본을 형성하기 위한 정부투자가 무엇보다 중요하다.

한국의 경제 발전에서 재정투융자는 산업 기반을 조성하고 사회자본을 확충하는 데 큰 역할을 했다. 여기에서 우리가 알아야 할 중요한 사실이 있다. 대충자금에서 나온 재정투융자가 어떻게 사용되었는가 하는 점이다. 1950년대 정부의 재정투자는 대부분 민간 기업이 투자하기를 꺼리는 관계시설 정비와 도로 건설, 토목공사, 항만, 철도, 통신 등 사회자본 시설을 확충하거나 국영기업을 건설하는 데 사용되었다. 이런 국영기업 건설과 사회자본 투자는 1960~1970년대 경제성장의 바탕이 되었다는 점에서 중요한 의미가 있다.

■ 우리는 흔히 박정희 정권의 경제개발을 강조하다 보니 종종 경제에서 1950년대와 1960년대를 단절적으로 보는 경향이 있는데 그렇지 않다. 1950년대의 재정투자가 1960년대와 비교할 수 없을 정도로 작은 규모지만 대충자금이 상당 부분 이곳에 투자되었고, 이것이 1960년대 경제 발전의 밑거름이 되었음은 부인할 수 없는 사실이다.

정부의 재정융자 혜택이 대기업에 집중되다 •

반면 재정융자는 대부분 한국산업은행을 통해 진행되었는데, 그 혜택은 주로 민간 대기업에 돌아갔다. 그러니까 정부가 빌려준 돈이 대부분 일부 대기업에 돌아갔다는 이야기다. 한국산업은행은 1953년 12월 장기적인 개발을 전담하기 위해 만든 국책은행이다. 산업은행에서 빌려주는 돈은 대부분 장기 대출이고, 금리 또한 일반 은행보다 훨씬 낮았다. 당시 사채 금리는 연 48퍼센트 수준이고, 일반은행의 대출금리는 18.25퍼센트까지였다. 산업은행에서 제공하는 대충자금은 금리가 연 10퍼센트 수준이고, 심지어 3퍼센트짜리도 있었다.

1950년대는 인플레이션이 심했기 때문에 일반은행 금리도 실제보다 엄청 낮은 편이었다. 하물며 산업은행 금리는 말할 필요도 없었다. 산업은행에서 돈을 빌린다는 것 자체가 엄청난 혜택이니, 대기업이 자본을 모으기는 땅 짚고 헤엄치기였다.

1961년 4월 30일 현재, '한국산업은행 대부 명세' 자료에 따르면 '10억 환' 이상 거액 융자를 받은 기업이 제조업 12개 업체, 비제조업 6개 업체나 되었다. 비제조업은 모두 국·공유 기업이었고, 제조업 가운데는 섬유업이 가장 많은 4개 업체였다. 이들은 1950년대에 가장 큰 특혜 융자를 받은 자본가들이다.**

■ 우리나라에서는 두 차례 화폐개혁을 통해 화폐단위가 '원'과 '환'을 오갔다. 한국전쟁 중이던 1953년 2월 이승만 정부는 100원을 1환으로 변환하는 1차 화폐개혁을 단행했고, 1962년 6월에는 박정희 군사정부가 10환을 1원으로 변환하는 2차 화폐개혁을 단행했다.
■ ■ 공제욱, 앞의 글, 171쪽.

관료와 대기업이 결탁한 관료 자본주의 •

당시 대기업들은 원조 물자 배당에서도 큰 혜택을 보았다. 먼저 정부가 기업에 원조 물자를 배당하면서 판매하는 가격이 실제 시세보다 훨씬 쌌다. 다음으로 업체들이 원조 물자 가격을 계산할 때 고정환율에 따랐는데, 고정환율과 시장 환율의 격차가 매우 컸다. 물자를 배당받는 것 자체가 엄청난 특혜이다 보니 당시 기업가들은 원조 물자를 배당받는 데 사활을 걸었다.

원조 물자를 배당하는 결정권은 관료들에게 있었고, 그들의 권한이 막강했다. 지금이야 재벌과 대기업의 영향력이 커서 정부의 경제 정책을 기업이 대놓고 비판하지만, 당시로서는 있을 수 없는 일이었다. 그러니 관료들과 기업가가 원조 물자 배분을 둘러싸고 결탁하는 일이 벌어진 것은 불문가지다. 관료들의 힘이 얼마나 강했는지 당시 이런 현상을 '관료 자본주의'라고 불렀다.

관료 자본주의란 관료들이 좌우하는 자본주의라는 뜻이다. 한국 사회에서 관료 자본주의가 그 모습을 드러낸 것은 원조 물자를 배분할 때가 처음이 아니다. 앞에서 말했듯이 일본이 패망하면서 두고 간 귀속재산을 매각할 때 처음 나타났다. 주인이 없어서 미군정이 관리했으니 (국가에) 귀속된 재산이란 뜻이다.

귀속재산은 일제강점기 조선 백성들의 피와 땀으로 이룬 것이니, 해방 후 그 재산은 국유화하는 것이 마땅하다. 그래야 국민 전체의 이익을 위해 사용할 수 있기 때문이다. 하지만 미군정은 귀속재산을 국유화하는 대신 민간에 팔아 치우는 방식을 택했다.

천박하고 부패한 천민자본주의의 얼굴 •

귀속재산 매각은 미군정 시기부터 시작되었지만, 정부 수립 후 본격적으로 진행되었다. 미군정 시기에 매각된 귀속재산은 1270건 정도로, 약 26억 원어치에 이른다. 이 가운데 기업체에 매각한 것은 239건으로 총 11억 원가량이다. 이는 미군정 귀속 기업체 총 추정 가치인 2170억여 원의 0.5퍼센트에 지나지 않았다. 말하자면 미군정에서는 가옥이나 건물, 영세 사업장 정도만 매각했고, 나머지는 모두 이승만 정부에서 매각했다는 것이다.

이승만 정부에서 귀속재산이 본격적으로 매각된 것은 1951~1954년 일이다. 1956년에도 상당수가 매각되지만, 1957년 이후 급격히 줄어 마무리 단계에 들어갔다. 그렇게 1958년까지 매각 계약된 총액은 563억 6264만 환(1960년 도매 물가 기준)에 이르렀다.·

그런데 귀속재산은 시가보다 헐값에 매각되었다. 당시 매각 사무를 직접 담당한 관리는 "정부의 사정가격은 시가의 4분의 1에서 3분의 1 수준이었다"고 말했다. 시가와 비교해서 엄청 싸게 매각되었다는 걸 알 수 있다.·· 국가의 재산(국민 전체의 재산)이 헐값에 팔렸다는 이야기다.

이걸 사기 위해 수많은 사람들이 몰렸지만, 고위층이나 관에 끈이 있는 사람만 살 수 있었다. 일부 사람들에게 엄청난 혜택이 주어졌다

■ 《대한민국사 1945~2008》(임영태 지음, 들녘, 2008) 191쪽.
■■ 공제욱, 앞의 글, 156쪽.

는 의미이자, 한국 경제가 관료와 결탁한 채 부패하고 부도덕한 방식으로 운영되었다는 의미다. 이 때문에 이 시기의 한국 경제를 관료와 결탁한 자본주의라는 뜻에서 관료 자본주의, 천박한 자본주의라는 뜻에서 천민자본주의라고 부른다.

농민의 희생을 강요하는 저곡가 정책 •

원조 경제에 기초한 이승만 정권의 경제정책으로 일부 기업가들은 굉장한 부를 축적했다. 그 가운데 한국 최대의 재벌인 삼성그룹의 창업자 이병철도 있었다. 한때 한국 최대의 재벌이던 현대그룹의 창업자 정주영이나 LG그룹, 두산그룹의 창업자도 얼굴을 내밀었다. 이들은 대체로 삼백 산업을 바탕으로 상당한 자본을 축적했다. 공업 부분에서는 소비재 산업을 바탕으로 기반을 형성했다.

하지만 농업 분야는 전혀 달랐다. 농촌은 피폐했고, 농민들의 삶은 궁핍하기 그지없었다. 정부의 저곡가 정책 때문이다. 곡물(쌀) 가격을 낮게 유지하기 위해 시장에 맡기지 않고 정부에서 인위적으로 개입했다는 이야기다. 그 이유는 두 가지로 설명할 수 있다.

하나는 환율과 관련된 것이다. 환율이란 외화(달러)와 우리 돈(원화)의 교환 비율을 말한다. 1955년 한국과 미국이 달러와 원화의 비율을 1대 500으로 정했다. 이것이 고정환율이다. 정부는 재정 안정을 위해 이 비율을 1960년 2월까지 고수했다. 한국 정부의 재정이 원조 물자를 판 대충자금에 의존하는 상태에서 고정환율을 유지해야 재정을 안정적으로 확보할 수 있었기 때문이다. 이를 위해 정부는 물가지수 영향을 많이 받는 쌀값을 낮게 유지하도록 했고, 이 때문에 1956년부터 미국의 잉여농산물을 도입하는 과정에서 업자들은 1달러당 500환 이상 이익을 보았다. 시중에서 거래되는 환율은 고정환율의 2배가 넘은 것이다.

다른 하나는 정부가 쌀값을 자의적으로 결정했다는 점이다. 모든 물건이 그렇듯이 쌀도 상품이기에 가격을 결정할 때 생산비가 기준이 되어야 한다. 쌀을 생산하는 데 들어가는 생산비에 적정한 이윤을 붙인 것이 쌀값이 되어야 마땅하다. 하지만 정부는 경제 원리에 기초하지 않고 정책적 요구에 따라 쌀값을 책정했다. 정부는 자의적인 기준 아래 강제 수매 등 다양한 관권을 동원해 쌀을 수집한 다음, 쌀의 유통과 시장가격을 통제했다.*

인플레가 계속되는 상황에서 쌀값을 통제함으로써 인플레 부담을 농민에게 떠넘긴 것이다. 농촌은 점점 피폐해졌다. 1960년 농촌에서 평균적으로 지출하는 가계비는 도시 봉급생활자의 36.9퍼센트로 형편없었고, 도시 노동자와 비교해도 58.6퍼센트에 불과한 수준이었다. 농촌은 보릿고개와 초근목피로 연명하는 생활이 이어지고, 농민은 고리채와 장리長利에 쪼들렸다.

■ 임영태, 앞의 책, 196쪽.

미국 잉여농산물이 농업 파괴의 주범이 되다 •

농민들의 생활이 궁핍해지면서 농지개혁으로 거의 소멸된 소작농이 다시 등장했다. 분배받은 농토를 지킬 수 없는 농민들이 자기 땅을 팔고 소작농이나 날품팔이로 전락한 것이다. 역사의 후퇴다. 소작농은 1960년대에 더욱 늘어났다. 농민들의 삶이 어려워졌을 뿐만 아니라 농업 생산도 정체되었다. 여기에는 정부의 잘못된 농업정책도 한몫했다. 한국 정부는 부족한 쌀을 확보하고 농산물 가격을 안정시키기 위해 미국에서 농산물을 도입했는데, 지나치게 들여온 것이다. 미국의 원조 물자는 처음에 밀, 설탕(원료), 면화(원면)˙ 등이었는데 1956년부터는 본격적으로 쌀과 보리 등이 들어왔다.

'미공법 480호LP 480'에 따라 1956년부터 1961년까지 미국의 잉여농산물 2억 300만 달러어치가 들어왔다. 판매 수입 가운데 10~20퍼센트는 미국 측에 돌아갔고, 나머지는 국방비로 사용되었다. 이때 도입한 농산물 가운데 40퍼센트는 밀, 원면과 보리, 쌀이 50퍼센트를 차지했다. 그런데 이 잉여농산물이 우리나라 농업을 파괴하는 주범이 되었다. 잉여농산물은 대부분 국내 수요와 필요량 이상 도입되어 밀, 목화 등의 산업이 금방 파괴되었다. 1960년대 후반에만 해도 밀과 목화 농사를 조금씩 지었는데, 1970년대로 넘어오면서 완전히 사라졌다. 미국 잉여농산물의 과대 도입에서 비롯된 결과다.

■ 그래서 미국 원조에 바탕하여 밀을 가공하는 제분업, 설탕을 만드는 제당업, 원면을 가공하여 실을 뽑고 천을 짜는 면 방직업이 주요 산업이 되었다. 이것들은 모두 흰색이어서 삼백 산업이라고 불렸으며, 1950년대의 대표 산업이었다.

잉여농산물이란 말 그대로 남은 농산물이다. 1950년대 후반 미국에서는 농산물을 지나치게 생산해 가격이 폭락하자, 농민들이 죽을 지경이었다. 이에 미국 정부는 남는 농산물을 해외에 싼값으로 공급하는 정책을 세웠다. 그 판매 규정이 미공법 480호다. 미공법 480호에 따라 해외에 싼값으로 공급하는 잉여농산물은 반드시 미국 배를 이용해 수송하도록 했다. 이를 '바이 아메리칸 십by-American ship 정책'이라고 하는데, 미국 사람들이 고민한 증거다. 그 밖에도 여러 가지 조건을 달았다. 판매 대금을 처리하는 방식과 용도 등을 반드시 미국의 통제를 받도록 한 것이다. 미국이 부자라고 하지만, 아무리 남아돌아도 공짜로 주는 법은 없다. 반드시 조건과 토를 달아서 주었고, 자국에 이득에 되도록 활용했다.

미국은 잉여농산물을 해외에 제공함으로써 꿩 먹고 알 먹었다. 남아도는 농산물을 처리해 자국 농민을 살렸고, 잉여농산물을 가져갈 때 미국 배를 이용하게 함으로써 자국 해운업을 살렸다. 또 잉여농산물을 넘치게 공급함으로써 그 나라의 농업 기반을 파괴하고, 결국 식량을 비롯한 곡물을 미국에 의존하도록 만들었다.

22

실업 사회

실업은 가장 중요한
정치 · 사회 문제다

구직을 갈구하는 청년의 모습 •

여기 사진 한 장이 있다. '구직求職'이라고 쓴 커다란 명패를 가슴에 단 청년이 모자를 쓰고 갸우뚱한 고개를 숙인 채 벽에 기대섰다. 우리는 일자리를 찾아 온종일 거리를 헤매다 지친 청년을 보았다. 그 사진에는 전쟁으로 피폐해진 한국 경제가 있다. 청년은 체념한 듯하면서도 무심하고 달관한 모습이다. 우리는 청년의 모습을 통해 실업과 빈곤의 나락에서 헤어나지 못하던 한국전쟁 직후 현실을 본다.

임응식의 사진 '구직'은 한국전쟁이 진행 중이던 1953년 명동에서 구직 활동을 벌이는 청년의 모습을 담은 것으로, 전쟁 전후 처참한 민중의 현실을 생생하게 증언한 명작이다. 연출한 것인지 우연히 담은 모습인지 모르겠다. 지금 보면 약간 연출한 느낌도 들지만, 시대 상황을 리얼하게 보여주는 데 손색이 없다. 독자들도 감상해보시기 바란다.

임응식은 "사회의 모순과 부조리를 고발하고, 서민들의 아픈 현실을 카메라에 담아내는 일이 사진작가에게 부여된 사회적 의무다. 그 의무를 저버리면 사진작가의 존립 근거를 찾을 수 없다"고 말한다. 그의 말에서 1950년대 전쟁 직후의 시대상을 사진 한 장에 담은 작가 정신을 엿볼 수 있다.

이 사진에는 한국전쟁 직후의 처참한 모습은 물론, 1950년대 후반 혼탁한 시대 상황까지 압축되었다. 전쟁은 세상을 뒤집어놓았고, 그에 따라 사람들의 삶도 완전히 헝클어졌다. 변변히 먹을 것도 없고 구호물자로 연명하는 세상에서 구차한 목숨을 이어가야 하는 사람들이 있었다. 목숨도 자기 것이 아니었다. 가장이기에 자기 목숨도 지키고, 가족의 생계를 유지하기 위해 일자리를 찾아야 했다.

과거를 돌아보며 현재를 성찰하다 •

그러나 일자리는 아무 곳에도 없었다. 국민들은 빈궁과 실업의 고통 속에서 하루하루 근근이 목숨을 이어갔지만, 타락한 권력과 지배자들은 이 안타까운 모습이 안중에도 없었다. 세상은 살 만한 곳이 아니라 희망을 잃어버린 곳이 되고 말았다. 당장 먹을 양식과 일자리를 구하는 것도 문제지만, 고통을 함께 나눌 지도자, 국민을 위무하는 정치가가 없다는 것이 더 큰 문제였다. 희망이 보이지 않아도 마냥 주저앉아 있을 수 없었다. 사람들은 스스로 모든 문제를 해결하기 위해 거리로 나섰다.

어느 때나 실업은 고통스럽다. 일을 하고 싶어도, 일할 능력이 있어도 일자리를 얻지 못한다는 건 정말 괴로운 일이다. 1998년 외환위기와 IMF 구제금융으로 우리 사회에도 실업자가 양산되었다. 사람들이 하루아침에 직장에서 쫓겨나 거리를 방황하는 신세가 되었고, 서울역에는 갈 곳 없는 노숙자들이 모였다. 그 후 허리띠를 졸라맨 결과 경기가 회복되기 시작했고, IMF에 빚도 다 갚았다. 그런데 다시 실업의 한파가 다가온다. 2008년 미국에서 시작된 금융 위기가 세계경제에 타격을 주면서 우리나라도 심각한 경기 침체에 빠졌기 때문이다. 또다시 많은 노동자들이 거리를 헤매는 상황이 되었다.

지금의 경기 침체나 실업 사태가 한국전쟁 전후 1950년대 상황과 같을 수는 없지만, 일자리를 찾지 못한 사람들의 고통은 마찬가지다. 어쩌면 앞선 세대가 겪은 고통보다 심리적으로 더할지도 모른다. 당시 세대는 나면서부터 배고픔의 고통 속에 살았기 때문에 어떤 시련에도 견딜 맷집이 있었지만, 나고 자라는 과정에서 물질적 풍요를 맛본 지금의 청장년 세대는 같은 통증이라도 다르게 느낄 수밖에 없다. 실직이 주는 고통의 본질은 같아도 어떻게 받아들이느냐에 따라 다르다는 이야기다.

경제를 살리겠다고 큰소리치며 출범한 이명박 정권은 5년 내내 헤매다가 끝났다. 이명박 정권은 1970년대식 토목 건설에 모든 것을 걸었고, 결과는 형편없었다.* 그 과정에서 이 땅의 평범한 사람들은

---

* 처음에 대운하 사업을 내걸었다가 반대 여론이 들끓자 4대강 사업이란 이름으로 22조 원을 쏟아부었다. 그러나 남은 것은 흐르지 않아 썩는 강물과 갈라지고 새어 보수비만 축내는 4대강의 시멘트 보뿐이다.

다시 한 번 찬 바람 부는 거리로 내몰렸다. 노동자와 영세 자영업자, 중소 상공인들에게 활로는 보이지 않는다. 신자유주의 세계화가 가져온 냉혹한 적자생존의 논리, 부자들만을 위한 탐욕의 행진이 계속되었다. 그래도 우리에게 필요한 것은 희망과 위안이다. 어려움이 닥쳐올 때 과거를 돌아보며 그 속에서 자그마한 위안이라도 찾을 수 있다면 다행 아니겠는가. 그런 점에서 실업자가 흘러넘치던 1950년대를 돌아보는 것도 의미가 있겠다.

노동인구의 20퍼센트가 실업자 •

1950년대 실업률이 얼마나 되는지는 정확히 알기 어렵다. 당시 국가 차원의 통계자료가 제대로 작성되지 않았기 때문이다. 자료가 있다 해도 믿을 만한 것이 못 된다. 이를테면 1957년 3월 말 보건사회부 노동국은 실업자 수가 50만 2308명이라고 발표했다. 그러자 신문에서 당장 야유가 터져 나왔다. "완전 실업 50만, 불완전 실업 2000만"이라고. 정부가 한 자릿수까지 정확한 수치인 양 발표했지만, 아무도 믿지 않았다.•

그렇다면 당시 실업자 수는 얼마나 됐을까? 실업자 50만 명이 터무니없다는 것은 분명하다. 신문에서는 전쟁이 끝나고 제대한 장병이 약 70만 명인데, 그중 취직된 사람은 0.83퍼센트인 5800여 명에

■ 이창열, 〈실업 문제〉, 《사상계》(1958년 9월호) 45쪽.

불과하다고 했다. 다른 기관들이 추산한 실업자 수도 정부의 그것보다 훨씬 많았다. 유럽경제협력기구Organization for European Economic Cooperation, OEEC는 113만 명, 국제연합한국재건단United Nations Korean Reconstruction Agency, UNKRA은 154만 명, 〈네이산Nathan 보고서〉'에서는 175만 명으로 발표했다. 모두 100만 명이 넘고, 정부 발표보다 2~3.5배 이상으로 추산했다.''

이처럼 1950년대 실업자 수는 정확히 알 수 없지만, 많은 연구자들이 노동인구 가운데 5분의 1은 실업자라고 파악하고 있다. 실업률이 20퍼센트 정도 된다는 이야기다. 지금 청년 실업률이 높다고 해도 7~8퍼센트 수준이니까 1950년대에 비하면 새 발의 피다. 당시 한국의 노동인구를 800만~900만 명으로 볼 때 최소한 160만~180만 명이 실업자였다고 할 수 있다.

잠재적 실업까지 포함하면 더욱 증가 •

더 큰 문제는 완전실업자가 100만이냐, 200만이냐 하는 데 있는 것이 아니다. 여기에 나타나지 않는 잠재적 실업자 혹은 불완전 실업자를 고려해야 하기 때문이다. 이를테면 1956년 내무부가 실시한 인구

■ 〈네이산 보고서〉는 운크라(UNKRA)가 네이산협회에 용역을 의뢰해 1953년 3월 내놓은 '한국 경제 재건 계획'을 말한다.
■ ■ 이창열, 앞의 글, 42~43쪽; 《조봉암과 1950년대(상)》(서중석 지음, 역사비평사, 1999) 442~443쪽.

조사에 따르면 실업자는 36만 명인데, 무업자無業者가 212만 명이나 되었다.[*]

무업자란 노동력이 있지만 직업을 구하지 않는 사람을 말한다. 놀고먹고 싶어 직업을 구하지 않는 사람이 이렇게 많다는 이야기인가? 직업을 구하고 싶어도 구할 방도가 없으니까 아예 포기한 사람을 가리키는 것이다. 지금도 그런 사람들이 늘어나는 추세다. 이들은 모두 실업자거나 잠재적인 실업자다.[**]

당시 통계는 비노동력인구를 만 14세 미만 어린이와 만 61세 이상 노인, 가정주부, 학생, 장애자 등으로 보았다. 이 가운데 노동력인구가 상당수 포함된 점을 감안하면 실업자 수는 엄청나게 불어난다. 한국 사회는 70퍼센트 이상이 농업에 종사했는데, 이들은 모두 비실업자로 파악되었다. 하지만 이 가운데 4분의 1 이상은 실업 상태라고 봐야 마땅하다. 농촌인구 중 4분의 1 이상은 일자리가 생기면 언제라도 농사에서 손을 뗄 수 있는 사람들이었기 때문이다.

그렇다면 도대체 실업자가 얼마나 된다는 이야기인가. 엄밀히 따지면 노동력이 있는 사람 가운데 절반 이상이 잠재적 실업 상태라고 보는 것이 맞다. 가정주부처럼 적극적인 취업 의지를 보이기 어려운 사람을 제외하더라도 말이다. 이는 산업화가 진행되지 않은 상태에서 한국 사회에 엄청난 산업예비군이 존재했다는 증거다. 이 산업예비군이 1960~1970년대 경제개발 과정에서 값싼 노동력으로 활용된

■ 이창열, 앞의 글, 45쪽; 서중석, 앞의 책, 442쪽.
■ ■ 이만갑, 〈사회 불안의 전위 인텔리 실업자〉, 《사상계》(1961년 2월호); 서중석, 앞의 책, 443쪽.

다. 말하자면 저임금을 이용한 수출 주도형 경제개발을 위한 인력 풀이 광범위하게 형성된 것이다.

대학을 졸업한 고등실업자도 넘쳐나다 •

실업은 대학을 나온 사람들에게도 커다란 문제였다. 고등실업자가 줄을 이었기 때문이다. 1956년 졸업 시기를 맞아 〈서울신문〉이 조사한 취업 상황에 따르면 전국 14개 대학 졸업생 5276명 가운데 56퍼센트인 2967명이 취업을 희망했지만, 2월 12일 현재 취업이 결정된 사람은 취업 희망자의 26퍼센트인 758명밖에 안 되었다. 교섭 중인 사람도 44퍼센트인 1307명에 불과해, 나머지 30퍼센트(902명)는 교섭조차 못 하고 있었다. 그 전해에도 취업 희망자 가운데 37.1퍼센트가 취업했을 뿐이다. 10명 가운데 3~4명이 취업하고, 나머지는 '대학은 나왔어도' 실업자 신세를 면치 못한 셈이다. 당시 대학 졸업생은 지금으로 치면 박사 이상의 고급 인력이다.

이는 어쩌면 당연한 일이었다. 산업이라고는 방직업과 제분업뿐이고, 서비스 계통으로는 금융기관(한국은행, 한국산업은행, 농업은행• 등)이 전부라 해도 과언이 아니다. 그 밖에 공무원과 교사가 대학을 졸업한 사람들이 선택할 수 있는 직업이었으니, 대학을 '우골탑'이라

■ 농업은행은 1958년 4월 1일 대한금융조합연합회와 금융조합의 단위조합들을 기반으로 설립된 농업계 특수은행이다. 1961년 8월 15일 농업협동조합과 통합해 종합농협이 되었고, 일부는 중소기업은행으로 분리되었다.

불렀다. 논 팔고 소 팔아 대학을 나와도 실업자 신세를 면치 못하니, 대학에 소뼈만 탑처럼 쌓였다고 비아냥거릴 만했다.

　1958년에는 사정이 더 나빠졌다. 그해 대학 졸업자는 1만 5899명인데, 그 가운데 3936명이 취업했을 뿐이다. 나머지 1만 2000명에 가까운 사람들은 어디로 갔을까? 그 가운데 얼마쯤 되는 여성들은 취업을 엄두조차 내기 어려운 사정이었으니 제외한다고 해도, 나머지는 입대하거나 대학원에 진학하거나 외국 유학을 갈 것이고, 그러고도 남는 사람들은 순수 실업자가 되는 셈이다. 입대하거나 대학원 진학, 유학을 떠난 이들도 결국 취업 전선으로 돌아올 것이기에 실업자 대열에 든다고 볼 수 있다.

한국 사회의 위협 요소가 된 실업 문제 •

이와 같이 1950년대 후반 실업은 심각한 사회문제가 되었다. 특히 고등실업자들은 사회에 불만과 비판 의식이 있었는데, 이는 심각한 사회불안 요소로 작용했다. 1959년 미국 상원외교위원회의 위촉을 받아 작성된 〈콜론 보고서〉에서 이런 점을 지적하고 있다.

　젊은 세대는 차차 반발적으로 나타나며, 나이 많은 층에서도 상당한 사회 · 정치적 변화가 일어나고 있다. 다른 아시아 국가들처럼 한국에서 젊

＿＿＿＿＿＿＿＿＿
■ 서중석, 앞의 책, 443쪽.

고 교육받은 계층이 그들의 재능과 힘을 충분히 발휘할 곳을 찾지 못해 '인텔리 프롤레타리아'로 발전할 위험성이 상당하다. 이 문제는 한때 일본이 그랬듯이 한국에서도 특별한 면이 있다. 가난한 가정의 유능한 자제가 일반대학에 들어가는 수는 학자금 부족으로 대단히 제한된다. 그들에게 고등교육의 기회가 있다면 보통 사관학교를 통해서다. 이리하여 하층 출신의 유망한 청년 장교가 다수 생기며, 이들이 '특권적' 관리와 정치가에게 분노를 품는다. 이것은 폭발할 우려도 있다. 넓은 의미에서 한국이 타국의 예를 따라 군부 지배가 정당을 대체할 사태가 벌어질 수 있다는 생각은 어느 정도 정당할 것이다.'

〈콜론 보고서〉는 당시 비판적 지성을 대표하던 《사상계》에 실렸는데, 이 예측이 곧바로 맞아떨어지지는 않았다. 1960년 학생들이 주도한 4·19혁명이 일어났기 때문이다. 그러나 이듬해 5·16군사정변이 일어나 군부 지배로 귀착되었다는 점에서 이 보고서의 선견지명이 어느 정도 입증된 셈이다. 가난한 집안의 머리 좋은 청년들이 사관학교를 선택해서 자기 야망을 펼쳐보려는 사회적 현상을 가능케 한 밑바탕에는 실업이 광범위하게 존재하는 시대적 상황이 있었음을 알 수 있다.

■ 〈콜론 보고서〉, 《사상계》(1960년 1~5월호); 《대한민국 50년사 1》(임영태 지음, 들녘, 1998) 266쪽.

실업은 중요한 정치·사회 문제 •

실업은 중요한 사회문제다. 일자리가 없으면 사람들의 생활이 안정되지 않고, 사회 역시 불안정하다. 그 때문에 실업은 경제와 정치의 핵심 문제이기도 하다. 실업은 해방 이후 우리나라의 긴급한 사회문제로 등장했으나, 미군정 시기는 물론 대한민국 정부가 수립되고 나서도 거의 해결되지 못했다. 6·25전쟁이 터지면서 실업 문제는 더욱 악화되었고, 이승만 정부는 1950년대 내내 이 문제를 해결하지 못했다.

그 결과 한국 사회 곳곳에 실업자가 넘쳐흘렀고, 이는 커다란 사회문제가 되었다. 어떻게 보면 이승만 정권이 붕괴되는 단초를 제공한 것도 실업 문제다. 실업으로 대표되는 민중의 생존권 문제를 어느 정도 해결할 수 있었다면 이승만과 자유당의 집권 기간이 좀더 길었을지 모르겠다.

그러나 학생들이 흘린 피의 대가로 들어선 장면 정부도 이 문제를 해결하지 못했다. 시간이 좀더 있었다면 장면 정부에서는 많이 나아졌을 텐데, 박정희로 대표되는 군부 쿠데타가 일어나 그 시간이 주어지지 않았다. 합법적 정부를 무력으로 전복하고 권력을 장악한 박정희 정권은 이 문제를 상당 부분 해결했다. 박정희 정권이 들어선 뒤본격적으로 경제개발이 진행되었고, 그 과정에 농촌의 잠재적인 산업예비군이 동원되었다. 대학 졸업자도 박정희 시대에는 대부분 취업이 되었을 정도로 경제 사정이 나아졌다.

박정희 정권의 경제 발전에 대해서는 생각해봐야 할 부분이 많지만, 고용 실현이라는 측면에서는 상당한 성과를 본 것이 분명하다. 그 때문에 박정희의 18년 장기 집권이 가능하지 않았을까? 이는 '밥과 자유'의 문제이기도 한데, 박정희 집권 시대를 관통하는 핵심적인 화두 중 하나다.

실업 문제 해결에 민주주의의 장래가 달렸다 •

우리는 1997년 말부터 IMF 사태를 맞았고, 실업이라는 문제에 부딪혔다. 그리고 IMF 10년 뒤 다시 실업 사태가 발생했다. 미국의 경제 위기 이후 한국의 실업 문제가 심각한 수준이 되었다. 2008년 12월 현재 정부는 우리나라의 실업률이 3.3퍼센트, 실업자가 78만 7000명이라고 발표했다.

앞에서도 봤지만 이는 의미 없는 숫자 놀음일 뿐이다. 실질 실업자 수를 파악하려면 공식 실업자에 구직 단념자, 취업 준비자, 대책 없이 쉬는 사람, 주당 36시간 미만 근로자 가운데 추가로 취업을 희망하는 사람 등을 포함해야 한다. 이렇게 보면 2008년 12월 기준 실질 실업자가 352만 2000명이라는 계산이 나온다.* 같은 해 11월 실질 실업자가 317만 1000명이었는데, 한 달 사이에 35만 1000명이나 늘어난 것이다.

■ 김병권, 〈'마이너스 10만 고용 시대' 머지않았다〉, 새로운사회를여는연구원(http://saesayon. org), 2009년 1월 15일.

문제는 정부의 실업 대책이다. 앞선 10년간 김대중 · 노무현 정부라는 비교적 개혁적이고 진보적인 정권 시기와 달리 이명박 정부는 매우 보수적인 정권이다. 이명박 정부는 과거 군부 정권에 버금가는 비민주적이고 권위주의적인 행태를 보였으며, 계급적으로는 권위주의 정권보다 심한 부자 편중 정책을 폈다.

이런 정치 지형에서 다시 경제 위기와 실업 한파가 닥치면서 우리 몸과 마음을 얼어붙게 만들었고, 자본주의와 민주주의의 미래에 심각한 고민을 던져주었다. 2008년 노벨 경제학상을 수상한 대표적인 케인스 경제학자 폴 크루그먼Paul Krugman 교수는 《지금 당장 이 불황을 끝내라! : 폴 크루그먼, 침체의 끝을 말하다》라는 책에서 "실업 문제는 민주주의 가치 자체를 위협할 것"이라고 주장했다.

2008년 세계 경제 위기의 여파는 심각하다. 2013년 현재까지도 그 후유증에서 헤어나지 못하고 있다. 1929년 대공황보다 심각하다고 말하는 경제학자도 있는 형편이다. 자본주의는 대공황을 거치면서도 파국으로 가는 길을 피했다. 사회주의라는 예방주사와 케인스라는 백신이 있었기 때문이다.

그런데 소련과 동구 사회주의가 붕괴되고 전 세계가 자본주의 일색이 된 신자유주의의 물결이 휩쓰는 와중에 맞이한 세계 경제 위기는 무엇으로 헤쳐갈 수 있을까? 케인스라는 백신도, 사회주의라는 예방주사도 효력이 다했다면 어떤 백신과 예방주사가 있을지 생각해 봐야 할 일이다.

뉴딜 정책의 핵심은 복지의 강화 •

미국에서는 부시George W. Bush를 이은 오바마Barack Obama 정부가 신뉴딜 정책을 들고 나왔지만 크게 개선되지 않았다. 이명박 정부는 실패한 미국식 모델을 끝까지 쫓아간다고 난리 치다가 경제 회복도, 실업 문제를 해결할 처방도 마련하지 못했다. 4대강 정비 사업이니, 건설 경기 부양이니 하면서 토목공사에만 열을 올리다가 정권이 끝났다. 루스벨트 대통령이 뉴딜 정책을 펴면서 TVA테네시강 유역 개발 공사를 비롯한 대규모 토목 사업으로 고용을 창출했다면서 4대강 사업을 거기에 비교하는 억설을 폈지만, 이는 잘못 짚은 처방이었다.

뉴딜 정책의 핵심은 대규모 개발 사업이 아니라 복지와 사회 안전망 확충이었다. 루스벨트는 노동자들의 고용을 창출하기 위해 개발 사업도 벌였지만, 아주 작은 부분에 불과했다. 핵심은 고용보험과 의료보험 확대, 일자리 창출 등을 통해 사회적 약자들의 소득과 구매력을 늘리고 복지를 강화한 것이다. 또 부자 증세와 독점 대기업 규제 강화, 노조의 지원 등을 통해 사회적 강자를 견제하고 노동자를 비롯한 근로 계층의 힘을 증대했다. 당시 미국의 부자들은 "루스벨트는 공산주의자"라면서 배척했지만 결과는 대성공이었다.•

이명박 정부는 이와 전혀 다른 길을 걸었다. 그 바람에 이명박 정부 5년은 정말이지 돌아보기도 싫은, 그야말로 '잃어버린 5년'이 되

■ 루스벨트의 정책 내용과 그 집행 과정의 리더십을 정리한 책으로《위대한 정치의 조건》(조지 맥짐시 지음, 정미나 옮김, 21세기북스, 2010)을 참고할 수 있다.

었다. 이제 박근혜 정부는 어떤 정책을 펼지 지켜봐야 할 것이다. 초록은 동색이라고 했는데, 뿌리가 같은 당의 다른 줄기니 얼마나 다를지 모르겠다. 그 나물에 그 밥일지, '박정희의 딸'답게 실업 문제에 새로운 처방을 내놓을지.

지금이라도 크루그먼의 경고를 확실히 되새겨볼 필요가 있다. 비정규직 노동자와 자영업자는 상실의 고통과 박탈의 아픔이 가장 큰 사람들이다. 이들의 고통과 아픔은 더 많은 사람들에게 전가되고 있다. 중간층이 사라진 '20대 80 사회'에서 80에 속한 사람들의 상실감은 갈수록 커지고, 그 밑바닥에 청년 실업 문제가 있다.

1950년대 한국 사회를 지배한 이승만과 자유당 정권은 정치적 권위주의와 부패, 대중의 불신 때문에 붕괴했지만, 한편으로는 직업을 얻지 못한 국민들의 고통이 사회 밑바탕에 자리 잡고 있었음을 잊어서는 안 될 것이다. 오늘날 실업 문제도 신자유주의 시각으로는 절대 해결할 수 없다. 더불어 경제 위기와 심각한 실업이 닥쳐올 때 일어날 수 있는 사회의 극우화, 파시즘화도 경계해야 할 것이다.'

■ 일부 젊은 세대에서 나타나는 극단적인 외국인 혐오증, 북한에 대한 혐오와 따돌림 현상, 종북주의 규정, 국가주의 맹종 등과 같은 극우적 경향을 주시할 필요가 있다. 혹 서구에서 보이는 신나치주의 같은 한국적 파시즘의 조짐이나 싹은 아닌가 하는 우려가 나오고 있다.

23

1956년 대선

정말이지 '못 살겠다 갈아보자!'

자기 욕망을 절제하는 것이 인간이다 •

인간의 욕망에 대한 사람들의 견해는 엇갈린다. 어떤 이는 인간의 욕망은 끝이 없으며 그것이 인간을 발전시키는 원동력이라고 주장하는가 하면, 어떤 이는 인간의 욕망은 사회적으로 필요한 범위에서 제어가능하며 그렇게 되어야 인간 사회라는 공동체가 유지될 수 있다고 말한다. 욕망이나 욕구가 인간의 변화와 발전에 중요한 동력이나, 거기에만 의존할 때 인간 사회는 탐욕과 무한 경쟁의 아비규환이 될 수 있다. 다윈Charles Robert Darwin에 따르면 인간에게는 이타적인 유전자가 존재하며, 그 또한 '자연의 선택'이었다고 한다.˙ 이는 인간은 이기적인 존재라는 주장이나 생각을 뒤엎는 결과다.

■ 《청춘의 독서 : 세상을 바꾼 위험하고 위대한 생각들》(유시민 지음, 웅진지식하우스, 2009) 216~218쪽.

이번 이야기는 인간의 욕구와 관련된 문제다. 그렇다고 해서 인간의 욕구에 대한 보편적 해답을 찾는 문제는 아니다. 우리가 관심을 두는 것은 개인의 욕구가 역사의 흐름에 어떤 영향을 미치는가 하는 문제다. 역사에 족적을 남긴 사람들은 대부분 일반인보다 욕구가 크다. 그것이 개인의 욕망 차원인지, 좋은 의미에서 사회적 성취인지는 별개로 하더라도 말이다.

역사적 인물마다 개성이 있고, 독특한 자기 성격이 있기 때문에 그들의 욕구에 대해 천편일률적으로 말할 수는 없다. 개인적인 욕구와 시대적·사회적 요구를 구별하는 것조차 쉽지 않은 경우도 많다. 역사에 족적을 남긴 대다수 사람들은 개인적 욕망을 시대적 요구로 포장하는 경향이 있다. 그런 경향은 특히 정치가들에게서 강하게 나타난다. 물론 그중에는 시대적 요구로 승화시킨 사람도 있다.

자기중심적 사고로 권력의 화신이 된 이승만 •

한국 현대사에서 몇 명 되지 않는 대통령 가운데 이승만은 그런 경향이 심했다. 그는 항상 '국민이 대통령인 자신을 중심으로 뭉쳐야 산다'고 주장했고, 자기 의사를 관철하기 위해 조작된 민의를 동원하는 일도 서슴지 않았다. 경우에 따라서는 조작된 민의보다 경찰이라는 물리력을 선호했지만 말이다.

1952년 부산 정치 파동을 통해 이승만은 재선될 수 있는 조건을 만들었다. 발췌 개헌안으로 대통령 직선제를 관철한 것이다. 직선제는 지금 보면 좋은 제도지만, 경찰국가에서는 의식 수준이 낮은 대중을 통제하면 된다는 점에서 민의를 조작하기 쉬운 방식일 수도 있다. 이승만은 반대편에 선 국회의원들을 설득하기보다 일반 국민에게 호소하거나 여론을 조작하는 것이 쉬울 수 있었다. 경우에 따라서는 경찰과 관을 동원해 국민을 공갈 · 협박할 수도 있었다.

1952년 7월 4일 대통령 직선제와 양원제를 골자로 하는 발췌 개헌안이 통과되고, 8월에는 정부통령 선거가 있었다. 이승만이 재선에 성공했고, 부통령에는 함태영이 당선되었다. 자유당의 부통령 후보로 선출된 이범석이 떨어졌는데, 이는 이승만이 견제한 탓이었다. 이승만은 "부통령 후보로 누구를 선출한 일이 없다"고 공개적으로 천명해서 자신을 위협할 수 있는 이범석 같은 2인자를 키우지 않겠다는 강력한 의지를 표명했다. 경찰은 이범석의 당선을 저지하기 위해 노골적으로 선거에 개입했고, 결국 이범석은 낙선하고 말았다.

그 뒤 이범석은 자유당을 통째로 말아먹으려다 자유당에서 축출되었다. 이범석은 대한민국임시정부에서 광복군 지휘관으로 활약했고, 해방 후 조선민족청년단(족청)이라는 우익 청년 조직을 결성해 활동했으며, 초대 국방장관 겸 국무총리를 지냈다. 부산 정치 파동에서는 내무장관으로서 국무총리 장택상과 함께 발췌 개헌안을 통과시키는 데 혁혁한 공을 세웠다. 그러나 이범석은 이승만에게 절대적인 충성을 바쳤음에도 대통령의 권력을 넘볼 수 있다는 이유 때문에 '팽' 당하고 말았다.

경찰국가의 참모습을 보여준 1954년 5 · 20총선 •

이승만 정권에서 경찰과 관의 선거 개입은 점차 심해졌다. 1954년 5월 20일 치러진 3대 국회의원 선거는 '곤봉 선거'다. 이 시절 시골에서는 지서 주임이 '산골 대통령'으로 통했는데, 선거에 개입해 그 위력을 유감없이 보여주었다. 농촌에서는 야당 후보가 당선될 생각은 아예 하지 못했고, 도시에서는 야당 후보의 선거를 방해하는 일이 도를 넘었다. 조봉암은 처음 인천 을구에서 등록하려 했는데, 등록 서류를 탈취 당했다. 다시 부산에서 시도했으나 실패했고, 마지막으로 여당의 2인자 이기붕이 출마한 서울 서대문구에서 시도했으나 끝내 후보 등록에 실패했다.'

자유당이 경찰과 깡패를 동원한 곤봉 선거 효과는 대단했다. 전국 203개 선거구 가운데 자유당이 114석(56퍼센트)을 얻어 전체 의석의 과반수를 넘어선 것이다. 그러나 그것만으로는 안 될 일이었다. 대통령 중임제 개헌을 위해서는 국회 의석의 3분의 2가 필요했기 때문이다. 자유당은 개헌에 필요한 의석에서 22석이나 부족했다. 그렇다고 가만있을 자유당이 아니다.

자유당은 막대한 자금을 동원해 무소속 의원들을 매수하는 작전에 들어갔다. 일부 의원들에게는 부정선거 혐의로 당선을 무효화하겠다고 협박했다. 무소속 의원 23명을 입당시킨 자유당은 대통령 중임

■ 3대 국회의원 선거에 대해서는 《대한민국 선거 이야기 : 1948 제헌 선거에서 2007 대선까지》(서중석 지음, 역사비평사, 2008) 80~84쪽을 참고할 수 있다.

제한 철폐와 중대 사항에 대한 국민투표제를 골자로 한 헌법 개정안을 국회에 제출했다. 당시 헌법은 대통령을 2회 이상 할 수 없었다. 그러니까 중임 제한을 없앤다는 것은 대통령을 얼마든지 할 수 있도록 하자는 것으로, 이승만 대통령의 영구 집권 기도와 같았다.

영구 집권을 위한 이승만의 개헌 시도 •

대통령을 두 번씩이나 해 먹었으면 물러나는 게 마땅하다. 이승만이 제대로 된 정치를 하지도 못한 마당에 민주주의 기본 원리마저 깡그리 무너뜨리겠다고 나섰으니, 여론이 나쁠 수밖에 없었다. 자유당은 국회에 헌법 개정안을 냈지만, 워낙 여론이 좋지 않아 눈치를 보며 계속 시간을 끌었다.

그때 자유당을 도와주는 사건이 일어났다. '뉴델리 밀회설'이다. 1954년 10월 12일 〈국도신문〉에 국회의장 신익희가 1952년 6월 2일 영국 엘리자베스Elizabeth II 여왕의 대관식에 참석했다가 귀국하던 중 인도 뉴델리공항에서 6·25전쟁 당시 납북된 조소앙을 비밀리에 만났다는 기사가 실렸다. 두 사람은 이 회합에서 제삼세력을 규합해 남북협상을 추진하고, 한국의 중립화를 도모하기로 밀담을 나누었다는 내용이다. 이게 사실이라면 굉장한 사건이다. 조소앙이 등장하기 때문이다.

조소앙은 김구가 이끌던 충칭 임시정부에서 외교부장으로 활동한 인물이다. 그는 남한 단독정부 수립에 반대하며 남북협상에 참가했고, 김구가 암살당한 뒤에는 그의 노선을 계승하며 임시정부와 한독당을 이끌었다. 그는 초대 국회의원 선거에는 참여하지 않았으나, 2대 국회의원 선거 때 서울 성북에서 조병옥을 압도적 표 차로 누르고 당선됐다. 그의 당선은 남북협상파가 부활했다고 평가될 정도로 중요한 의미가 있는 일이었다.

그러나 조소앙은 6 · 25전쟁 때 납북된 후 북한에서 남북협상과 평화통일을 호소하며 재북평화통일촉진협의회를 조직해 활동했다. 그런 인물이 남한 야당의 최고 지도자 신익희와 만나 밀담을 나눴다면 굉장한 정치적 사건이다.

개헌 공작에 이용된 뉴델리 밀회설 •

이 기사가 보도되자 정국이 발칵 뒤집혔다. 뉴델리 밀회설을 발설한 사람은 민국당 선전부장 함상훈이다. 민국당은 허위 사실을 유포했다는 이유로 함상훈을 당에서 제명했지만, 함상훈은 확실한 증거가 있다고 주장했다. 이 사건은 나중에 사실무근으로 밝혀졌다. 뉴델리 밀회설은 민국당 내의 극우파가 유화파인 신익희를 밀어내고 당권을 장악하기 위해 벌인 사건이다.•

하지만 뉴델리 밀회설은 개헌안을 통과시키기 위해 절치부심하던 자유당에 호재로 작용했다. 자유당은 제삼세력 침투설과 개헌안을

■ 서중석, 앞의 책, 85쪽.

결부해서 국가 안위에 관한 중대 사항은 국민투표로 결정한다는 국민투표제 개헌안의 필요성을 역설했다.

의회 밖에서는 민의대가 "개헌안을 조속히 통과시키라"고 연일 시위를 벌이며 압박했다. 국회도 11월 4일 '남북협상 중립 배격 결의안'을 통과시켰고, 6일과 11일에는 반공 결의문을 채택했다. 원용덕 헌병사령관은 11월 하순 "휴전감시위원단 중 적성국 대표들은 일주일 내로 철수하라. 불응하면 단호한 조치를 취하겠다"는 성명서를 발표했다. 매카시선풍이 몰아쳤다.

정국이 살벌하게 돌아가는 가운데 1954년 11월 20일 개헌안이 국회 본회의에 상정되었고, 11월 27일 토요일에 표결이 진행되었다. 그 결과 재적 의원 203명(재석 202명) 가운데 찬성 135표, 반대 60표, 기권 7표가 나왔다. 개헌 정족수 136명에서 1표가 모자라는 결과다. 최순주 국회부의장은 1표 차이로 개헌안이 부결됐다고 선언했다.

그러나 이틀 뒤 상황이 뒤집혔다. 자유당은 서울대 교수까지 동원해 "재적 의원 203명의 3분의 2는 정확하게 135.333……인데 자연인을 소수점 이하까지 나눌 수 없으므로 사사오입四捨五入의 수학적 원리에 따라 가장 근사치 정수인 135명이 맞으므로 개헌안이 가결되었다"고 주장하고 나선 것이다. 어린애 장난 같은 주장이지만 자유당의 억지를 막을 수 없었고, 결국 헌법 개정안이 통과됐다. 이 사건을 '사사오입 개헌'이라고 부른다.'

■《해방 후 정치사 100장면》(김삼웅 지음, 가람기획, 1994) 86쪽.

대중의 요구를 잘 반영한 야당의 대선 구호 •

사사오입 개헌에 대해서는 새삼 평가가 필요 없을 것이다. 어린애 장난 같은 숫자 놀음에 세상 사람들이 모두 웃지 않을 수 없었다. 이승만 대통령이 권력에 눈이 멀어 민주주의를 완전히 파괴했다고 말할수밖에 없는 일이다. 이 사건에 대해서는 이승만의 스테이트크래프트statecraft : 치국 경륜 혹은 통치 리더십를 높게 평가하는 윤여준 같은 사람도 매우 비판적이다. 온건한 비판이지만, 굳이 다른 평가를 덧붙일 필요도 없을 것이다.

> 먼저 삼선을 위한 개헌을 추진하는 과정에서 사사오입이라는 전대미문의 희귀한 장면이 연출되었다. ……무엇보다도 개헌 과정에서 벌어진 사사오입이라는 희화적 작태로 인해 이 대통령의 국부國父 이미지가 크게 훼손되었으며, 민심이 이반하는 결과를 초래했다. 개헌 내용에서도 현 대통령에 한해 중임 조항을 폐지한다고 하여 법의 일관성을 상실한데다가, 전문과 총강에 '주권 제약 등의 사항에 대한 국민투표' 규정을 명문화함으로써 대의제 기제를 우회 내지는 무시한 채 국민과 직접 소통함으로써 통치행위를 정당화하려는 사인주의私人主義적 권위주의가 대두된 점에도 유념할 필요가 있다.*

■ 《대통령의 자격》(윤여준 지음, 메디치미디어, 2011) 230쪽. 이 책은 합리적 보수주의자 혹은 진보적 보수주의자로 평가되는 필자가 스테이트크래프트를 근거로 한국 역대 대통령의 능력과 자질을 평가 · 정리한 것으로, 한국 정치를 돌아볼 때 필독서 중 하나다. 비록 이승만과 박정희에게는 후한 평가를, 김대중과 노무현에게는 박한 평가를 내리지만, 양식 있는 보수주

1956년 5월 15일 사사오입 개헌에 따라 이승만이 다시 자유당 후보로 출마한 가운데 대통령 선거가 치러졌다. 이때 민주당이 내세운 선거 구호는 '못 살겠다 갈아보자!'였다. 이 구호를 볼 때마다 재미있다는 생각이 든다. 품격이 좀 떨어지는 구호지만 대중성은 있다. 당시 사람들의 심경을 정확히 대변했다고 할 수 있다. 자유당 치하에서 더는 못 살겠으니 갈아보자는 것은 너도 나도 같은 심정이었다.

진보 정당의 기치를 내건 진보당은 선거 구호가 '평화통일과 피해 대중을 위한 정치'였다. 이 구호는 당시 민중의 요구를 가장 정확히 표현했다고 볼 수 있다. 국민들은 전쟁 과정에서 너도 나도 큰 상처를 받은 피해 대중이었다. 전쟁은 남과 북이 무력 대결을 통해서는 아무것도 이룰 수 없다는 사실을 정확히 보여주었다. 전쟁의 상처를 치유하기 위한 평화통일과 전쟁 과정에서 상처 받은 대중을 감싸 안을 수 있는 따뜻한 정치가 필요했다.

의자가 정치와 정치권력을 어떻게 바라보는지 이해할 수 있는 책이다. 그가 말하는 스테이트 크래프트는 "국가를 다스리는 '실천지(prudence)'로, 특히 '근대 국민국가(nation-state)'라는 특수한 정치 공동체를 창설·유지·발전시키는 과정에서 요구되는 '집단적 결정'과 그 '실행'을 관리·감독하는 실천적 능력"이라고 규정할 수 있다. 결국 그것은 "나라를 다스리는 기술"이며, '통치 경륜' '통치 리더십' '국가 운영 경륜' 등의 의미다(머리말 참고).

협박 속에서도 눈뜨기 시작한 대중 •

자유당은 '반공 통일, 민주 창달, 자립 경제'라는 목표를 내세웠으나 대중의 관심을 불러일으키지 못했다. 그러자 자유당은 이승만의 위대함, 건국 정신과 건국 공로, 그 치적을 선전하면서 열을 올렸다. 이승만은 대통령 선거 후보로서 한 번도 정견 발표를 하지 않았다. 정말이지 놀라운 일이다. 대통령이 되겠다는 사람이 정견 발표도 하지 않고 선거를 치르다니. 그 대신 이승만은 민주당 신익희를 향해서는 '일본과 친교하겠다는 자', 진보당 조봉암을 향해서는 '공산당과 합작해서 통일하겠다는 자'라고 비난했다.

선거 과정에서 자유당은 진보당은 물론이고 민주당까지 공산당 취급하면서 빨갱이로 몰았다. 야당 표가 나오면 동네를 몰살하겠다는 협박도 서슴지 않았다. 전쟁 와중에 집단 학살을 당한 지 불과 몇 년 되지 않는 상황에서 이런 협박은 사람들이 오금을 못 쓰게 했다. 그러나 이 와중에도 사람들은 조금씩 자기 의사를 표출했다. 선거를 통해 숨어 있던 이승만 반대 정서가 노출된 것이다. 특히 민주당의 '못 살겠다 갈아보자'는 이승만 반대 정서에 불을 질렀고, 진보당의 '평화통일' 주장은 전쟁의 상흔을 딛고 일어서려는 민중에게 호소했다. 진보당의 '피해 대중을 위한 정치'도 설득력 있는 표현이었다.'

■ 1956년 5 · 15 정부통령 선거와 관련해서는 《조봉암과 1950년대(상)》(서중석 지음, 역사비평사, 1999) 230~239쪽을 참고할 수 있다.

이승만 정권에 등 돌리기 시작한 국민들 •

그런데 선거를 열흘 앞둔 1956년 5월 5일 급변이 일어났다. 민주당 신익희 후보가 호남선 열차에서 뇌일혈로 쓰러져 급사한 것이다. 이에 진보당은 부통령 후보 박기출이 사퇴하고 장면을 밀어줄 것을 요청하는 등 민주당에 연대 의사를 보냈다. 그러나 5월 10일 민주당은 다음과 같은 성명을 발표했다.

> 남은 대통령 후보 두 사람은 그 행장이나 노선으로 보아, 어느 편도 지지할 수 없다. 우리는 부득이 정권 교체를 단념하고 부통령 선거에 전력을 기울이기로 했다.

민주당으로서는 조봉암이 대통령에 당선되는 것도 두려웠다. 민주당은 그전에 조봉암의 민주당 합류를 거부하는 등 우익 보수 정당의 한계에서 한 치도 벗어나지 못하고 있었다. 민주당의 비협조적 태도에도 조봉암은 적지 않은 표를 얻었다. 선거 결과는 이승만 504만 6000여 표(55퍼센트), 조봉암 216만 3800여 표(23.8퍼센트)로 나타났다. 부통령 선거에서는 장면이 46퍼센트를 얻어 이기붕을 누르고 당선되었다.

이런 결과는 상당히 놀라운 것이었다. 자유당 이기붕이 낙선했다는 것도, '국부' 이승만이 유효 투표의 55퍼센트밖에 얻지 못한 것도 그렇다. 아직 정식 당을 결성하지도 못한 진보당의 조봉암이 216만여 표나 얻은 것은 더욱 놀랄 만한 일이었다. 신익희가 급사하는 바람에 반사 효과가 있었다는 점을 감안해도 놀라운 결과다. 대중의 가슴 속에 이승만 반대 정서와 진보 정치에 대한 갈망이 있다는 방증이다.

1956년 정부통령 선거에서 이승만을 갈지는 못했지만, 대중은 가슴속에 그런 마음을 키우고 있었다. 그리고 4년 뒤 선거라는 정상적인 방법으로 갈지 못하니까 봉기와 혁명이라는 방법으로 이루고 말았다. 그런 점에서 1956년 정부통령 선거에서 내건 '못 살겠다 갈아 보자!'는 대중의 마음을 적절히 반영한 구호라 할 수 있다.

24

언론 필화 사건

학원을 정치도구로
이용하지 마라

'기자 정신'이 요구되던 시대가 있었다 •

요즘 세대에게는 종이 신문이 덜 익숙한 편이다. 신문을 보는 사람이 적고, 보더라도 인터넷 신문이 대세다. 활자 매체는 시대의 뒤안길로 접어들고 있다. 그러나 종이 신문을 봐야 그날의 소식을 제대로 본 느낌이 드는 사람들도 있다. 구세대가 그렇다. 전통적인 활자 매체에 익숙한 사람들에게는 당연한 일이다.

지금은 다양한 언론 매체가 있어서 사정이 다르지만, 과거에는 신문의 영향력과 지위가 대단했다. 1980년대 이전에는 신문이 언론기관으로서 절대적인 위치를 확보했다. 그 신문의 지위와 영향력만큼 신문기자의 영향력과 권위도 있었다. 기자는 '사회의 목탁' 같은 존재로, 직업인과 달랐다. 사회적 모순과 비리를 고발하고, 권력의 독단과 전횡을 견제 · 감시하여 사회에 경종을 울리는 존재로 여겨졌다.

그 때문에 기자가 되고자 하는 사람에게는 '기자 정신'을 요구했다. 기자 정신은 말 그대로 기자가 갖춰야 할 양심과 비판 정신이다. 불의와 타협하지 않고 권력에 꺾이지 않는 정신이며, 사건의 진실을 밝히기 위해 끊임없이 탐구하는 정신이다.' 기자에게 기자 정신을 요구한 것은 언론을 '사회적 공기公器'로 파악했기 때문이다. 사회적 공기는 사적 이익이 아니라 공적 이익에 기여하는 기관이라는 의미다. 현대사회에서 언론을 입법, 사법, 행정에 이은 제4부라고 부르는 것과 무관하지 않다.

언론이 살아 있던 이승만 정권 시절 •

정상적인 상황이라면 권력과 언론은 대체로 긴장 관계를 유지한다. 그런 관계는 이승만 정권 시절에도 마찬가지였다. 이승만 정권 초기에는 권력이 언론에 강압적인 태도를 취하지 않았다. 이승만 정부의 가장 큰 과제는 한국 사회에서 좌파 세력을 완전히 제거하는 것이었다. 그 때문에 초기 이승만 정부는 이념적인 문제가 없는 우익 신문은 심하게 억누르지 않았다.

이념 문제가 아닌 정부 비판에서는 〈동아일보〉〈경향신문〉 등이

■ 기자 정신의 본보기를 다음에서 확인할 수 있다. '나의 글을 쓰는 유일한 목적은 진실을 추구하는 오직 그것에서 시작하고 그것에서 끝난다. 진실은 한 사람의 소유물일 수 없고, 이웃과 나눠져야 할 생명인 까닭에, 그것을 알리기 위해서는 글을 써야 했다. 그것은 우상에 도전하는 이성의 행위다. 그것은 언제나, 어디서나 고통을 무릅써야 했다. 지금까지 그러했고 앞으로도 영원히 그러리라고 생각한다. 그렇지만 그 괴로움 없이는 인간의 해방과 발전, 사회의 진보는 있을 수 없다." 《우상과 이성》(리영희 지음, 한길사, 1980) 서문에서.

날카로운 필봉을 휘둘렀다. 〈동아일보〉는 민주당 구파를, 〈경향신문〉은 민주당 신파를 대변했기에 이승만 정권에 비판적인 입장을 견지했다. 지방지로는 〈대구매일신문〉이 대표적인 야당지 역할을 했다. 〈조선일보〉는 중립적이지만 정권의 행태에는 합리적인 비판을 했다.

1950년대는 그래도 언론의 기개가 있었다. 언론은 일제강점기 저항의 뿌리가 있었고, 기자 정신도 살아 있었다. 미국이나 이념 문제에 언론이 분명 제약을 받았지만, 국내 정치 문제에는 비교적 활발하게 비판 기능을 수행했다. 그 때문에 언론은 이승만 정권에게 가장 부담스런 존재였다. 1950년대 중반 이후 정치가 정상적인 궤도를 심하게 이탈하면서 언론통제와 탄압 또한 강화되었다.

이승만 정권 말기에 필화 사건이 일어나다 •

언론통제가 강화되면서 필화 사건이 일어났다. 필화 사건이란 글 때문에 화를 당한 사건을 의미한다.

1955년 3월 17일 정부는 〈동아일보〉에 1개월 정간 처분을 내렸다. 조판 과정에서 실수로 〈고위층 재가 대기 중〉이란 제목 앞에 '괴뢰鬼儡'라는 글자가 들어간 것이다. 괴뢰 고위층 재가 대기 중? 졸지에 대한민국 고위층이 '괴뢰'가 된 꼴이다.

이와 비슷한 사건으로 견통령大統領이 있다. 전북의 〈삼남일보〉에서 이 대통령大統領이 언급되는 기사에서 '대大'자가 잘못돼 견통령이 되고 말았다. 이 신문이 정간 처분을 받은 것은 말할 필요도 없다. 사건 이후 〈삼남일보〉는 조판에서 아예 '犬견'자를 없애버렸다는 이야기도 있다. 이 정도야 가십 정도로 넘어갈 수 있지만, 갈수록 심각한 일들이 벌어졌다.

학원을 정치도구로 이용하지 마라 •

자유당의 장기 집권에 언론이 중요한 방해물로 작용한다고 판단하면서 언론에 대한 테러가 공공연하게 자행된 것이다. 〈대구매일신문〉 필화 사건이 대표적이다.

1955년 9월 〈대구매일신문〉의 주필 최석채는 〈학도를 도구로 이용하지 말라〉는 논설을 썼다. 당시에는 북진 통일 운동이다, 반공 · 방일 운동이다 하면서 중 · 고등학생을 수시로 동원했고, 그 바람에 학생들은 3~4시간씩 수업을 빼먹기 일쑤였다. 서울에서 장관을 비롯한 고위 관료가 내려오거나 도지사, 군수, 경찰서장 같은 신임 지방관이 부임할 때도 학생들이 거리에서 줄지어 기다려야 했다.

지금이야 어떻게 그런 일이 있을 수 있느냐고 생각하겠지만, 당시에는 비일비재한 일이었다. 1970~1980년대만 해도 수시로 그와 유사한 일에 학생들이 동원되었으니 1950년대야 오죽했을까. 최석채는 대구에 내려와 있던 주미 대사 임병직이 중 · 고등학생을 동원한 것을 신랄하게 비판했다.

그러자 대낮에 깡패들이 신문사에 난입해 윤전기를 부수고 난동을 부렸다. 신문사를 습격한 일당은 자유당 경북도당 감찰부장 홍영섭과 국민회 경북도본부 총무차장 김민이 지휘하는 깡패다. 그런데 신고를 받은 경찰이 뒤늦게 출동해서 엉뚱한 소리만 해댔다. 경북 경찰국 사찰과장 신상수는 "이번 사건은 백주에 행해진 것이므로 테러가 아니다. 〈대구매일신문〉은 개새끼다"라는 유명한 말을 남겼다.

이 사건이 나자 여론이 들끓었다. 국회에서 진상 조사단을 파견했고, 결국 주범 김민을 비롯한 행동 대원들을 구속하지 않을 수 없었다. 그러나 글을 쓴 최석채는 국가보안법의 이적 행위 혐의로 구속되는 수난을 겪었고, 재판을 받은 다음에야 석방되었다. 이 사건은 내용도 그렇지만, 평소 야당지로 찍힌 〈대구매일신보〉에 대한 보복 행위이며 정치 테러다.

계속되는 언론 필화 사건 •

필화 사건은 이승만 정권 말기에 계속 터졌다. 1958년에는 함석헌이 《사상계》에 발표한 〈생각하는 백성이라야 산다—6 · 25 싸움이 주는 역사적 교훈〉이라는 글이 문제가 됐다. 함석헌의 글에는 다음과 같은 내용이 있었다.

우리가 일본에서는 해방이 됐다 할 수 있으나 참 해방은 조금도 된 것 없다. 도리어 전보다 참혹한 것은 전에 상전이 하나였던 대신 지금은 둘 셋이다. 남한은 북한을 소련 중공의 꼭두각시라 하고, 북한은 남한을 미국의 꼭두각시라 하니 있는 것은 꼭두각시뿐이지 나라가 아니다. 우리는 나라 없는 백성이다. 6·25는 꼭두각시놀음이었다. 민중의 시대에 민중이 살았어야 할 터인데 민중이 죽었으니 남의 꼭두각시밖에 될 것 없지 않은 가. 잘못이 애당초 전주 이씨에서 시작됐다.

여기에서 말하는 전주 이씨는 이승만 대통령이다. 당시 이승만은 이 박사 정도로 불러주는 것이 보통이었다. 그런데 대통령 칭호는커 녕 전주 이씨로 폄하했을 뿐만 아니라, 미국의 꼭두각시라고 했으니 정권이 가만있을 리 없다. 함석헌은 국가보안법 위반 혐의로 구속되 었다.

1958년 12월 24일 이승만 정권은 국가보안법을 개악해 통과시켰 다. 언론과 야당을 탄압하기 위해서였다.

〈경향신문〉 정간과 이승만 정권의 언론 탄압 •

1959년 2월 9일에는 '여적餘滴 필화 사건'이 일어났다. 여적은 원래 '붓글씨를 다 쓰고 남은 먹'을 의미한다. 〈경향신문〉은 사건의 이런 저런 뒷이야기를 다루는 '여적'난을 두어 짧은 글로 날카로운 시평을 선보였다. 독자들은 정권을 비판하는 촌철살인의 글을 보면서 카타 르시스를 느꼈다. 이에 정권은 민주당 국회의원 주요한의 글을 빌미 로 발행인 겸 편집인 한창우와 필자 주요한을 내란 예비 음모·선동 혐의로 입건했다.

이승만 정권의 〈경향신문〉 탄압은 여기에서 끝나지 않았다. 그해

2월 24일에는 간첩 사건 보도를 빌미로 어임영 기자를 국가보안법 위반으로 입건했고, 정달선 기자는 구속, 주필 이관구와 사회부장 오소백은 불구속 입건했다. 이어 4월 30일 〈경향신문〉을 폐간시켰다.

〈경향신문〉 폐간은 4월 15일 이승만 기자회견을 보도하는 기사에서 국가보안법에 대한 오보를 문제 삼은 것이다. 그런데 〈경향신문〉의 폐간에 적용한 법률이 '미군정법령 88호'다. 〈경향신문〉은 미군정법령을 적용한 것은 위헌이라고 법원에 제소했으나, 법원은 "정간 처분은 적법하고 미군정법령 88호는 위헌이 아니다"라고 판결했다. 〈경향신문〉은 이승만 정권을 무너뜨린 4·19혁명이 일어난 다음에야 복간할 수 있었다.

이승만 정권은 말기가 되면서 언론 탄압과 통제를 강화했지만, 언론의 비판과 저항은 계속되었다. 언론의 가장 중요한 역할은 사회적 불의와 모순을 비판함으로써 사회를 정화하는 것이다. 이런 역할이 있었기에 민주주의가 시궁창에 빠진 위기에서 나라를 건진 4·19혁명도 가능했다. 건전한 시민이 참된 언론에 많은 관심을 기울이는 것이 무엇보다 중요하다.

그러나 지금 우리나라의 언론 상황은 그다지 좋지 않다. 보수 언론이 매체를 대부분 장악하고, 공영방송조차 정권 홍보에 앞장선 형편이다. 대다수 언론이 자기 역할을 방기하며 자본의 노예가 되었다. 한국 사회의 앞날을 위해서는 진보 매체와 보수 매체가 균형을 이룬 가운데 상호 견제하고, 선의의 보도 경쟁을 펴야 한다.

25

조봉암과 진보당 사건

정적에 대한 사법 살인이다

게임의 규칙이 필요한 정치적 승부 •

많은 사람들이 정치에 무관심하고, 정치 혐오증까지 보이는 사람들도 적지 않다. 정치하는 사람들의 책임이 크지만, 시민들의 문제이기도 하다. 살아 있는 시민의 각성된 정신이 정치를 건전하게 발전시킬 수 있다. 많은 사람들이 자질이 부족한 정당이나 인물에게 투표하고 정치인 탓만 한다. 정치는 우리의 삶을 결정하는 가장 중요한 요인이다. 따라서 건전한 민주 시민은 건강한 정치의식과 정치에 깊은 관심을 기울이는 것이 마땅하다.

세상에서 경쟁하지 않고 살 수는 없다. 어디를 가든 경쟁이 있게 마련이다. 학생들은 주로 공부 경쟁이고, 사회생활을 하는 사람은 일 경쟁, 승진 경쟁, 연봉 경쟁 등 현실적 이해관계를 두고 경쟁을 벌인다. 치열한 경쟁도 문제지만, 경쟁이 없는 것도 문제가 된다. 경쟁이 없으면 발전이 더디기 때문이다.

사회주의나 공산주의가 현실적으로 성공하지 못한 것도 이와 무관하지 않다. 과거 국가가 모든 생활을 보장해준 사회주의 · 공산주의 국가에서는 치열한 경쟁이 필요 없으니 생산력 발전이나 혁신, 개인의 자기 개발이 부족했다. 국가의 비민주적 행태에 대한 견제와 투쟁력도 약해졌다.* 그러다 보니 어느 순간 국가나 사회가 만신창이가 되었다.

경쟁은 일정한 규칙 아래에서 필요하다. 그렇지 않으면 경쟁이 파멸을 가져올 수도 있기 때문이다. 그건 경쟁이라기보다 싸움이다. 개인과 개인의 관계가 아니라 규모가 큰 집단끼리 벌이는 싸움은 전쟁이라고 할 수 있다. 하지만 인간 세계에서 벌어지는 경쟁이 때로 파멸적 결과를 낳는다는 걸 무시할 수 없다. 정치에서 일어나는 경쟁이 그런 경우가 많다.

정적 살해의 불행한 정치 역사 •

정치적 경쟁은 파멸적 결과가 아니라도 승자 독식은 수시로 일어나는 일이다. 대통령이나 국회의원 선거만 해도 그렇다. 선거에서 이기면 모든 것을 갖지만, 패배하면 아무것도 가질 수 없다. 전무 아니면 전부가 정치적 경쟁의 결과다. 그래서일까? 정치적 경쟁은 상대방을

■ 사회주의국가에서 민주화 운동이 발전하지 못한 가장 중요한 이유는 국가와 당, 비밀 정보기관의 치밀한 통제 때문이지만, 개인 간 경쟁과 자기 개발 부족도 결코 무시할 수 없을 것이다.

죽음으로 몰아가는 일이 잦다. 정상적인 민주국가에서 그런 일은 있을 수 없다.

하지만 후진 정치가 계속되는 곳에서는 정적을 박해하거나 테러를 가하는 일이 일상적이다. 우리나라에서도 오랫동안 이런 일들이 벌어졌다. 해방 정국에는 송진우, 여운형, 장덕수 같은 사람들이 정치 테러의 희생양이 되었고, 이승만 정부에서는 김구와 조봉암이 정치적 희생양이 되었다. 박정희·전두환 정권에서는 김대중이 박해를 받으며 죽음의 고비를 넘나들었고, 장준하는 의문의 죽음을 당했다. 이명박 정부에서는 노무현 전 대통령이 정치적 박해와 수모를 견디지 못하고 자살하는 비극이 발생했다.

김구와 조봉암은 이승만 정권에서 정치적 제물이 되었지만, 희생당한 방식은 달랐다. 김구는 육군 소위 안두희에게 직접 살해되었고, 조봉암은 재판이란 절차를 거쳐 형장의 이슬로 사라졌다. 김구는 정치 테러로, 조봉암은 사법 살인으로 희생되었지만 이승만과 정적이라는 공통점이 있다. 두 사람은 이승만이 정적을 제거하는 과정에서 희생되었다고 봐야 할 것이다.

농지개혁에서 조봉암의 활약 •

조봉암은 김구가 사라진 다음 이승만의 최대 정적으로 부상한 인물이다. 그는 해방 정국에서는 이승만, 김구, 김규식, 여운형, 박헌영 등 정치 거물에 끼지 못했으나, 1950년대에 이승만과 더불어 최대 정치 거물이 되었다. 조봉암은 보수적인 우익 인사들이 좌우하는 남한 정치계에서 특별한 존재였다. 그는 살벌한 상황에도 진보적 입장을 고수하며 제도 정치권에서 활약했다. 그가 진보 개혁 세력을 대변한 것은 과거 경력과 깊은 관계가 있다.

조봉암은 강화에서 태어났다. 보통학교와 농업보습학교를 졸업한 뒤 군청에 잠시 사환으로 근무한 적이 있고, 서울 YMCA에서도 공부했다. 3·1운동에 참가해 1년간 옥살이한 뒤 일본에 건너가 공부하던 중 사회주의사상에 심취해 공산주의자가 되었다. 조봉암은 박헌영, 임단야와 함께 트로이카로 불릴 정도로 초기 한국 공산주의 운동에서 중요한 위치를 차지하는 인물이다. 그가 해방 후 전향하겠다고 발표했을 때 많은 사람들이 놀랐다. 한때 좌우합작 운동에도 관계하지만, 중도파와 달리 남한 단독정부 수립에 참가했다. 조봉암은 현실적인 정치가로, 명분에 매달리기보다 실질을 중요하게 보았다. 그는 초대 국회에서 소장 개혁파의 리더로 활약했고, 2대 국회에서는 국회부의장을 지냈다.

조봉암이 사람들의 관심을 끈 중요한 계기는 농림장관 취임이다. 세상 사람들의 예상과 달리 이승만은 조봉암을 초대 농림장관으로 임명했다. 비록 전향했다고는 하지만 과거 공산주의 운동의 거물을 농지개혁을 책임질 농림장관에 임명했다는 점이 쉽게 납득되지 않는 측면이 있었다.

그것은 이승만의 심모원려深謀遠慮에서 나온 행위다. 일종의 이이제이以夷制夷라고 할 수 있다. 과거 공산주의자였던 조봉암을 통해 지주 정당인 한민당을 견제하겠다는 것이었다. 조봉암은 이승만의 의

도대로 그 역할을 충분히 해냈다. 조봉암이 이끈 농림부의 농지개혁 안은 한민당의 입장을 반영한 국회의 산업개발위원회안을 충실히 견제했다. 조봉암은 농림장관으로 농지개혁에서 대중의 많은 신뢰를 얻었다.

조봉암을 배척하는 보수 야당 세력 •

1952년 8월, 조봉암은 2대 대통령 선거에서 이승만과 경쟁했다. 이 승만이 700만여 표를 얻은 반면 조봉암은 80만 표를 얻어 상대가 안 됐지만, 그래도 조봉암은 명색이 2위를 했다. 임시 수도 부산에서는 조봉암이 이승만과 호각지세일 정도로 선전했다. 조봉암이 만만치 않은 인물임을 보여준 셈이다.

그는 패배했지만 이 선거에서 얻은 것이 많다. 조봉암은 자신의 정 견을 선명하게 제시하며 대중에게 깊은 인상을 남겼다. 그는 이 선거 에서 이승만에 대항한 유일하게 의미 있는 정치인으로 부각되었다. 그러나 조봉암은 이승만에게 위험인물로 찍혔다. 김성주 사건 등으 로 '그의 주변에는 사신이 어른거리고 있었다'.

조봉암의 대중적 인지도가 높아질수록 극우 반공 세력의 견제가 심해졌다. 그 점은 보수 야당 세력도 마찬가지다. 조병옥, 김준연, 장

■ 이에 대해서는 《대한민국사 1945~2008》(임영태 지음, 들녘, 2008) 183~186쪽을 참고할 수 있다.
■ ■ 이 선거와 관련해서는 서중석, 앞의 책, 57~73쪽을 참고할 수 있다.

면 등 보수 야당 인사들은 1955년 민주당을 만들면서 끝까지 조봉암의 참여를 반대했다. 이들이 조봉암을 거부한 것은 이념적인 측면에서 느끼는 거부감도 있지만, 정치 지도자로서 견제 심리가 크게 작용했기 때문이다.

조봉암은 민주당 참여가 끝내 무산되자 혁신 정당 결성에 나선다. 1956년 1월 26일 서상일, 박기출, 이동화 등과 함께 '진보당 창당추진위원회'를 정식으로 출범시키고, 5·15 정부통령 선거에 진보당 대통령 후보로 출마했다. 선거 결과는 앞에서 본 대로다.

이승만의 최대 정적으로 부상한 조봉암 •

조봉암은 선거에서 졌지만 얻은 것이 많다. 그는 이승만의 최대 정적으로 부상했다. 개표가 정상적으로 진행되었다면 조봉암이 이겼을 거라는 주장이 공공연하게 나돌았을 정도다. 부산의 자유당 지구당 위원장 한 사람은 "조봉암 표가 많이 나와 조봉암 표를 중간에 넣고 아래위에 이승만 표 1매씩 넣는 100매 단위 샌드위치 표를 만들었는데, 이승만 표로 앞뒤를 가리기도 힘들었다"고 했다. 부산 중구 개표에 참관한 진보당의 한 인사는 자신이 계산한 바로는 조봉암이 3만여 표, 이 박사가 1만여 표 선이었는데, 나중에 보니 바뀌었더라고 증언했다.

"선거에 이기고 개표에 졌다"는 이야기가 공공연히 나돌았고, 조봉암도 《내가 걸어온 길 내가 걸어갈 길》이란 책에 "선거의 결과는 항

용 말하는 것처럼 투표에는 이기고 개표에는 졌습니다"라고 썼다. 조
봉암은 새 정치를 갈망하는 대중의 뜻에 부응하는 인물로 떠올랐으
나, 그게 화근이었다.[■]

그는 대통령 선거 후 본격적으로 창당 작업에 나섰다. 1956년 11월
10일 서울 명동에서 진보당 창당 대회가 열렸다. 진보당이 내세운
것은 제3의 길이다. 즉 자본주의의 독점적이고 비인간적인 착취를
미워하고, 공산주의의 기계적이고 반인간적인 독재정치도 배격한다
는 것이다. 진보당은 자본주의와 공산주의의 잘못된 모습을 지양하
며, '개인의 완전한 자유가 보장되고 개인의 노력과 사회적 보장으
로 모든 사람이 평화롭고 행복하게 잘 살 수 있는 세상을 만든다' 는
목표가 제시되었다. 진보당이 내건 제3의 길은 지금으로 보면 복지
국가를 구상한 것이라고 할 수 있다.

조봉암 제거 작업이 시작되다 •

이승만 정권은 진보당을 두고 볼 수 없었다. 1957년 중반부터 진보
당 죽이기 작업이 시작됐다. 진보당 죽이기 작업에는 이승만과 자유
당뿐만 아니라 온갖 조역들이 등장했다. 그들은 진보당이 북한이 선
전하는 평화통일 구호를 동일하게 내세우며 북한에 동조하는 이적
행위를 하고 있다고 공격했다. 나아가 정보 당국은 북에서 남파되어

■ 이 선거와 관련해서는 서중석, 앞의 책, 115~166쪽을 참고할 수 있다.

1957년 9월 9일 체포된 남반부정치변혁공작대 총책임자 박정호와 진보당을 연계시키려고 했다. 하지만 재판 과정에서 박정호와 조봉암의 관계는 무죄로 확인되었다.

1958년 1월 12일 드디어 조봉암, 박기출, 김달호, 윤길중 등 진보당 주요 간부들을 국가보안법 위반 혐의로 체포했다. 명목은 진보당이 북한이 주장하는 평화통일론을 주장하는 등 이적 행위를 했다는 것이었다. 그리고 재판이 시작되기도 전에 진보당의 등록을 취소했다. 이는 법률을 완전히 무시한 처사로, 이번 사건이 진보당을 해산하기 위한 것임을 보여준 방증이다.

그러나 재판이 진행되면서 검찰의 주장은 궁색해졌다. 평화통일론이 북한의 주장과 일치하므로 국가보안법 위반이라는 주장에 조봉암은 다음과 같이 반박했다.

"북한에서 평화통일이라는 말을 쓴다고 해서 우리가 그 말을 써서는 안 된다는 논리는 억지요, 난센스다. 북한에서 '밥'이라고 한다고 우리는 밥을 '떡'이나 '죽'이라고 할 수는 없지 않은가. 북한이 평화통일론을 들고 나온다면 우리는 수세에 몰릴 것이 아니라 적극적·능동적으로 주도권을 잡아야 한다. 진보당의 통일론은 결코 공산당의 전술에 넘어간 것도, 그들의 주장에 동조한 것도 아니다."

'피해 대중' '자본주의 지양止揚' '변혁' 등의 개념을 두고도 치열한 논쟁이 벌어졌다. 재판이 진행될수록 검찰의 논리는 궁색해진 반면, 진보당의 논리는 빛을 발했다.

1심에서 징역 5년이 선고되다 •

그때 양명산(본명 양이섭)이란 인물이 등장했다. 이는 조봉암의 운명을 가르는 중대한 일이 되었다. 평화통일론만 가지고 재판했다면 조봉암은 무죄가 되거나, 실형을 선고받더라도 몇 년 정도에 그쳤을 것이다. 그러나 양명산과 조봉암을 연계하면서 조봉암의 목숨이 위태로워졌다. 양명산은 해방 전 상하이임시정부 주변에서 활동하던 인물로, 조봉암과 안면이 있었다. 그는 해방 후 남북을 오가며 밀무역으로 돈을 벌었는데, 조봉암에게 적지 않은 정치자금을 제공했다.

군 수사 당국은 양명산이라는 간첩을 검거하고 수사하는 과정에서 조봉암이 양명산과 접선하여 공작금을 받았고, 북한의 지령에 따라 간첩 행위를 한 사실을 알았다고 발표했다. 검찰은 1955년부터 1956년 사이에 조봉암이 북에서 온 자금 2500만 환을 간첩 양명산에게서 받아 진보당의 정치자금으로 썼다고 주장했다.

진보당 사건은 간첩 양명산 사건과 병합해서 심리가 진행되었다. 1958년 7월 2일 1심 판결이 있었다. 재판장 유병진 판사는 평화통일 주장과 간첩 혐의는 무죄, 국가 변란과 불법 무기 소지 등의 혐의로 조봉암에게 징역 5년을 선고하고, 나머지 진보당 간부는 모두 무죄를 선고했다. 그러자 반공 청년을 자임하는 괴한 300명이 법원에 난입했다. 이들은 "용공 판사 유병진을 타도하자" "조봉암을 간첩죄로 처단하라"며 소란을 피웠다.

이승만은 국무회의 석상에서 "이러한 판사들을 처리하는 방법은 없는가. 조봉암 사건 1심 판결은 말도 안 된다"며 노골적으로 불만을 표시했다. 이승만은 조봉암 사건에 일찍부터 자신의 의도를 명확히 드러냈다. 1958년 1월 14일 조봉암이 체포되자, "조봉암은 벌써 조치되었어야 할 인물"이라며 "이런 사건은 조사가 완료될 때까지 외부에 발표되지 말아야 할 것이다"라고 압박했다.

대통령이 이렇게 말한 것은 무슨 수를 써서라도 조봉암을 확실하게 처리하라는 의미다. 조봉암을 사지로 몰아넣기 위해 온갖 방법이 동원되었을 것은 말할 필요도 없다. 당시 진보당 사건의 수사관 한승격은 〈동아일보〉 회견에서 1957년 말부터 진보당 사건을 조작하기 위한 구체적인 준비가 진행되었다고 증언했다.

이승만, 사법 살인으로 조봉암을 제거하다

그런데 2심 재판에서는 조봉암의 간첩죄에 유일한 증인이자 피고인 양명산이 특무대의 고문과 회유, 협박에 거짓 자백했다며 1심 진술을 번복했다. 검찰은 1심 재판에서 양명산이 거짓 자백을 하면 살려줄 것처럼 이야기했는데, 가만히 보니까 그게 아니어서 부랴부랴 1심 자백을 번복한 것이다.

1심에서 양명산의 자백으로 5년을 선고받은 만큼 2심에서 그 자백을 번복했으니 간첩죄는 무죄가 되어야 마땅하다. 그러나 2심 재판부는 이런 상황을 무시한 채 조봉암에게 사형을 선고했다. 당연히 2심

■ 〈동아일보〉, 1999년 8월 18일자.

판결에 논란이 일었다. 그러자 이승만은 홍진기 법무장관에게 다음과 같이 말했다.

"조봉암 사건 1심 판결은 말도 안 된다. 책임 판사를 처단하려 했으나 여러 가지 점을 생각해서 중지했다. 같은 법을 가지고 판이한 판결을 내리면 국민이 이해가 안 갈 것이고, 나부터 물어보고 싶은 생각이 있다. 헌법을 고쳐서라도 이런 일이 없도록 시정해야 한다."[*]

3심 재판의 주심은 김갑수 대법관인데, 그는 국가보안법의 개악에 정부와 견해가 같았다고 한다. 1959년 2월 27일 3심 재판부는 예상대로 조봉암과 양명산에게 사형을 선고했으나, 진보당의 다른 간부들에게는 모두 무죄를 선고했다. 대법원은 진보당의 평화통일 주장과 정강 정책은 합법이지만, 조봉암은 이중 첩자 양명산을 통해 간첩 행위를 한 간첩이며 국가보안법을 위반했다고 판결한 것이다.

변호인단은 재심을 청구했다. 그러나 상고심을 맡은 재판부가 재심을 맡았으니 결과는 뻔했다. 7월 30일 재심이 기각되자, 정부는 다음 날인 7월 31일 조봉암의 사형을 집행했다. 이는 있을 수 없는 일이다. 변호사들은 기각되더라도 다시 재심을 청구하려고 계획하고 있었다. 설령 재심 청구가 없더라도 수년 뒤에나 형을 집행하는 것이 관례다. '사법 살인' 행위다. 이 같은 사법 살인은 박정희 정권 때 인혁당재건위원회 사건에서도 일어났다.[**]

■ 서중석, 앞의 책, 214쪽 재인용.

■■ 1975년 4월 9일 새벽, 박정희 정권은 '인혁당재건위 사건'으로 대법원에서 형이 확정된 지 18시간 만에 사형선고를 받은 8명의 형을 집행하여 지금까지 사법 살인이란 비판을 받고 있다. 제네바(Geneva)에 본부를 둔 국제법학자회는 이날을 '사법사상 암흑의 날'로 선포했다.

나는 대다수 국민이 잘 살기 위한 정치를 했다 •

공산주의자에서 진보적 민주주의자로, 혁명가에서 진보적 개혁주의자로 변신하며 새 정치를 펼쳐보려 한 조봉암은 이렇게 형장의 이슬로 사라지고 말았다. 조봉암은 한국 현대 정치사에서 독특한 위치를 점한다. 그는 이념과 현실을 적절히 결합시킨 점에서 여운형과 더불어 보기 드문 정치가다. 조봉암이 여운형보다 현실을 중시했지만, 둘 다 민중을 중심으로 한 정치 이념에서 벗어난 활동은 하지 않았다고 평가할 수 있다.

그랬기 때문에 조봉암은 보수 정객에게 끊임없이 견제를 당했고, 이승만을 위협하는 현실 정치의 거물로 등장하자 곧 제거 대상이 되고 말았다. 그 점을 아는 조봉암은 사형을 담담하게 받아들이면서 다음과 같이 유언했다.

> 이 박사는 소수가 잘 살기 위한 정치를 했고, 나와 동지들은 대다수 국민이 고루 잘 살게 하기 위한 민주주의 투쟁을 했다. 나에게 죄가 있다면 많은 사람이 고루 잘 살 수 있는 정치 운동을 한 것밖에 없다. 나는 이 박사와 싸우다 졌으니 승자에게 패자가 죽음을 당하는 것은 흔히 있을 수 있는 일이다. 다만 내 죽음이 헛되지 않고 이 나라의 민주 발전에 도움이 되길 바란다.˙

■ 서중석, 앞의 책, 219쪽 재인용.

정치적 복권을 이룬 조봉암 •

조봉암의 죽음은 단순히 이승만의 정적 제거를 의미하지 않는다. 그는 특유의 정치 감각으로 이승만과 시대를 지배하던 냉전 체제를 넘어선 진보적 정치를 구현하고자 노력했으나, 그런 행위는 미국의 이해와 배치되었고, 보수 야당에게도 눈엣가시 같은 일이었다. 그런 점에서 조봉암의 죽음은 이승만이 주역으로 나서고, 미국과 보수 야당 세력이 방조자가 된 합작품이라 할 수 있다.

조봉암의 사형선고와 처형은 오랫동안 정치권에서 문제가 제기되었다. 그러나 공안 심판으로 결론 난 사건은 번복되지 않는 것이 한국 사회다. 이 문제는 진실·화해를위한과거사정리위원회(약칭 진실화해위원회)가 해결했다. 진실화해위원회는 2007년 9월 18일 '진보당 조봉암 사건'을 "정권에 위협이 되는 정치인을 제거하려는 의도에서 시작된 정치 탄압 사건"이며 "비인도적 인권유린 행위"로 결론 내리고, "국가는 인권침해와 국민의 생명권 박탈에 대해 사과하고 피해자와 유족의 피해를 구제하고 명예를 회복하기 위한 적절한 조치를 취할 것을 권고"했다.

2010년 10월 29일 대법원 전원 합의체는 장녀 조호정 등 유족의 청구를 받아들여 재심 개시 결정을 내렸다. 조봉암의 완전한 명예 회복을 위해서는 아직 법원의 판단이 남았지만, 그의 정치적 복권은 이루어진 셈이다.

■ 《2007년 하반기 조사 보고서》(진실·화해를위한과거사정리위원회, 2008) 1142~1143쪽.

26

1959년

몰락을 향해 질주하다

1950년대의 마지막 해를 돌아보다 ●

《장미와 씨날코》라는 책이 있다. 역사책이기도 하고 문화 비평서로
볼 수도 있는 책이다. '1959년 이기붕家의 선물 꾸러미'란 부제가 붙
은 이 책의 지은이는 김진송이다. 목수를 자처하는데 국문학과 미술
사를 전공하고 미술 평론, 전시, 출판 기획 등을 하는 것으로 알려졌
다. 그가 지은 책 가운데 《서울에 딴스홀을 허하라》는 참 재미있다.
공저인 《문화 읽기 : 삐라에서 사이버 문화까지》도 한국 현대사를 기
획하는 데 참고할 만하다.

　김진송이 《장미와 씨날코》를 쓴 계기는 우연히 신문사에 처박혀
있던 어떤 문서를 찾아내면서다. 그 문서는 '전 국회의장 이기붕가
출입인 명부(사본)'다. 말하자면 이기붕의 집을 찾은 사람들의 이름을
적어놓은 방명록이다. 김진송은 이 방명록을 바탕으로 재미있는 책
을 썼다. 《장미와 씨날코》는 방명록에서 시작해 1959년을 돌아보는

방식으로 구성된 책이다.

  김진송이 발견한 방명록은 처음에는 별로 가치가 없는 자료였다고 한다. 그는 모 신문사에서 지을 박물관을 기획하고 있었는데, 방명록은 거기에 들어갈 만한 자료가 못 되었기 때문이다. 그래도 그냥 둘 수 없어서 다른 자료들과 함께 사무실로 가져와 살펴보았다. 방명록은 1959년 1월 4일부터 12월 30일까지 1년 동안 이기붕의 집을 드나든 사람들의 이름과 그들이 들고 온 물건이 적혀 있었다. 그러니까 책 제목이 되는 '장미와 씨날코'는 이기붕의 집을 방문한 사람들이 가져온 선물 가운데 하나다.

  장미야 누구나 아는 것이지만, '씨날코'는 처음 들어보는 이름이다. 씨날코는 '시날코'를 의미한다. 시날코는 열 가지 과일을 갈아서 만든 고급 음료로, 1956년부터 생산되었다. 독일 시날코사에서 유럽의 가장 좋은 열 가지 과일을 고아서 짠 '시날코 제-레'를 세계 여러 나라의 이름난 음료 회사에 시날코라는 이름으로 판매했다. 우리나라에서는 동양맥주OB가 시날코를 만들어 비행기 편으로 독일 본사로 보내어 정기적인 품질 검사를 받았다고 한다. 따라서 시날코는 돈 있는 사람만 먹을 수 있는 음료다.·

■《장미와 씨날코》(김진송 지음, 푸른역사, 2006) 125~126쪽.

산골 대통령 한국을 지배하다 345

이기붕, 1950년대를 수놓은 악명 •

이기붕가의 방명록에 이름이 오른 사람들은 대부분 내로라하던 권세가들이다. 그들이 가져온 선물 또한 평범한 것부터 일반인은 구경조차 하기 힘든 물건까지 다양했다. 결국 방명록이 바탕이 되어 책 한 권이 탄생했다. 그러나 여기에서 이야기하려는 것은 책이 아니라 이승만 정권의 말기적 행태다. 그 이야기의 중심에 이기붕이 있다.

기성세대 가운데 이기붕이 누구인지 모르는 사람은 거의 없을 것이다. 이승만 시대를 조금이라도 아는 사람은 이기붕을 안다. 그 시대에 산 사람은 말할 것도 없고, 한국 현대사에 지식이 있는 사람이라면 당연한 일이다. 이기붕은 1950년대를 이야기하면서 빼놓을 수 없는 인물이기 때문이다.

이기붕은 1950년대 중반 이후 권력의 2인자로 유명하지만, 좋은 일보다 악명을 남겼다. 그는 이범석과 족청계가 제거되면서 자유당 조직을 실질적으로 장악해 이승만의 후계자가 되었으며, 이승만 사후 자유당의 영구 집권을 위해 부정선거를 이끌었다. 1956년 정부통령 선거에서는 자유당의 부통령 후보로 출마해 장면에게 고배를 마셨다. 그 뒤 국회의장이 되었고, 1960년 3월 15일 정부통령 선거에서는 자유당의 부통령 후보로 출마했다.

이기붕은 3·15 부정선거의 원흉으로 지목되어 4·19혁명 발발에 실질적인 원인 제공자가 되었다. 4·19혁명과 함께 민중의 지탄 대상이 되자 일가족이 자살함으로써 역사의 무대에서 퇴장한 비운의 주인공이다. 이승만의 양아들이며 그의 친아들인 이강석이 권총으로 일가족을 살해하고 자살함으로써 이기붕 일가는 비극적 최후를 맞았다.

이기붕은 1896년 충북 괴산에서 태어났다. 그는 아버지를 일찍 여의고 어린 시절을 어렵게 보냈다. 보성고보를 졸업한 뒤 연희전문에 입학했으나 생활 형편 때문에 중퇴하고, 선교사의 도움으로 상하이에 갔다가 미국으로 건너갔다. 1923년 미국 아이오와Iowa주 테이버Tabor대학 문과를 졸업했으며, 뉴욕에서 허정 등과 〈삼일신문〉을 발행하는 데 참여했다. 이 무렵 이승만과 인연을 맺었으나, 1934년 귀국한 뒤 한국에서 여러 일자리를 전전한 것으로 알려진다.

해방 후 이기붕은 미 군정청에 들어가 군정 재판장의 통역을 하면서 이승만을 만났고, 그의 비서가 되었다. 1948년 한국 정부 수립 후 이기붕은 경무대(청와대) 비서실장이 되었고, 이듬해 6월 서울시장, 1951년 5월 국방장관이 되었으며, 이범석 등과 함께 자유당 창당 작업에 나선다. 1953년 이범석과 족청계가 제거되면서 총무부장으로서 자유당의 실세가 되었고, 이듬해에는 민의원 의장으로 사사오입 개헌을 주도했다. 1956년 부통령에 출마했다가 낙선했으나, 3대 민의원 선거 서대문 을구에서 당선되어 국회의장에 올랐다. 이기붕은 1952년 9월부터 1960년 4월 27일 죽을 때까지 대한체육회장을 맡았고, 1957년 3월 26일 이승만의 82회 생일을 맞아 장남 이강석을 그의 양자로 입적했다.

인간적으로 유하지만 정치적으로는 악한 인물 •

이기붕이 인간적으로 유했다는 평가가 많지만, 권력을 행사하는 데
는 결코 그렇지 않았다. 그가 2인자로 있던 자유당 정권의 패악을 생
각하면 그에 대한 인간적 평가는 큰 의미가 없다. 이기붕이 잘한 일
도 있다. 국민방위군사건으로 신성모가 국방장관에서 물러난 다음
국방장관에 취임한 이기붕은 김윤근 사령관을 비롯해 국민방위군사
건의 주범을 구속하고 군법회의를 거쳐 총살했으며, 거창 신원 사건
을 계기로 군 수뇌부를 교체하는 등 난마처럼 얽힌 의혹을 처리해 국
회와 국민들에게 박수를 받았다.

그렇다고 이기붕이 권력을 공평하게 행사했다고 말할 수는 없다.
자유당에서 이범석과 족청계를 몰아내고 당권을 장악할 때도 이정재
를 비롯한 정치 깡패를 동원해 정치 집회를 조작했고, 1954년에는
민의원 의장으로 사사오입 개헌을 주도했다. 민의원에 입후보하면서
민주당 후보를 매수해 사퇴시킨 뒤 단독 출마하고, 그에 상응하는 반
대급부를 제공하는 정치 공작도 서슴없이 감행했다.

3·15 부정선거를 빼놓고도 이기붕이 저지른 권력 남용 행위는 수
없이 많다. 자유당이 부정한 권력 행사를 하는 상황에 2인자 이기붕
의 공정한 권력 행사를 이야기하는 것은 가당치 않은 일이다. 당시
'만송족'이라는 유행어가 있었다. 이는 이기붕의 호가 만송萬松인 것
을 빗댄 말로, 그의 주변에 빌붙어 권력의 단맛을 보던 사람들을 일
컫는다.

1950년대 중반 이후 이기붕의 권력은 막강해서, 그의 주변에는 권

력에 취한 인간들이 몰려들었다. 그들은 권력에 얼마나 아부하며 달라붙었는지 '낙지족'이라는 별칭까지 얻었다. 신성모가 "지당하십니다"를 연발하고 이승만의 말에 감격의 눈물을 흘렸다고 해서 '지당장관' '낙루장관'이라고 불린 것처럼, 이기붕 주변에도 이런 인사들이 몰려들었다. 이렇게 만든 장본인은 이기붕이다.*

이기붕을 이야기하면서 빼놓을 수 없는 인물이 그의 부인이다. 박마리아는 이기붕보다 평판이 나쁘다. 권력의 화신이면서 온갖 부정과 비리의 온상으로 평가되는데다, 친일파로도 낙인찍혔다. 독실한 기독교인이던 박마리아는 호수돈여고와 이화여대를 졸업한 뒤 미국으로 유학해 피바디사범대학George Peabody College for Teachers에서 석사 학위를 받았다. 해방 후 YWCA 문화부장을 맡았고, 이화여대 교수가 되면서 폭넓은 정치 활동을 했다.

박마리아는 이승만의 부인 프란체스카Francesca Donner Rhee와 긴밀한 관계를 맺어 이기붕의 출세 가도에 한몫을 담당했다. 이기붕의 출세 못지않게 그녀 또한 지위가 높아졌다. 이기붕이 민의회 의장이던 시절 박마리아는 이화여대 부총장이 되었고, 대한부인회의 최고위원과 YWCA 연합회장을 맡았다. 사람들은 그녀에게도 뇌물을 바쳤다. 부부가 함께 실세로 행세했고, 둘은 하나로 연결되어 무소불위의 권력을 행사했다.**

■ 이와 관련해서는 《곡필로 본 해방 50년》(김삼웅 지음, 한울, 1995)을 참고할 수 있다.
■■ 《한국 현대사 산책—1950년대편 3 : 6·25전쟁에서 4·19 전야까지》(강준만 지음, 인물과사상사, 2004) 123쪽.

1959년, 새해 벽두부터 살벌한 분위기로 출발하다 •

이들이 설치던 자유당 정권의 마지막 해(1959년)에는 어떤 일이 벌어졌는지 살펴보자. 먼저 정치 상황이다. 겉으로는 큰 사건이 일어나지 않았지만 이듬해 우리 현대사를 뒤집어놓을 3 · 15 부정선거와 4 · 19 혁명의 전조가 보였다. 연초부터 거리 분위기가 살벌했다. 1958년 12월 24일 자유당이 강제로 통과시킨 신국가보안법을 둘러싸고 여야 대치가 계속되는데다, 철회 데모까지 산발적으로 일어났다.

1958년 12월 자유당은 적용 대상과 이적 행위의 개념을 확대한 국가보안법을 제출했다. 명분은 간첩 색출이라고 했지만, 실제로는 언론과 정치 활동을 제약해 1960년 정부통령 선거에서 승리하기 위함이었다. 이에 야당과 각계, 특히 언론이 강력히 반대했다. 법안이 자유당 단독으로 법사위를 통과하자, 민주당 의원 80명은 본회의장을 점거한 채 농성을 시작했다. 한희석 국회부의장은 경위권을 발동했고, 무술 경관들이 농성하는 민주당 의원들을 끌어낸 가운데 신국가보안법이 날치기로 통과되었다.

1959년 1월 15일 보안법 개악 반대 전국 국민대회가 경찰의 원천봉쇄로 무산되었으나, 정국은 풀리지 않았다. 2월 2일에는 서대문 이기붕 국회의장 공관 앞 노상에서 시위가 벌어졌다. 전단이 뿌려지고 구호를 외친 세 명이 후다닥 튀었으나 곧 경찰에 잡히고 말았다. 마치 유신 시대와 1980년대 초반 전두환 정권 시절 같은 느낌이 드

■ 김진송, 앞의 책, 107쪽.

는 상황이다. 게릴라식 데모는 그 뒤에도 산발적으로 벌어졌으나, 경찰은 이마저 봉쇄하기 위해 동분서주했다.

이런 산발적인 데모와 달리 '재일 교포 북송 반대'라는 이름 아래 10만 명이나 되는 관제 대모대가 모였다. 관제 데모대가 동원되는 일은 박정희 · 전두환 군부 정권 시절에도 수없이 경험한다. 외형상으로는 관제 데모대가 신보안법 반대 데모대를 압도했지만, 그 바탕에는 전혀 다른 기운이 싹트고 있었다. 조작된 민의가 아니라 자발적 민의가 이승만 정권을 거부하는 움직임이 시작된 것이다.

보릿고개에도 바나나를 먹는 사람들 •

이 시기 농촌은 보릿고개로 고생하면서 초근목피로 근근이 연명했다. 절량농가絕糧農家 : 식량이 완전히 떨어져 식구들이 굶는 농가가 대부분이고, 이 바람에 죽은 사람들도 적지 않았다. 이런 현상은 도시에도 마찬가지였다. 서울에는 집이 없어 한강 모래밭에 움막을 짓고 사는 사람들이 부지기수고, 거리에는 거지가 넘쳐났다. 그런데 놀랍게도 1959년에 우리나라 전체로는 쌀이 남아돌았다. 이 때문에 쌀값이 폭락했고, 보리가 해방 이후 최대로 수확되면서 보리 값도 폭락했다. 쌀을 수출한다는 소문이 돌자 쌀값이 폭등하기도 했다.

이런 상황에도 미국 잉여농산물은 계속 수입되었고, 쌀은 수출되지 않았다. 한쪽에서는 절량농가가 무수히 생겨나고, 거지와 굶어 죽는 사람이 늘어났다. 왜 그랬을까? 소득과 분배의 불균형 때문이다.

더 놀라운 사실은 그 어려운 시기에도 서울에 '바나나 사태'가 났다는 점이다. 신문 기사에 따르면 과일전마다, 구루마꾼('수레꾼'의 일본어 표기)마다 바나나가 숱하게 눈에 띄었다고 한다. 하지만 바나나는 아무나 먹을 수 있는 과일이 아니었다. 1970년대까지 일반인에게 바나나는 구경도 할 수 없는 과일이었다. 하물며 1959년에야 말해 무엇 하겠는가. 그렇지만 바나나를 아무렇지 않게 먹는 사람들이 있었다.

> 어떤 옷차림을 화려하게 한 아낙네가 그 치욕적인 빠나나 한 관을 덥석 사는 것을 보았다. 모두 열서너 개밖에 안 되는데 값이 1300환, 그렇게 치고 보면 한 개에 근 100환꼴이다. 그것을 쌀값으로 환산하면 소두 한 말 치에 해당한 엄청난 고가다.

바나나는 대만이나 홍콩에서 들여온 것인데, 쌀 같은 것들과 바꾸어 수입했다는 얘기다. 그러나 바나나 한 관이 쌀 한 가마 값에 해당하는 상황이니, 지금이라도 일반 국민들은 도저히 먹을 수 없는 가격이다. 그런데도 '바나나 사태'가 나고 그걸 '덥석 사서' 먹는 사람이 있었다. 역시 분배가 문제였다. 뿐만 아니라 기호품도 많았다. 지금처럼 풍부하지는 않았지만, 미군 PX에서 흘러나온 물품들이 상류층의 사치와 기호를 맞춰준 것이다.

■ 〈동아일보〉, 1959년 5월 28일자; 김진송, 앞의 책에서 재인용.

대한뉴스, 이승만의 위대함을 선전하다 •

극장에 가면 영화를 시작하기 전에 대한뉴스를 상영했다. 황지우의
시 〈새들도 세상을 뜨는구나〉에 나오는 대한뉴스다.˙ 1959년에도 대
한뉴스가 있었다. 김진송에 따르면 대한뉴스는 몇 가지 이야기를 반
복해서 전했다. 그것은 '이승만은 살아 있습니다' '아직 전쟁은 끝나
지 않았습니다' '반공만이 살길입니다' '우리는 점점 좋아지고 있습
니다' '미국은 좋은 나라입니다' '이 나라는 하느님의 나라입니다'
'세상은 즐겁습니다' 등이었다고 한다. 이승만 우상화 선전이 극에 달
한 무렵이다. 그 후에도 오랫동안 그 아류들이 판을 쳤다.˙

  그 밖에 전쟁의 상흔이 여전했고, 도둑과 깡패가 판을 쳤으며, 부
패가 만연했다. 실업 문제와 입시 전쟁이 심각했다. 대학을 졸업해도
취직할 곳이 없어 고등실업자가 양산되었다. 배우지 못한 사람들도
마찬가지였다. 농촌에서 도시로 옮겨도 날품팔이조차 제대로 할 수
없는 상태였다. 입시는 중학교 입학 때부터 시작되었다. 그때나 지금
이나 사회적인 문제는 여전하다는 걸 알 수 있다.

  1959년에는 새벽 1시부터 4시까지였던 통금이 자정부터 4시까지
로 연장되었다. 간첩을 잡기 위해서라는 것이다. 통금은 1980년대
초 전두환이 해제할 때까지 계속되었다. 사람들은 간첩이 아니라는
걸 증명하기 위해 시민증과 도민증을 들고 다녀야 했다. 도민증과 시
민증은 박정희 정권 시기인 1968년 주민등록증이 나오면서 사라진다.

■ 김진송, 앞의 책, 203쪽.

주옥같은 외국의 명화들이 개봉된 해 •

1959년에는 영화가 111편이나 만들어졌다. 지금도 1년에 150편 정도 만든다는데 50여 년 전에 100편을 돌파했으니 대단하다. 이 가운데 멜로드라마가 86편이나 되었다. 신상옥 감독의 〈동심초〉, 김소동 감독의 〈오! 내 고향〉, 조긍하 감독의 〈곰〉, 노장 윤봉춘 감독의 리메이크 작품 〈유관순〉, 김기영 감독의 〈십대의 반항〉, 유현목 감독의 〈구름은 흘러가도〉 등이다.

그중 〈십대의 반항〉은 오영진이 시나리오를 썼으며, 10대 비행 청소년들의 반항과 갈등을 예리하게 파헤친 역작으로 평가받았다. 이 작품은 국내 영화상을 휩쓸었고, 아역 배우로 출연한 안성기가 4회 샌프란시스코영화제에서 소년특별연기상을 수상해 더욱 유명해졌다. 〈구름은 흘러가도〉는 사실적인 묘사에 서정성을 가미한 가작으로 평가받았으며, 국내 영화상을 받고 베를린영화제와 시드니영화제에도 출품했다.

1960년 대선을 앞두고 정치 깡패 임화수가 정치적 야심을 품고 대작 〈독립협회와 이승만〉을 제작했다. 임화수는 경기도 이천 출신으로 변두리에서 극장을 경영하다가 동향인 경무대 경찰서장 곽영주의 비호를 받고 폭력계의 대부가 된 인물이다. 그는 출연료도 주지 않고 자기 영화에 배우들을 동원하는 등 여간 횡포를 부리지 않았다. 희극배우 김희갑을 폭행해 갈비뼈를 부러뜨린 사건은 두고두고 회자된다.

당시 외화는 〈백주의 결투〉 〈하이눈〉 등 50퍼센트가 서부극이었다. 1959년에는 수많은 '할리우드 키드'를 생산할 미국 영화가 준비

되어 '주옥같은 명화'가 줄줄이 기다리고 있었다.

잉그리드 버그먼이 주연한 〈누구를 위하여 종은 울리나〉, 그레고리 펙과 오손 웰스가 주연한 〈백경〉, 제니퍼 존스가 주연한 〈보봐리 부인〉, 험프리 보가트와 잉그리드 버그먼이 주연한 〈카사블랑카〉, 스티브 리브스가 주연한 〈헤라클레스〉, 나탈리 우드와 진 켈리가 주연한 〈풋사랑〉, 로버트 테일러와 데보라 카가 주연한 〈쿼바디스〉, 잉그리드 버그먼과 그레고리 펙이 주연한 〈망각의 여로〉, 장 가방이 주연한 〈레미제라블〉, 데보라 카와 율 브린너가 주연한 〈여로〉, 앨프리드 히치콕이 감독하고 잉그리드 버그먼과 캐리 그랜트가 주연한 〈오명〉, 율 브린너가 주연한 〈카라마조프가의 형제〉, 율 브린너와 찰턴 헤스턴, 앤서니 퀸이 주연한 〈대해적〉 등이다.[■]

사라호 태풍이 한반도 남단을 강타하다 •

1959년을 이야기하면서 빼놓을 수 없는 사건이 사라호 태풍이다. 오랜 가뭄 끝에 7월 1일 시작된 장마가 두 달 동안 계속되면서 온 나라가 물난리를 맞았고, 9월 1일 9호 태풍 존이 기습했다. 폭우로 한강은 위험수위를 넘어서고 이재민이 7500명, 사망 20여 명에 피해액 20억여 환, 건물 2000동이 파손되었다. 그러나 이것은 사라호 태풍

■ 이 부분은 김진송, 앞의 책; 《한국 영화사 : 한 권으로 읽는 한국 영화 100년》(정종화 지음, 한국영상자료원, 2008)을 참고해서 정리했다.

이 오기 전이다. 9월 16일 오후 9시부터 9월 18일 새벽 2시경 울산을 거쳐 동해로 빠져나갈 때까지 2~3일 동안, 아니 실제로는 단 두 시간 동안 태풍이 끼친 피해는 상상을 초월했다.

주로 남부 지역을 강타한 사라호 태풍은 가옥 1만 5000여 동을 파괴했고, 이재민 2만 6000여 명을 낳았다. 피해는 갈수록 늘어났다. 9월 22일 경찰이 집계한 바에 따르면 사망 603명, 실종 246명을 비롯해 사상자가 3300명 이상이었다. 건물 피해 12만 7000여 동, 선박 9000여 척 등 재산 피해액이 660억 환을 넘었다. 언론 보도에 따르면 실제 피해액은 1000억 환 이상일 것이라고 했다. 최종 정부 집계에 따르면 피해액 1043억 환, 이재민 98만 명, 사망 560명, 부상 2400명, 실종 250명 등이었고, 건물은 15만여 동이 파괴되었다.

정부는 수해대책위원회를 만들고 복구 사업을 개시한다며 호들갑을 떨었다. 수재 의연금도 걷기로 했는데, 말이 의연금이지 '자발적 세금'이었다. 이렇게 거둔 의연금 일부는 관리들이 착복했다. 어찌된 판인지 수해대책위원회 주변 사람들이 모두 수재민이었고, 실제 손해를 본 사람들에게는 한 푼도 돌아가지 않는 일이 허다했다.'

■ 사라호 태풍과 그 여파에 관해서는 김진송, 앞의 책; 《대한민국 50년사 1》(임영태 지음, 들녘, 1998) 227쪽 참고.

그리고 베이비 부머들이 태어나다 •

그해에 많은 아이들이 태어났다. 이제 베이비 부머 이야기를 해야겠다. 이들의 아버지들은 대부분 군대에 징집되었다가 살아서 돌아온 사람들이다. 그 때문에 아이들이 태어날 수 있었다. 물론 군대에 가지 않고 빠진 사람들도 있지만, 그런 사람들보다 군대에서 살아 돌아와 아버지가 된 사람들이 많았다.

같이 간 동료들이 죽은 와중에 살아서 돌아온 것은 다행이지만, 이들을 기다리는 상황은 그리 좋지 않았다. 제대한 이들에게 지워진 짐은 너무나 무거웠다. 대부분 똥구멍이 찢어지게 가난한 집안을 책임져야 할 가장들이었다. 부모님과 아내, 동생들, 다른 부양자들까지 함께 살아가는 경우가 대부분이었다. 그들이 책임져야 할 가족은 대체로 10명 이상, 많으면 20명에 이르렀다. 그 책임은 아내도 짊어졌다. 아내는 대부분 20대 초반이라, 부부는 곧 부모가 되었다.

전후 베이비 붐 세대는 대체로 1955년경부터 시작된다.˙ 휴전되면서 반공 포로가 등장하고, 해마다 10만 명이 넘는 제대군인들이 사회에 나왔다. 1959년 무렵에는 제대군인 숫자만 70만 명 정도 되었으니, 한국 사회에는 신생아가 그야말로 쏟아졌다.

그렇게 태어난 신생아 가운데 많은 아이들은 꽃도 피워보지 못한 채 저세상으로 떠났다. 장티푸스, 이질, 설사 등 지금이라면 죽어야

■ 사람에 따라 조금씩 차이가 있지만, 한국의 베이비 붐 세대는 1955년생부터 1964년생까지를 지칭한다.

할 이유가 전혀 없지만, 당시에는 속수무책이었다. 의술과 의약품이 부족한 상태에서 세계 최저 빈국이던 대한민국의 아이들이 모두 살 수는 없었다. 그들은 이름도 남기지 못한 채 죽은 경우가 허다했고, 일부는 형이나 동생에게 이름을 남겨주는 것으로 자신의 흔적을 남겼다.

그들은 먹을 것 없는 세상에 태어났지만 그래도 축복받았다. 생명이란 귀한 것이고, 자기 먹을 것은 타고난다고 믿던 시절이니까. 그렇게 태어난 세대는 오늘날 은퇴 세대가 되었다. 이들과 함께 한 시대가 흘러가고 있다. 이승만 정권의 마지막을 앞둔 1959년은 베이비 부머들과 더불어 흘러갔다. 그러나 1959년이 지나면서 우리 역사에도 새로운 지평이 열린다는 것을 그때 누가 알았겠는가.

신문

· 개번 맥코맥, 〈정부 수립 60주년의 '슬픈 진실'〉, 〈경향신문〉, 2008년 9월 1일자.
· 김익렬, 〈4 · 3의 진실〉, 〈제주신문〉, 1989년 9월 8~9일자.

잡지

· 김석영, 〈도강파 · 잔류파의 유래와 전설〉, 《인물계》, 1959년 4월호.
· 박원순, 〈전쟁 부역자 약 5만 명 어떻게 처리되었나〉, 《역사비평》, 9호(1990년 여름).
· 안진, 〈분단 고착 세력의 권력 장악과 미군정〉, 《역사비평》, 6호(1989년 가을).
· 이만갑, 〈사회 불안의 전위 인텔리 실업자〉, 《사상계》, 1961년 2월호.
· 이창열, 〈실업 문제〉, 《사상계》, 1958년 9월호.

논문

· 김득중, 〈여순 사건과 이승만 반공 체제의 구축〉, 성균관대 박사 학위 논문, 2004.

인터넷

· 김기협, 〈해방 공간 최대의 위조지폐범은 미군정〉, 〈프레시안〉, 2011년 5월 17일.
· 김병권, 〈'마이너스 10만 고용 시대' 머지않았다〉, 새로운사회를여는연구원, 2009년 1월 15일.

DVD

· 다큐멘터리 〈백년전쟁〉, 민족문제연구소 제작, 2012.

기타

· 김재천·윤상용, 〈클라우제비츠 이론으로 본 '테러와의 전쟁'-독일 통일 전쟁과 이라크/아프가니스탄 전쟁 비교 연구〉,《국가전략》, 5권 2호, 2009.

· 순천시사편찬위원회,《순천시사》, 1997.

· 제주4·3사건진상규명및희생자명예회복위원회,《제주4·3사건 진상 조사 보고서》, 2003.

· 진실·화해를위한과거사정리위원회,《2007년 하반기 조사 보고서》, 2008.

· 진실·화해를위한과거사정리위원회,《2009년 하반기 조사 보고서》, 2010.

· 통계청,《국제 통계연감》, 2006.

· 통계청,《통계로 본 광복 전후의 경제·사회상》, 1993.

단행본

·《만물상 1》, 조선일보사, 1979.

· 강만길 지음,《고쳐 쓴 한국 근대사》, 창비, 2006.

· 강만길 지음,《고쳐 쓴 한국 현대사》, 창비, 2006.

· 강만길 지음,《한국사 18 : 분단 구조의 정착 2》, 한길사, 1995.

· 강준만 지음,《한국 현대사 산책-1940년대편 1, 2 : 8·15 해방에서 6·25 전야까지》, 인물과사상사, 2004.

· 강준만 지음,《한국 현대사 산책-1950년대편 1~3 : 6·25전쟁에서 4·19 전야까지》, 인물과사상사, 2004.

· 고은 지음,《1950년대 : 그 폐허의 문학과 인간》, 향연, 2005.

· 김구 지음, 도진순 옮김,《백범일지》, 돌베개, 2002.

· 김기협 지음,《해방일기 1~5》, 너머북스, 2011~2013.

· 김기협 지음,《뉴라이트 비판》, 돌베개, 2008.

· 김동춘 지음,《전쟁과 사회 : 우리에게 한국전쟁은 무엇이었나?》, 돌베개, 2006.

· 김득중 지음,《'빨갱이'의 탄생 : 여순사건과 반공 국가의 형성》, 선인, 2009.

· 김산·님 웨일스 지음, 조우화 옮김,《아리랑》, 동녘, 2002(21쇄).

· 김삼웅 지음,《곡필로 본 해방 50년》, 한울, 1995.

· 김삼웅 지음,《'독부' 이승만 평전 : 권력의 화신, 두 얼굴의 기회주의자》, 책보

세, 2012.

· 김삼웅 지음, 《백범 김구 평전》, 시대의창, 2004.

· 김삼웅 지음, 《약산 김원봉 평전》, 시대의창, 2008.

· 김삼웅 지음, 《패배한 암살》, 학민사, 1992.

· 김삼웅 지음, 《해방 후 정치사 100장면》, 가람기획, 1994.

· 김삼웅 편저, 《사료로 보는 20세기 한국사》, 가람기획, 1997.

· 김성보 지음, 《남북한 경제구조의 기원과 전개 : 북한 농업 체제의 형성을 중심으로》, 역사비평사, 2000.

· 김성칠 지음, 《역사 앞에서》, 창작과비평사, 1997.

· 김영구 지음, 《중국 현대문학론》, 한국방송대학교출판부, 2002.

· 김영명 지음, 《나는 고발한다》, 한겨레신문사, 2000.

· 김인걸 외 편저, 《한국 현대사 강의》, 돌베개, 1998.

· 김진송 지음, 《장미와 씨날코》, 푸른역사, 2006.

· 도진순 지음, 《한국 민족주의와 남북 관계》, 서울대학교출판부, 1997.

· 루스 베네딕트 지음, 김윤식 · 오인석 옮김, 《국화와 칼》, 을유문화사, 2008.

· 리영희 지음, 《역정 : 나의 청년 시대》, 창작과비평사, 1988.

· 리영희 지음, 《우상과 이성》, 한길사, 1980.

· 마리-클레르 베르제르 지음, 박상수 옮김, 《중국 현대사》, 심산, 2009.

· 박도 지음, 《백범 김구 : 암살자와 추적자》, 눈빛, 2013.

· 박명림 지음, 《한국 1950 전쟁과 평화》, 나남, 2002.

· 박명림 지음, 《한국전쟁의 발발과 기원 1, 2》, 나남, 1996.

· 박영준 외 지음, 《영어 공용화 국가의 말과 삶》, 한국문화사, 2004.

· 박원순 지음, 《국가보안법 연구 1》, 역사비평사, 1995.

· 박현채 엮음, 《청년을 위한 한국 현대사》, 소나무, 1992.

· 박현채 외 지음, 《해방 전후사의 인식 3》, 한길사, 1995.

· 배영수 지음, 《서양사 강의》, 한울, 2009.

· 변상욱 지음, 《굿바이 MB》, 한언, 2012.

· 부산일보사 기획연구실 지음, 《비화 임시 수도 천 일(상)》, 부산일보사, 1983.

· 브루스 커밍스 지음, 《The Origins of the Koreans War 1-Liberation and

Emergence of Seperate Regimes 1945~1947》, 역사비평사, 2003.

· 브루스 커밍스 지음,《The Origins of the Koreans War 2–The Roaring of the Cataract 1947~1950》, 역사비평사, 2003.

· 브루스 커밍스 지음, 김자동 옮김,《한국전쟁의 기원》, 일월서각, 1986.

· 서중석 지음,《대한민국 선거 이야기 : 1948 제헌 선거에서 2007 대선까지》, 역사비평사, 2008.

· 서중석 지음,《이승만과 제1공화국–해방에서 4월혁명까지》, 역사비평사, 2007.

· 서중석 지음,《조봉암과 1950년대(상, 하)》, 역사비평사, 1999.

· 서중석 지음,《한국 현대 민족운동 연구》, 역사비평사, 1997.

· 서중석 지음,《한국 현대 민족운동 연구 2》, 역사비평사, 1996.

· 성석제 지음,《번쩍하는 황홀한 순간》, 문학동네, 2003.

· 손세일 지음,《이승만과 김구 1~3》, 나남, 2008.

· 송건호 외 지음,《해방 전후사의 인식 1》, 한길사, 2004.

· 시정곤 외 지음,《한국어가 사라진다면》, 한겨레신문사, 2003.

· 신용하 지음,《일제의 식민지 정책과 식민지 근대화론 비판》, 문학과지성사, 2006.

· 아마코 사토시 지음, 임상범 옮김,《중화인민공화국 50년사》, 일조각, 2004.

· 양정심 지음,《제주 4 · 3항쟁》, 선인, 2008.

· 에드거 스노 지음, 신홍범 옮김,《중국의 붉은 별》, 두레, 1985.

· 역사교육연대회의 지음,《뉴라이트 위험한 교과서, 바로 읽기》, 서해문집, 2009.

· 역사문제연구소 지음,《제주 4 · 3 연구》, 역사비평사, 1999.

· 역사학연구소 지음,《함께 보는 한국 근현대사》, 서해문집, 2004.

· 염인호 지음,《김원봉 연구》, 창작과비평사, 1993.

· 오인환 지음,《이승만의 삶과 국가》, 나남, 2013.

· 오창훈 · 장종근 · 장두호 · 박찬석 지음,《고등학교 세계사》, 지학사, 2004.

· 왕단 지음, 송인재 옮김,《왕단의 중국 현대사》, 동아시아, 2013.

· 우사연구회 엮음, 송남헌 외 지음,《몸으로 쓴 통일독립운동사 : 우사 김규식 생애와 사상 3》, 한울, 2000.

· 유시민 지음,《청춘의 독서 : 세상을 바꾼 위험하고 위대한 생각들》, 웅진지식하

우스, 2009.

· 유영익 지음, 《이승만의 삶과 꿈》, 중앙M&B, 1996.

· 윤여준 지음, 《대통령의 자격》, 메디치미디어, 2011.

· 이기영, 〈개벽〉, 《한국 소설문학 대계 10》, 동아출판사, 1995.

· 이숙의 지음, 《이 여자, 이숙의》, 삼인, 2007.

· 이영 지음, 《잊혀진 전쟁 왜구 : 그 역사의 현장을 찾아서》, 에피스테메, 2007.

· 이영록 지음, 《우리 헌법의 탄생 : 헌법으로 본 대한민국 건국사》, 서해문집, 2006.

· 이완범 지음, 《삼팔선 획정의 진실》, 지식산업사, 2001.

· 이원규 지음, 《약산 김원봉》, 실천문학사, 2005.

· 임영태 지음, 《대한민국 50년사 1》, 들녘, 1998.

· 임영태 지음, 《대한민국사 1945~2008》, 들녘, 2008.

· 임영태 지음, 《북한 50년사 1》, 들녘, 1999.

· 전광용 지음, 〈꺼삐딴 리〉, 《한국 소설문학 대계 33》, 동아출판사, 1995.

· 전남일보광주전남현대사기획위원회 지음, 《광주 · 전남현대사》, 실천문학사, 1991.

· 정병준 지음, 《몽양 여운형 평전》, 한울, 1995.

· 정병준 지음, 《우남 이승만 연구》, 역사비평사, 2005.

· 정병준 지음, 《한국전쟁 : 38선 충돌과 전쟁의 형성》, 돌베개, 2006.

· 정용욱 지음, 《해방 전후 미국의 대한 정책》, 서울대학교출판부, 2004.

· 정종화 지음, 《한국 영화사 : 한 권으로 읽는 한국 영화 100년》, 한국영상자료원, 2008.

· 제주일보 4 · 3취재반 엮음, 《4 · 3은 말한다》, 전예원, 1994.

· 조선일보사출판국 지음, 《전환기의 내막》, 조선일보사, 1982.

· 조정래 지음, 《태백산맥 3》, 해냄, 2003(3판 18쇄).

· 조지 맥짐시 지음, 정미나 옮김, 《위대한 정치의 조건》, 21세기북스, 2010.

· 주종환 지음, 《뉴라이트의 실체 그리고 한나라당》, 일빛, 2008.

· 중앙일보 특별취재반 엮음, 《비록 조선민주주의인민공화국(상, 하)》, 중앙일보사, 1992.

· 중앙일보현대사연구팀 지음,《발굴 자료로 쓴 한국 현대사》, 중앙M&B, 1996.

· 최호근 지음,《제노사이드 : 학살과 은폐의 역사》, 책세상, 2005.

· 카를 폰 클라우제비츠 지음, 류제승 옮김,《전쟁론》, 책세상, 1998.

· 편집부 엮음,《논쟁으로 본 한국 사회 100년》, 역사비평사, 2000.

· 편집위원회 엮음,《민족의 증언 3, 4》, 중앙일보사, 1983.

· 한국역사연구회 현대사연구반 엮음,《한국 현대사 2 : 1950년대 한국 사회와 4월
민중 항쟁》, 풀빛, 1991.

· 한국정신문화연구원 한민족문화연구소 지음,《내가 겪은 해방과 분단》, 선인,
2001.

· 한국정치연구회 지음,《한국 현대사 이야기 주머니 1》, 녹두, 1993.

· 현기영 지음,《지상에 숟가락 하나》, 실천문학사, 2009.

· 홍즈청 지음, 박정희 옮김,《중국 당대 문학사》, 비봉출판사, 2000.

산골 대통령 한국을 지배하다
이승만 시대, 가혹한 경찰국가

초판 1쇄 인쇄 2013년 7월 10일
초판 1쇄 발행 2013년 7월 15일

지은이 임영태
펴낸이 우좌명
펴낸곳 출판회사 유리창
출판등록 제406-2011-000075호(2011.3.16)
주소 413-756 경기도 파주시 문발동 파주출판도시 535-7
　　　　　　세종출판타운 402호
전화 031)955-1621
팩스 0505)925-1621
이메일 yurichangpub@gmail.com

ISBN 978-89-97918-08-9 04910
　　　　978-89-97918-10-2 (전2권)